西部地区微型金融与民族文化协同发展研究

熊芳 著

人民出版社

目　　录

导　　论

一、研究背景和意义

（一）研究背景

微型金融①作为一种为相对低收入群体服务的创新性制度安排，一直是推动西部地区经济社会发展的重要力量。然而，尽管西部地区金融供给持续优化，但由于历史文化和地理条件等因素限制，再加上商业化经营与政策性目标之间的矛盾抑制了西部地区微型金融发展的内生动力，金融服务西部地区的效应尚未完全充分发挥；金融支持各民族共同富裕仍然面临严峻考验。如此，怎样更好发挥微型金融作为乡村振兴重要主体的积极作用，推动微型金融在西部地区经济社会发展中发挥更大作用，不断加快推进西部地区共同富裕？

民族文化是一个民族物质和精神财富的总和，是支撑这个民族繁衍生息、维系其发展的动力源泉。我国党和国家领导人一直高度强调民族文化的重要作用，强调保护和发展各民族文化的重要性。早在 2005 年，习近平同志就指出，文化是经济发展的"助推器"、政治文明的"导航灯"、

①　国外相关文献更多使用"微型金融"。目前，国内政策文件和学者普遍使用的"普惠金融"是"微型金融"发展的更高阶段；而国内实践来看，普惠金融涵括了微型金融，但比微型金融范围更广。本书将根据具体语境，行文中择优使用微型金融或普惠金融的表述。

社会和谐的"黏合剂"。党的十八届三中全会后，习近平总书记更进一步强调，文化是一个民族的魂魄，文化认同是民族团结的根脉，要增强文化自信，把中华文化传承好、发展好，构筑中华民族共有的精神家园。因此，民族文化作为软实力的重要组成部分，是推动西部地区经济社会发展的强大动力。但西部地区文化发展还面临着发展主体和发展动力双不足的难题。那么，筑牢中华民族共同体意识工作主线中，如何以社会主义核心价值观为引领，实现民族文化振兴并以此赋能西部地区共同富裕？

2019年9月27日，习近平总书记在全国民族团结进步表彰大会上提出，我们辽阔的疆域是各民族共同开拓的，我们悠久的历史是各民族共同书写的；我们灿烂的文化是各民族共同创造的；我们伟大的精神是各民族共同培育的。各民族都是中华民族大家庭的一分子，脱贫、全面小康、全面建设社会主义现代化，一个民族都不能少，一个民族都不能落下。因此，深入推进西部地区乡村振兴，促进西部地区各民族共同富裕既是全体人民共同富裕的重要组成部分，也是增强中华民族凝聚力、创造力和发展能力进而实现中国式现代化必不可少的条件。

近年来，党和国家领导人提出要走中国特色金融发展道路，强调要在金融系统中大力发挥中华优秀传统文化的积极作用，坚持法治和德治相结合，积极培育中国特色金融文化。《关于金融服务乡村振兴的指导意见》和《国家乡村振兴战略规划（2018—2022）》等系列纲领性文件又明确了微型金融在乡村振兴中的主体地位和文化振兴在乡村振兴中的核心地位。而且，不仅民族文化中的价值观可以通过影响和塑造个体的金融决策和金融行为进而影响金融发展，金融力量也可以通过重新塑造经济与社会结构变迁进而形塑民族文化的发展。因此，促进微型金融和民族文化协同发展不仅有助于推动西部地区更多低收入人群迈入中等收入行列，也是建设中国特色金融文化的必由之路。本书通过建立微型金融与民族文化协同发展的理论框架，挖掘西部地区微型金融与民族文化协同发展的动力机制,总结提炼西部地区微型金融与民族文化协同发展的实现路径,有助于提升西部地区微型金融与民族文化协同发展效应,从而加快推进西部地区共同富裕进程。

（二）研究意义

本书以微型金融与民族文化协同发展共性研究为逻辑起点,在理论逻辑演绎微型金融与民族文化协同发展的机理与路径的基础上,深入挖掘西部地区微型金融与民族文化协同发展的动力机制,并利用国际和国内的权威数据库数据以及实地调研所获得的数据,通过统计分析、计量分析以及质性分析等多种研究方法,对西部地区微型金融与民族文化协同发展影响因素和实现路径等问题展开深入研究。在此基础上,对如何促进西部地区微型金融与民族文化的协同发展提出创新性政策建议。

理论意义主要有两点:(1)系统梳理了微型金融与民族文化协同发展的理论、逻辑与内在机制,研究成果有助于构建微型金融与民族文化协同发展的理论框架,进一步完善微型金融发展理论,包括完善中国特色金融发展理论。同时,本书主要基于国内的社会情景,挖掘西部地区微型金融与民族文化协同发展的动力机制和协同效应,研究结论也可为世界微型金融研究补充中国经验。(2)本书在研究民族文化影响微型金融发展基础上,结合西部地区资源禀赋和经济社会发展的现实条件,从微观文化视角,重点研究了西部地区微型金融对个体文化的反作用,研究成果有助于深化拓展民族文化创新发展的研究思路。

实践意义主要有三点:(1)结合西部地区文化的核心特质和丰富内涵,以多学科理论和多种研究方法为支撑,得到西部地区微型金融与民族文化协同发展的一般路径,研究成果可为推动西部地区微型金融和民族文化协同发展政策创新提供决策参考。(2)组织规范的田野调查获取丰富的第一手资料,并从微型金融与民族文化协同发展的典型案例中提炼出具有普遍推广价值的经验,研究成果可为西部地区微型金融机制设计提供经验借鉴。(3)本书不仅研究了微型金融对民族文化的微观维度,即信任和希望等价值观的影响,也从中观层面,研究微型金融对创新创业以及民族文化产业发展的正向作用,研究成果对于如何破解民族文化协同发展主体和发展动力双不足的难题有一定参考借鉴意义。

二、国内外研究动态

(一)国外研究动态

早在 20 世纪 80 年代,国外经济学家就开始研究民族文化与金融的关系并提出"文化金融"的概念。但直到近十年,微型金融与民族文化才进入经济学家视野。此后,围绕民族文化与微型金融发展的文献不断涌现。主要围绕以下三条脉络展开:

一是微型金融适应并嵌入民族文化的理论逻辑。Fogel et al.(2011)是最早用实证方法分析民族文化影响微型金融绩效的学者。他利用 Hofstede 的四维度文化模型证实,权力距离和个人主义与微型金融社会绩效显著正相关,而个人主义与微型金融财务绩效显著负相关。Postelnicu 和 Hermes(2016)基于 100 个国家的微型金融机构数据,研究非正式制度要素(如信任、信念和价值观等)与微型金融机构绩效的关系。结果发现,信任、规则和价值观与微型金融社会绩效显著正相关,但语言和宗教分化与微型金融社会绩效和财务绩效显著负相关。Banász 和 Csepregi(2018)利用 35 个国家和地区的样本数据,分析了 6 维度的民族文化与微型金融发展的关系,结果表明,在权力距离越高、集体主义倾向越浓厚以及不确定性规避意识越强的国家,微型金融就越容易获得成功。Gabriela et al.(2019)证实,社会腐败、社会宽容及信任程度对微型金融的风险、绩效和效率都有显著影响。Zainuddin et al.(2020)利用 1232 家 MFI 数据证明微型金融的双重绩效都受到民族文化的调节作用,其中权力距离和不确定性厌恶指数缓和了双重绩效之间的权衡关系,而个人主义和男子气概指数加剧了这种权衡取舍关系。Quigley 和 Patel(2021)利用 GLOBE 项目中的文化指数研究了性别平等文化维度对微型金融客户性别选择方面的影响,其结果显示该维度指数高的社会其国民的性别歧视程度低,因此该指数将对女性借款人贷款数额有积极影响。Lu et al.(2021)则研究了个人主义对家庭金融活动的影响。发现:个人主义对家庭获得和使用各种线上线下金融服务都有着强烈的正向影响,且这种正向影响在社会经济地位较低的个体中更为显著。此外,个人主义降低了对金融机构的不信任,并减少了对非正式网络作为融资来源的依赖。Chan s.et al.(2021)基于中国家庭金融调查数据(CHFS),使用“自然”(遗传多样性)和“培养”(来自农业经济的集体主义文化)作为解释变量,实证分析了文化价值观、遗传变量和储蓄行为之间的关系。发现,集体主义文化对居民储蓄行为有着显著的正向影响,而遗传多样性对储蓄有负面影响。并且,地理变量(以种植水稻来衡量)比遗传变量更能准确预测储蓄行为。

二是微型金融影响民族文化的机理和路径。Hermes 和 Lensink(2011)强调微型金融帮助穷人投资于生产活动,最终导致收入增加,消费平稳,改善健康、教育和妇女赋权,从而提高穷人的文化素质。Panda D K(2016)发现,微型金融可以提升客户及其家庭成员的健康、教育和金融素养等人力资本,并为客户培育社区意识、信任、规则等社会资本。Goodman(2017)还发现,重视社会关系交换的微型金融能在满足客户资金需求的同时也实现他们的情感、社会和文化需求。Haldar 和 Stiglitz(2017)的研究表明,遵循道德经济的微型金融可以通过道德准则和相互义务来塑造客户的共享观,从而培育客户诚信、互助、合作的道德品质和亲社会行为。Garcia 等(2020)则证实,通过社会比较和社会互动,信贷参与能够弱化贷款人的内部心理约束,激发其有抱负的希望并持续强化,从而增强其发展的内生动力。另外,还有一些学者认为,微型金融可通过教育、医疗、妇女赋权等形成人力资本间接作用于民族文化。

三微型金融与民族文化协同发展的影响因素。微型金融层面,国外学者强调微型金融要高度重视民族文化的影响(Guerin et al.,2014),具有"社会责任"意识并提供诸如能力训练、商业培训等非金融服务(Panda D K,2016)。Haldar 和 Stiglitz(2017)主张,微型金融需要遵循道德经济,重视传统借贷实践并制定灵活的信贷机制。Millone et al.(2019)还证实,积极运用现代通讯信息技术,可以保障微型金融植根于社区并致力于社会关系培育。政府层面,需切实采取措施帮助民众正确理解和运用微型金融(Nawaz,2015),通过积极政策来增强不同文化群体间的信任(Churchill,2017),并给予微型金融机构必要的政策支持(Gabriela et al.,2019)。

(二)国内研究动态

国内学者聚焦于经济与文化的共生关系及其内在机制(李树等,2020),并就民族文化影响金融发展的路径展开探索性研究(刘威、黄晓琪,2019)。陈颐(2017)利用 CGSS 调查数据,实证分析儒家文化对普惠金融的影响,发现儒家文化在伦理层面、社会格局上对普惠金融存在显著影响,在社会资源配置格局上不存在显著影响,并且其削弱了收入对普惠金融发展的作用。何广文等(2018)认为,微型金融是乡村振兴的重要主体,要能合理运用农户的经验、技能和局部知识等特殊"米提斯"。王健华等(2019)则认为,文化张力是西部地区贫困治理的瓶颈所在,微型金融要实现从"嵌入"民族文化到"互嵌"的转换。张博和范辰辰(2019)通过家谱数量划分宗族文化强度,并结合 260 个城市的小额贷款公司数据进行分析。其结果表明,宗族文化与微型金融发展呈现出正向互动的结果。田晖等(2020)使用霍氏文化维度研究对金融发展的影响,研究表明国家文化会对金融规模、活跃度以及效率产生不同影响并且这种影响在发达国家与发展中国家不尽相同。

但金融发展如何反作用于民族文化,特别是西部地区微型金融与民族文化如何协同发展,现有文献还处于起步阶段,主要集中于以下三个方面:

微型金融与民族文化协同发展的现实条件。何晓夏等(2014)认为,民族文化产生的自我排斥降低了农户的有效需求,不利于微型金融发展。徐云松(2015)发现,少数民族传统对微型金融发展同时存在正向和负向作用。巩艳红(2017)提出,佛教文化所具备的道德规范作用和特有的文化旅游资源都能正向激励微型金融发展;但其倡导的出世理念和节欲的消费观念又负向制约微型金融发展。张博、范辰辰(2019)的研究还表明,宗族文化有利于提高微型金融财务和社会绩效并降低信贷风险。

微型金融与民族文化协同发展的可能效应。刘七军(2017)的研究显示,秉承"厚德亲民,兼爱互利"理念的盐池模式,能有效应对消极文化和弘扬进取文化,并通过互助资金、熟人圈、评级授信和风险防控等机制,为农户建立起信任和合作基础。王曙光(2018)发现微型金融机构通过金融服务和村庄的征信体系建设,对整个村庄的村风、道德体系构建等起到积极作用,推动乡村伦理建设。王曙光(2019)还发现,微型金融能通过支持乡村文化产业(民俗、工艺品、旅游、民宿等),推动当地的文化建设和文化复兴。如,鄂温克包商村镇银行通过借贷等金融服务形式,支持民族手工艺制造业的发展和转型,为保护和传承鄂温克族文化做出贡献;同时微型金融可以通过构建社会网络,提升人的社会资本,加强人的社会网络,从而重塑文化体系(王曙光、王琼慧,2018)。熊芳等(2019)利用西部地区调研数据证实,注重社会绩效的微型金融能显著增加客户信息来源并为客户创造信任和规则。巫达等(2019)还证实,各类扶贫政策能通过改变农户生计方式和生态观念而影响经济文化类型变迁。

微型金融与民族文化协同发展的路径构想。周立等（2016）基于场域和惯习理论提出，加强与地方性金融组织合作，可降低外生性微型金融机构面临的"文化排斥"。王曙光（2018）则认为，深度贫困地区微型金融要实现文化伦理和赋权赋能等效应，就要以民族特色产业和文化产业为核心，加强对农户的教育培训，并与乡村治理相结合，积极推动乡村风气和信用环境改善。何广文等（2018）主张，应在促进新型经营主体合作基础上，促进微型金融与非正规金融、在地化组织的合作互动。曹远征等（2019）还提出，发挥政府的引导和体系构建能力，加强培育与建设消费者金融能力和微型金融服务能力，是实现消费者"最佳金融利益"的关键。

（三）研究述评

在经济和金融领域，民族文化正被视为可能影响组织绩效和个人行为的重要因素而日益受到重视（Zainuddin et al.，2014）。但在相当长时间内，民族文化都没有被作为独立的研究变量。主要原因是民族文化的概念含糊复杂，难以衡量，且很难将其从其他宏观经济变量中分离出来（Shoham，2007）。并且，即使在同一个国家，也可能存在大量的文化多样性（Zainuddin，2019）。直到 20 世纪 80 年代，跨文化研究先驱 Hofstede 根据各国文化差异，从跨文化视角来界定民族文化概念并建立文化维度测度方法，民族文化这一"非经济因素"才开始被作为影响因素纳入经济模型之中。近年来，随着新制度经济、行为经济学等新兴学科与民族心理学、人类学和社会学等传统学科的交叉融合，越来越多的学者也开始用文化因子来解释穷人的思想和行为，民族文化对微型金融的影响也受到越来越多的关注。而伴随着文化层次和文化层级测度方法的出现，国内外学者也围绕微型金融与民族文化的关系展开了系列研究。

综合来看，现有文献通过跨国文化研究和案例研究，对民族文化影响微型金融发展的理论和一般性经验进行了较为系统的研究,凸显了微型金融适应并嵌入民族文化对微型金融秉持"双重绩效"的重要性。同时,伴随民族文化研究从宏观静态向微观动态转化和微型金融社会效应的不断显现,国内外学者开始就微型金融对民族文化的反作用进行探索性研究,从而为民族文化演进和民族文化再生产研究提供了崭新思路。但微型金融发展的国别差异仍然很少被关注。特别是,微型金融与民族文化相互影响的内在机理是什么? 微型金融与民族文化是否能协同发展? 如果能,其动力机制和协同路径是什么? 诸如此类问题,都有待于进一步深入研究。

从国内研究看,民族文化是一个国家的灵魂和精神所在,具有很强的民族性和地方性(陈庆德等,2014),而微型金融发展又深植于特定的文化情景中,因此,我国微型金融发展与民族文化协同发展应该遵循怎样的理论逻辑? 全面推进中国式现代化背景下,如何深入挖掘民族文化的核心特质和丰富内涵,综合研判微型金融与民族文化协同发展的效应及影响因素? 坚定文化自信已然成为坚定走中国特色社会主义道路的基本保障,基于铸牢中华民族共同体意识主线要求,如何促进西部地区微型金融与民族文化的协同发展? 这些问题也都亟待解决。

三、主要概念辨析

(一)微型金融相关概念

目前,国外文献更多使用"微型金融"(microfinance),国内政策文件和相关文献更多使用"普惠金融"(Inclusive Finance)。因此,国内理论界也越来越多地使用普惠金融。为了更好明晰研究对象,这里进一步对小额信贷、微型金融和普惠金融的关系进行分析。

1."单一目标"的小额信贷

小额信贷是普惠金融的初级形态,最早出现在孟加拉、巴西等国,是一种为不符合正规金融体系信贷要求的贫困人群提供资金支持的金融服务。其中,1979 年,穆罕默德·尤努斯在孟加拉国建立的格莱珉银行(Grameen Bank)在帮助贫困群体提高收入的同时整体保持了极低的不良贷款率,被认为是领先型的小额信贷机构,从而被包括我国在内的世界各国所复制移植。

2. "双重目标"的微型金融

微型金融是指为贫困群体提供的,包括贷款、储蓄、保险以及转账等在内的一系列金融服务。由小额信贷向微型金融转变主要有两个方面的原因。一是随着收入水平的提高,贫困人口需要更加全面的、多层次的金融服务。例如:需要安全、便利的储蓄服务将其少量的资金余额、小额交易款存储起来,并在应对重大生活事件时方便地提取;面对疾病带来的巨大的经济压力时,需要保险分散风险;对于依靠在其他国家或城市工作的家庭成员的帮助而过活的贫困家庭,汇款业务又尤为重要。二是小额信贷发展实践表明,只有实现财务可持续发展,才能更好地服务于社会绩效目标。因此,20 世纪初,小额信贷向微型金融转变,金融机构开始为相对贫困群体提供多元化的金融服务,并具有"双重目标"——承担社会责任的同时实现财务可持续发展。但在实践中,国内外微型金融机构在发展过程中普遍存在"双重底线"难题,即难以实现"社会责任"与"可持续性"之间的协调发展。

3. "三重目标"的普惠金融

普惠金融又称包容性金融,由联合国在 2005 年提出,主要是指通过提供负责任的储蓄、贷款、投资、保险和相关的咨询服务,为每个个体创造参与金融活动的机会,并使其能够在未来持续受益。2013 年党的十八届三中全会,我国首次提出"发展普惠金融。鼓励金融创新,丰富金融市场层次和产品"。2014 年 4 月,国务院发布《关于金融服务"三农"发展的若干意见》,提出"大力发展农村普惠金融"。2015 年,国务院颁布《推进普惠金融发展规划(2016—2020)》,明确指出"要立足机会平等要求和商业可持续原则,以可负担的成本为有金融服务需求的社会各阶层和群体提供适当、有效的金融服务"。同年9月,国务院发布《生态文明体制改革总体方案》,提出建立绿色金融体系;10月,党在十八届五中全会中提出创新、协调、绿色、开放、共享的新发展理念,从而也为普惠金融提出了保护生态环境的"第三重目标"。

从小额信贷到普惠金融的演变过程可以发现,三者内涵相互衔接,服务对象和服务范围不断拓展,是一种包涵性演进。其中,小额信贷是微型金融发展的起点,普惠金融则是微型金融发展的更高层次。实现微型金融的可持续发展,推动微型金融在规模上提供更高质量的金融服务以满足更大范围贫困人群的金融需求,在效率上将金融服务向最需要金融支持的极端贫困人群延伸,是建立普惠金融体系的核心。因此,在研究过程中,将根据实际使用语境和需要,择优使用"小额信贷""微型金融"或"普惠金融"。

(二)民族文化相关概念

1. 民族文化

文化学的鼻祖泰勒(E.B.Tylor)认为,"文化是一个相对复杂的整体,它包括知识、信仰、法律、艺术、道德等,以及人类群体在社会生活中所得到的一切能力和习惯"。我国的《辞海》(1979)给的定义是,"文化是在历史发展过程中,在一定物质基础上发展起来的社会和精神生活形式的总和"。文化具有民族性、地域性和历史性,因而是体现特殊性的。习近平总书记在党的十九大报告中指出,"文化是一个国家、一个民族的灵魂。文化兴国运兴,文化强民族强"①。

文化往往以民族为载体,经过代代相传和延续发展,成为一个民族的

---

① 《习近平著作选读》第二卷,人民出版社2023年版,第33页。

精神宝藏。《中国大百科全书·民族》(1986)将民族文化定义为:"民族独具特色的文化是在其民族历史长河中进行创造、渐渐形成和逐渐发展起来的,其中,既包括衣、食、住、行、器皿等物质层面的文化,也包括语言文字、价值观念、风俗习惯、宗教信仰等精神层面的文化。"因此,有学者认为,民族文化指的是塑造某个国家民众行为的共同的、基本的价值体系(Inglehart,1997);也有学者认为,民族文化是代代传承的信念、价值观或偏好的总称(Guiso et al.,2006);还有学者认为,民族文化是在不确定环境中为个体提供决策的价值观、信念或者社会准备(Nunn,2012)。

经济学中的民族文化主要是指划分并聚集人类群体的一整套价值观、信仰和传统习俗(Throsby,2001),也是指塑造某个国家民众行为的、共同的、基本的价值体系,以及一般的道德准则(Inglehart,1997;Tabellini,2010),由具有同构性的心理结构、价值观念、思想意识等民族文化心理因素决定,通常以民族语言、文字、宗族文化、价值观、风俗习惯等形式表现出来。本书主要从经济学视角研究民族文化。

2. 金融文化

金融文化是金融与文化二者之间的杠杆支点,托起了金融文化引领个体价值观的取向。它是多种理论与制度的综合体,具有社会文化与金融特性双重属性,是社会文化中的价值观与价值取向、道德准则与伦理观、法律意识与规范、经营及管理理念等在金融领域的重要体现。最早开始分析金融文化时,学者们认为,金融文化是指金融部门在自身长期发展过程中形成的一种非物质特征的总和,是一种文化体系,对提高全体人员内聚力和向心力意识形态有着重要的作用。后来,金融文化又被定义为银行吸收多年来的传统、习惯、作风中的精华部分。之后,学界又进一步总结了金融文化的含义、结构和特点,阐述了研究金融文化的必要性以及建设金融文化的原则和途径。金融文化不是金融领域与文化领域的物理叠加或交叉,而是金融元素与文化元素的化学集成的"基因组合",是一门全新的金融分支学。受到地域(民族)不同文化的影响,社会文化与金融领域实践相融合,形成了金融文化。因此,它也是在以地域(民族)文化为根源在金融领域的文化具体体现。

近年来,党中央强调要建设中国特色金融文化。2024 年,习近平总书记在省部级主要领导干部推动金融高质量发展专题研讨班开班式上也再次强调,推动金融高质量发展、建设金融强国,要坚持法治和德治相结合,积极培育中国特色金融文化,并明确提出中国特色金融文化就是诚实守信,不逾越底线;以义取利,不唯利是图;稳健审慎,不急功近利;守正创新,不脱实向虚;依法合规,不胡作非为。很显然,中国特色金融文化并非单纯以追求金融回报最大化为目的,它更多的是为了维持人类生计之所需,是从规范金融行为的动机出发,客观、历史、独立地去探索、研究、传播、化成理性的金融行为规律的过程。因此,微型金融与民族文化协同发展也是我国金融文化价值取向的结果。

3. 文化金融

文化金融是由文化与金融融合催生的,包含了对文化资源的开发、生产、利用、保护、经营等金融活动的过程。它立足于文化视角,来审视人类的金融行为和社会的金融伦理、法律、制度的正义性,并关注由这些行为和制度引起的人性后果和社会后果,以达到把金融效率导向有助于人性的完善和社会的和谐进步的最终目标。文化金融学是金融学中的一个层面。它所描述的是文化视野下的金融,所以它具有全面性。文化金融学可以与技术层面的金融学相并为两,互为表里。具体来说,文化金融学属于金融学的形上学。它不解决技术问题,所关注的是人类金融行为和社会的金融伦理、法律、制度的正义性,以及由这些行为和制度引起的人性后果和社会后果。而技术层面的金融学则属于金融学的形下学。无论其为金融交易技术还是金融监管技术,它着重解决的是行为过程和制度运行过程中的技术和技巧问题,关注的核心是金融效率。文化金融服务于文化企业和文化产业,我国的文化金融发展和文化产业政策紧密联系在一起。如今,在政策的驱动下,市场的积极性被激发,随着文化产业规模的不断扩大和文化产业创新水平的不断提升,文化金融已成为文化产业高质量发展的重要支撑。

上述定义表明,民族文化是金融文化的基础,金融文化则是民族文化在金融领域的特定表现形式;民族文化能直接影响金融文化的形成和发展。文化金融是金融活动的一个分支,金融文化能直接影响文化金融的形成和发展。但同时,文化金融不仅能体现民族文化的特点,还能促进文化与金融活动的有机融合,是民族文化与金融文化的结合体,反过来又可以影响和丰富民族文化的表现形式和传播方式。因此,民族文化、金融文化和文化金融三者相互作用、相互促进,共同构成了一个国家或民族在全球化背景下的经济和文化竞争力的重要组成部分。研究过程中,将根据实际使用语境和研究需要,择优使用"民族文化""文化金融"和"金融文化"。

四、研究对象与目标

(一)研究对象

本书主要以西部地区微型金融和民族文化的协同发展为研究对象。重点研究西部地区中的宁夏、西藏、新疆、内蒙古、广西等五个自治区以及云南、青海、贵州等三个多民族省份的微型金融机构通过提供金融产品和服务,与民族文化协同发展的理论逻辑和动力机制,以及微型金融与民族文化协同发展的影响因素和实现路径。

值得注意的是,少数民族文化在发展自身浓厚地域特色文化的同时,也在不断地吸收和汲取中华优秀传统文化。由于民族文化与民族团体是共同产生和发展的,是由每个民族在其群体生活中所传承、所奉行、所遵从、所热爱的所有由本民族创造,或虽非本民族创造,但被本民族所接受并融入本民族原文化之中的一切文化因素和成分。习近平总书记也明确指出,"民族文化是一个民族区别于其他民族的独特标识"①,并提出,要正确把握中华文化和各民族文化的关系,各民族优秀传统文化都是中华文化的组成部分,中华文化是主干,各民族文化是枝叶,根深干壮才能枝繁叶茂。因此,本书中的民族文化,是指以社会主义核心价值观为指引的西部地区的共有文化,以更好反映我国西部地区文化的发展现实。

(二)研究目标

理论目标主要有两个:一是以相关理论和文献为基石,逻辑演绎微型金融与民族文化相互影响的内在机理与路径,研究成果有助于拓展微型金融和民族文化发展的研究思路。二是从西部地区资源禀赋吸引力、金融机构发展内驱力、国家政策推动力等三个维度解析西部地区微型金融与民族文化协同发展的动力机制,研究成果有助于建立微型金融与民族文化协同发展的理论框架。

实践目标也主要体现在两个方面:一是利用国内外权威数据库和实地调研所获得的一手数据,实证分析西部地区微型金融与民族文化协同发展的机制及影响因素,为构建西部地区微型金融与民族文化协同发展政策提供坚实的经验支持。二是归纳总结微型金融与民族文化协同发展的典型案例并提炼出具有普遍推广价值的经验,为实现西部地区微型金融与民族文化协同发展的具体路径提出创新性政策建议。

五、研究内容与方法

本书围绕"西部地区微型金融与民族文化协同发展"这一主题展开,沿着"理论研究—实证研究—实践研究—机制设计"的逻辑思路,坚持理

---

① 《习近平谈治国理政》,外文出版社 2014 年版,第 106 页。

论联系实际,主要采取文献分析方法、计量分析方法、田野调查方法和案例研究等多种方法展开研究。主要内容如下:

导论。以乡村振兴和各民族共同富裕为研究切入点,结合国家重大政策文件,阐释本书研究的背景和意义。同时,梳理国内外有关微型金融与民族文化的研究现状及动态,作为本书研究的逻辑起点。在此基础上,通过主要概念辨析,进一步明确本书研究的对象和目标。此外,这一部分还介绍了研究内容和研究方法,可能的创新点及不足。

第一章:微型金融与民族文化协同发展理论框架。采用跨学科研究方法,从社会学、演化学和经济学等多学科视角,深入挖掘微型金融和民族文化相互影响的理论逻辑和影响机制;并从制度逻辑视角,尝试在同一分析框架中,建立微型金融与民族文化相互协同发展的机制。同时,利用微型金融信息交流数据库(MIX)数据进行实证分析,提供了微型金融与民族文化协同发展的国际经验,从而建立起较为完整的微型金融与民族文化协同发展的理论框架。

第二章:西部地区微型金融与民族文化协同发展的现实条件及动力机制。采用统计分析方法,统计描述西部地区金融供给现状,表明西部地区微型金融已经具备与民族文化协同发展的条件。利用中国家庭追踪数据库(CHPS)和中国家庭金融调查数据库(CHFS)中相关数据,进一步对西部地区家庭金融参与现状进行统计刻画,以此解构西部地区金融发展存在的问题;同时,结合个案分析方法,表明西部地区微型金融需要与民族文化协同发展。利用对西藏和宁夏两个自治区调研的一手数据,并结合中国社会调查数据库(CGSS)和中国家庭追踪数据库(CHPS)相关数据,对西部地区文化现状进行了统计刻画。最后,以社会主义核心价值观为引领,分别从西部地区资源禀赋吸引、微型金融机构双重目标驱动和文化价值取向等三个层面分析了西部地区微型金融与民族文化协同发展的动力机制。

第三章:民族文化对西部地区微型金融发展的影响。采用计量分析方法,利用田野调查所获得的一手数据,从微观视角证实,文化心理会影响农户信贷参与意愿,且不同维度的文化心理对农户信贷参与意愿影响不同;民族文化影响小额保险发展且不同维度民族文化对小额保险发展的影响不同;地方文化,也即社会制裁和社会关系能通过影响微型金融经济效应对小额保险发展有显著影响,且社会制裁、社会关系和微型金融经济效应又都显著正向影响贷款偿还率。

第四章:西部地区微型金融发展对民族文化的影响。从微观文化视角,通过计量分析方法,利用实地调研获得的一手数据,实证分析了普惠金融参与影响农户希望的机理、路径和异质性;并在同一的分析框架中,进一步实证分析了信贷参与、希望水平和农户家庭收入的关系,证实信贷参与不仅能直接影响农户家庭收入,还能通过影响农户希望进而间接影响农户家庭收入。

第五章:西部地区微型金融与民族文化的协同发展。主要包括三个方面的内容。首先,从微观文化视角,解析微型金融创造信任的类型及机制,以及民族文化对微型金融创造信任的影响;并结合西部地区实践案例,分析了时间对微型金融创造信任的影响。其次,将微型金融具象化,进一步分析了数字普惠金融发展中建立信任的渠道,同时,结合亿联银行案例,分析了数字金融供应方的可信任度对信任建立的影响。最后,结合中国家庭追踪调查(CFPS),证实信任能通过影响家庭融资渠道偏好,间接影响微型金融的发展,尤其是在不同融资渠道的选择上,制度和人际信任水平对正规与非正规融资渠道的偏好有不同影响。

第六章:西部地区微型金融与民族文化协同发展的典型经验。中国农业银行、鄂温克蒙商村镇银行以及中和农信在西部地区的实践表明,微型金融发展不仅突破了西部地区面临的资本和内生动力不足的双重瓶颈,还为民族文化创新发展提供了新路径。一方面,微型金融通过支持产业发展,提高居民收入和改善乡村治理,带动了民族文化的保护与发展。另一方面,微型金融通过信用体系建设、企业文化建设和宗旨使命的实践,在稳健经营的同时,也传播和弘扬了民族文化。此外,微型金融机构在运营中融入民族文化,尊重本地文化特征,通过创新贷款与风险管理模式,以联保机制降低道德风险,并推动绿色产业发展,实现经济效益与环境保护的双赢。

第七章:西部地区微型金融与民族文化协同发展的政策创新。基于研究内容,归纳总结了微型金融与民族文化能够协同发展、西部地区微型金融与民族文化已具备协同发展条件,资源禀赋、社会绩效目标和文化价值取向是协同发展的重要动力等六个基本结论,并从金融机构和政府两个层面提出促进西部地区微型金融与民族文化协同发展的对策建议。

六、创新与不足

本书试图在以下几个方面进行突破创新:

一是理论上有所突破。现有相关文献主要通过案例分析方法,研究民族文化如何影响微型金融的发展,但对民族文化影响微型金融的内在逻辑,以及微型金融影响民族文化的机理机制都缺乏学理分析。本书通过引入金融社会学、行为金融学和演化金融学等新学科理论,特别是引入制度逻辑框架,深入挖掘了微型金融与民族文化相互影响的内在机理机制,从而构建了微型金融与民族文化协同发展的理论框架;并且利用国内外权威数据库以及西部地区一手调研数据,证实微型金融与民族文化相互影响的机理和路径。研究结论有助于拓展微型金融和民族文化发展研究思路。

二是研究方法有特色。本书以经济学、社会学、民族学、心理学等多学科理论为支撑,利用国际权威数据库(微型金融信息交流数据库,MIX)数据,国内权威数据库CFPS(China Family Panel Studies,中国家庭追踪调查）、CGSS（Chinese General Social Survey，中国综合社会调查）和 CHFS（China Household Finance Survey，中国家庭金融调查）数据，以及调研获得的一手数据，综合采用多种方法展开研究。例如，采用统计分析方法，对西部地区的农村金融发展、农户家庭金融参与、民族文化发展现状进行了统计描述刻画。采用计量分析方法，对民族文化对微型金融双重绩效的影响、西部地区民族文化对微型金融的经济效应及贷款偿还率的影响，以及民族文化对信贷参与和保险购买决策的影响，以及信贷参与对希望的影响、机制及异质性。采用案例分析方法，对西藏自治区农户对微型金融发展、微型金融发展与信任建立，以及微型金融发展与民族文化发展进行了质性分析。多种研究方法的使用，有助于对研究结论进行交叉检验，从而使研究结论更准确，为构建民族微型金融与民族文化协同发展的政策创新提供科学、有力支撑。

三是学术观点有所创新。本书提出了系列较为新颖的观点：（1）制度逻辑为微型金融与民族文化协同发展提供了学理依据。现有文献大多从宏观视角，对民族文化如何影响微型金融发展进行跨国经验研究；少量文献以个案为例，研究了微型金融对民族文化的影响。但微型金融与民族文化相互影响的机理和机制是什么，现有文献鲜有涉及。本书利用行为经济学、演化经济学和新制度经济学等新兴学科与民族心理学、人类学和社会学等传统学科的交叉融合，并创新引入制度逻辑视角，通过构建一个宏观——微观的跨层级模型，对微型金融与民族文化相互影响的内在机理进行了逻辑演绎，由此提出微型金融与民族文化能够并且应该协同发展的基本观点。（2）西部地区丰富的资源禀赋、微型金融的社会绩效目标，以及中国特色金融文化价值取向共同推动微型金融与民族文化协同发展。国内有关微型金融与民族文化的研究尚处于起步阶段，尚没有相关研究结合西部地区的地方性特色，探讨微型金融与民族文化的协同发展问题。本书结合理论逻辑演绎结论，统计描述刻画西部地区微型金融供给和家庭金融参与的现状,以及民族文化发展的现状,提出西部地区微型金融与民族文化需要协同发展;在此基础上,结合西部地区资源禀赋特色、微型金融社会绩效目标和西部地区文化价值取向,剖析了微型金融与民族文化协同发展的动力机制。(3)西部地区微型金融与民族文化能够协同发展。国内有关微型金融与民族文化的研究更多集中在民族文化对微型金融效应的影响;有关微型金融影响民族文化主要探讨微型金融对自信等社会资本的影响方面。本书从微观文化视角,不仅证实民族文化能影响信贷参与、小额保险发展,以及微型金融经济效应和贷款偿还率,而且微型金融还能影响个体的信任,以及通过社会比较和社会互动两条路径影响个体的内生动力(希望)。(4)坚定文化自信已然成为坚定走中国特色社会主义道路的基本保障,基于铸牢中华民族共同体意识主线要求,如何确定西部地区微型金融与民族文化协同发展的实践路径。

微型金融与民族文化协同发展是非常新颖的主题,本书还是探索性研究,不足之处主要体现在以下两点:

一是没有全面深入研究西部地区微型金融对微观文化的影响。微型金融对民族文化的影响还应涵括微型金融对企业家精神的培育,特别是对民族企业家精神的培育,以及微型金融对女性赋权的影响。但由于没有相关数据,没有对此展开研究。

二是有关西部地区微型金融与民族文化协同发展的实现路径总结不够全面。主要原因是国内理论和实务界主要关注微型金融的经济效应,对微型金融的社会效应,包括对微观文化的影响关注相对较少,典型案例还有待发掘。

第一章 微型金融与民族文化协同发展理论框架

第一节 微型金融与民族文化协同发展的学理分析

经济学所关注的应该是真实的人(阿马蒂亚·森,2014),其主观判断和行为决策不仅受成本收益框架的影响,也受到其所处的文化情景的影响。本节基于心理学视角,从金融社会学、行为金融学,演化金融学和新制度经济学和中国特色社会主义金融理论等相关理论,引入制度逻辑框架,对微型金融与民族文化的协同发展进行学理分析。

一、行为金融学

20世纪70年代,以色列经济学家卡尼曼(Kahneman)和特韦尔斯基(Tversky)通过观察和实验对比发现,大多数投资者并非完全理性,他们的行为也并非总是回避风险,且行为的期望值也是多种多样,因而提出要将投资者的感受和情绪纳入投资分析中,行为金融学由此进入学者视野。2002年,诺贝尔经济学奖颁发给卡尼曼,标志着行为经济学获得主流经济学的认可。此后,2013年、2017年诺贝尔经济学奖也都颁发给行为经济学家,更进一步推动了行为经济学的发展和应用。

行为金融学家认为人是生活在特定文化传统之下,受到制度规则约束并拥有独特生活体验和心理预期,具有有限理性、有限自控和有限自利等特征,存在利他偏好、特定参照系统、道德伦理规范与认知偏差。因此,个体选择并非总是基于自利动机,也会存在利他和对公平正义的需求;而且,个体选择偏好将随生活情境变化而调整,他们更认同价值的主观性,即个体的选择与情感体验、文化传承、历史经验等都高度相关。行为金融学家强调感性选择和制度关怀,主张通过积极的政策干预,改变个体的心理预期并指引行为主体选择更为高效的政策。行为金融学者坚决反对以效率取代公平与正义,认为某些在经济效益上不合理的金融制度可能承担着特定的非经济职能,包含伦理与道德意蕴的利他行为反而可能更符合人们的实际选择,倡导在资源配置中践行公平原则。

行为金融学理论揭示了个体金融决策受到文化背景和心理因素的影响,民族文化中的价值观可以通过塑造个体的金融行为进而影响金融发展。不同民族文化对风险接受程度的差异影响了个体的投资决策,不同的价值观也影响了个体对经济利益的追求方式。例如,民族文化中的信仰和习俗可能对金融行为产生影响,如有些宗教信仰禁止利息影响信仰者的投资和借贷行为,节日习俗可能导致金融市场在特定时期出现周期性波动。

二、演化金融学

"演化经济学"概念最早在1989年由凡勃伦提出,通过借鉴达尔文的生物进化论和拉马克的遗传基因理论对经济行为主体的多样性及其复杂的相互作用关系进行研究。演化经济学强调创新,以技术进步、制度创新作为研究主题,并从满意假说、群体思考和历史重要三个层面进行分析。与新古典经济学不同,演化经济学强调坚持达尔文主义,认为时间是不可逆的,强调经济均衡是一个动态过程的同时注重经济变化的动因分析。演化经济学将个体群思维看成方法论的起点,认为由于人的有限理性约束、个体计算能力的异质性和知识分布的差异性,人不可能考虑到所有的因素并做出最优决策,更多体现为某些人获得成功后的策略被其他人仿效。因此,微观经济主体对于经济规律的认识是在演化过程中不断得到丰富和发展。

演化金融学是在演化经济学基础上对金融市场进行研究的一门学科,综合了生物学、心理学和经济学的研究领域,主要探讨金融行为和金融市场如何受到进化和遗传机制的影响。该理论认为,金融行为是在漫长的进化过程中形成的,个体的金融决策和行为模式可以被视为在适应环境中生存和繁衍的结果。其核心思想是进化、突变和复制。

演化金融学理论关注个体和群体的金融行为如何适应不断变化的环境和市场条件。它从信息产生、汇总和传递的角度来分析金融市场行为,探讨了金融行为的进化机制、遗传基础以及如何适应不同的市场环境。演化金融学认为参与人具有复杂决策、适应、学习和演化能力,可根据历史交易来积累经验并形成新的知识。因此,个体的金融行为被视为一种适应性策略,旨在最大化生存和繁衍的机会。演化金融学强调参与人与参与人、参与人与环境之间交互作用的动态过程,目的在于借鉴生物进化的思想,增进对金融市场动态特性的前因后果的理解。在演化金融学理论中,个体会根据遗传基因和环境条件来选择投资决策、风险偏好和资本配置方式。这些选择会受到进化的压力和市场竞争的影响。

演化金融学理论还研究了金融市场的演化和发展过程。它认为金融市场是经过漫长的进化和自组织过程形成的,市场中的金融工具和机构是为了更好地适应环境和满足个体需求而不断演化的结果。这种进化过程可能包括新的金融产品的创新、市场规则的调整以及参与者行为的变化。演化金融学充分考虑了金融市场的系统性、多因素性和动态复杂性。虽然习惯、惯例与制度这些社会经济的基因本身不能自我复制演化,但可以通过人类交流、适应环境和模仿等行为产生"获得性遗传"进而完成复制和演化。

与行为金融学相似,演化金融学理论同样揭示了民族文化通过影响和塑造个体的金融行为进而影响金融发展的一般机理。比如,如果民族文化强调权力距离,就可能导致金融资源分配的不平等,从而影响金融产品和服务的普及。而如果民族文化强调分配的公正性,就可能会有更多的政策倾向于促进金融包容性发展,从而使金融产品和服务触达更多的普通群体。

三、新制度经济学

新制度经济学(Institutional Economics)是一门研究制度如何作用于经济行为和经济发展,以及经济发展又如何反作用于制度的演变的学科。1937年,科斯发表《企业的性质》一文,是新制度经济学的重要起点。新制度经济学的核心观点是,经济行为不仅受到市场机制和价格信号的影响,还受到制度的约束和规范。

新制度经济学的研究起点为人际关系,核心是通过人与人之间的互动交流来解释经济活动。凡勃伦从人的本能出发,认为制度是个人或群体普遍存在的思想习惯,遵循本能—习惯—习俗—制度的规律。制度变迁的原因在于人们的某些思想习惯被淘汰,而个人对环境具有强制适应性,因而环境也将随社会发展和制度变化而变化。

新制度经济学分析中,人类的行为动机主要有以下三点:在财务最大化和非财富最大化之间进行权衡、有限理性,以及机会主义倾向。非财富最大化行为包括利他主义、意识形态和自愿牺牲等。而机会主义倾向是指人具有随机应变、投机取巧、为自己谋求更大利益的行为倾向。

新制度经济学的三个指向是:交易成本、历史和文化。交易成本通常被定义为制度的运行费用,是新制度经济学中最为核心的概念。秉持交易成本分析指向的新制度经济学家引入新古典经济学的成本—收益分析框架,既促进了新制度经济学的"科学化"建构,又增强了新制度经济学对真实世界的解释力。秉持历史指向分析的经济学家高度重视对制度时间维度的考察,认为正是历史,包括个人历史、家庭历史甚至是国家和民族历史的不同,造就了制度的差异性。诺斯认为,报酬递增和由交易成本所决定的不完全市场,产生了制度变迁的自我强化机制或路径依赖的两种轨迹。秉持文化指向分析的经济学认为,文化是人类的心理结构,不同民族的文化塑造了不同的心理结构,成为不同民族在重大历史选择关头进行决策的依凭。文化指向的制度分析通过对制度意义维度的考察以及在考察过程中与博弈论方法的结合,解决了制度分析的内生性以及自我实施的问题,对不同国家、不同民族的不同制度变迁提供了合理的解释。

根据新制度经济学,制度安排,包括正式制度安排和非正式制度安排,都会对金融发展产生重要影响。例如,强调风险规避的文化,可能导致金融市场的规则和合同更加保守。而更加开放和冒险的文化,则更鼓励创新和风险投资。新制度经济学还表明,信任是金融发展的重要基础。民族文化中的价值观和信仰对信任的形成和发展产生重要影响。一些文化强调社会关系和社会资本的重要性,可能更容易形成信任机制和社会网络,进而促进金融市场的发展。而在一些文化中,信任可能更多地基于亲属关系和熟人关系,则会限制金融市场的发展和信任的扩展。

四、金融社会学

金融社会学就是将金融现象置于社会系统中,从社会学的角度来研究"金融与社会的关系",即金融现象的社会性基础(社会对金融的影响)和金融现象的社会性后果(金融对社会的影响)。金融社会学理论认为,金融现象不是孤立的,它处于一定的社会关系、社会系统和社会文化中,并存在相互影响的作用。

金融社会学的诞生和发展源于理论与现实的双重需要。20世纪70年代开始,在全球化进程及信息技术革命的推动下,经济金融化趋势不断增强,金融的影响已经超越了经济领域,国家、企业、家庭和个人的活动也都被金融所影响,带来"社会生活金融化"的新趋势,出现了许多现代金融学不能解释的"异象"。而通过在金融学的研究中加入制度变量、心理认知、行为分析等心理学和社会学研究方法,制度金融学和行为金融对现代金融理论不断进行补充和修正,并推动金融进入社会学研究领域。

事实上,从古典社会学家开始,金融领域的现象就已经被纳入社会学研究的范畴。齐美尔在《货币哲学》一书中对货币的研究是早期社会学家对金融及其相关领域研究的开端。他从货币的概念出发,发现了货币背后的文化和社会意义,提出了哲学、美学、心理学乃至社会学研究货币的正当性。随后,马克斯·韦伯(1997)在《经济与社会》中指出,所有的金融行为终究是人的社会行为,市场只不过是社会行动者相互行动的产物,金融研究中基于完全理性经济人构建的模型只是市场可能存在状态的其中一种,证明了将金融现象纳入社会学研究的合理性。而随着社会学对金融现象解释的增多,"金融社会学"的概念随之形成。

金融社会学在传统金融学的基础之上,纳入心理学和社会学的研究方法,试图建构出更加完善的金融模型。传统的西方经济学理论研究往往有严格的限定条件,如"理性经济人假设""完全市场假设"等,上述假设是基于严格条件下的完美假设,没有考虑到投资者非完全理性的行为以及社会因素,制度因素等多因素的综合影响。所以传统的金融学理论在实际应用中往往也不能很好地贴合现实,解释相关的金融现象。随着心理学研究发展和行为金融学的诞生,包括 H.A.西蒙(Simmon,1957)关于有限理性的研究,卡尼曼等(2008)对认知偏差的研究和心理学归因理论的发展,行为金融学家开始反思经济学的理论前提,研究在不确定状况下的金融市场上投资者的行为、行为偏差和最终的金融结果。由此,金融理论的核心逐渐由资产定价转变为投资者行为,西方主流的金融学理论也从传统金融学理论向行为金融学理论演变。

金融社会学的来源主要有两支。一支是借鉴以格兰诺维特等人为代表的新经济社会学。20世纪90年代的技术变革,金融体系的发展以及全球经济危机等因素让交易模式和政策模式发生了变化,具有欧洲传统的学者试图将金融现象与更为广阔的社会理论联系在一起,认为金融市场是嵌套在社会关系、社会网络与文化之中。因为无论是实体经济现象,还是以虚拟经济为主要表现形式的金融现象,其最终的主体始终是人,即社会学意义上的行动者是始终处于特定时空背景之下的"社会人"。另一支是继行为金融学之后的一些金融理论家,以卡隆(Callon)等为代表的"performing"理论流派。他们基于金融市场的金融建构视角,将金融市场视为社会建构的产物,认为金融市场既包含冰冷的机械与理性部分,也包含人际关系与组织文化部分。心理与社会因素不是"噪音"和"错误",而是金融市场的基本组成要素,强调金融市场内外的行动者或是其他社会力量塑造了特定的市场制度。"嵌入性—网络"分析成为金融社会学主要的理论范式和研究方法。

金融社会学的核心假设之一是金融行为嵌入在具体的社会关系中。卡林·诺尔·塞蒂纳和尤尔斯·布鲁格(Urs Brugger)研究了全球金融市场中大型投资银行交易员互动实践中的知识性嵌入和关系性嵌入问题。他们发现,全球性金融市场中,金融交易的完成需要通过交易员全球性的沟通和交流实现,具有谈话语言的全球性、谈话方式的制度性以及互动内容的经济专一性等特征,表明全球性金融市场是一种知识架构,而这种知识架构受到各自地方文化、政治和社会事件等方面的影响。因此全球金融市场活动既是一种知识嵌入,也是一种关系嵌入,即全球金融市场活动嵌入在市场参与者之间持续的信息交换关系之中。

金融社会学的另一核心假设是金融行为嵌入在广泛的社会网络中。

马克·米兹鲁奇(Mark S.Mizruchi)和杰拉德·戴维斯(Gerald F.Davis)借助于社会网络理论和新制度理论研究了在金融资本全球性大规模扩张的背景下,美国商业银行通过成立海外分行实现扩张的机制。1962—1981年间,美国银行业从以区域和地方业务为主的小规模银行,发展成为有150家银行,拥有国外分行的国际性产业。他们认为,美国银行国际化的发展战略是由银行的高层管理者和来自地方产业中的显要人物组成的董事会制定的,当这种决策被广泛视为"合理"的行动方式时,就会通过企业间的网络扩散开来。这样借助于董事会间的关系网络,那些占据企业网络中心位置的银行会引导或者直接模仿其他主体,开办海外分行。因此,银行走向全球化是一种由组织及其决策者所推动的组织现象。

金融社会学的第三个核心假设是金融行为嵌入在特定的社会文化中。米歇尔·阿伯雷菲亚(Michel Y.Abolafia)认为,交易过程不是一个单纯的双向交换,交易的结果反映着社会的、文化的和经济的意义,并由它们塑造着。金融市场参与者的想法和行为也会受到各种文化特征的影响。同时,这些社会性因素还决定着市场中谁与谁交易、出价和要价的协调、交易的时间和地点、商品的界定以及影响买者和卖者交易的其他条件。在交易行为中产生的相互理解会被制度化,并成为市场参与者行为的依据。市场文化不是固定不变的,在交易关系中,它也不断变化并持续地再生产,其对金融行为的影响存在正负两个方面。

我国的金融社会学研究还处于起步阶段,基于中国本土经验的系统的金融社会学研究还不多见。受经济体制从计划经济向市场经济转变和全球金融开放的双重影响,我国形成了独特的政治制度、意识形态和改革发展经验,为金融社会学的研究提供了独特的制度背景。在引入西方金融社会学研究成果基础上,国内部分学者尝试根据本土经验进行探索性研究。

虽然没有正式使用"金融社会学"这一提法,但费孝通仍然被认为是我国研究"金融社会学"的先驱。在《江村经济》中,费孝通研究农村互助会后得到三个结论:金融行为是嵌入差序性社会关系网络中的,农村的借贷行为依着关系网络展开,包括基于血缘关系的亲属关系网和基于互利互惠的亲戚或朋友的关系网;同时,金融行为也是嵌入在一定的阶级阶层之中的,高利贷就集中体现了地主和佃户之间的分层和不平等关系。并且,金融作为社会系统的一个部分,既受社会系统的其他组成部分的影响,反过来又会对社会系统产生影响。如高利贷这一金融制度导致了土地所有权流向地主手中,进一步加剧了土地产出分配的不平等问题。陈介玄(2002)是最早使用"金融社会"概念的国内学者。他认为金融社会以风险管理为中心,促成专业知识法人的发展,以实现在社会各部门之间进行的资源转移,相比于经典类型以工业社会为基础的社会,金融社会是现代社会的核心特质。陈氚(2014)从社会学视角分析了民间金融产生的理论基础,认为对金融现象的"认知",既关系到如何看待金融问题,也关系到如何改变金融问题。向静林等(2019)研究了地方金融治理中的风险分担,提出了制度矛盾是中国金融交易中风险分担不确定的结构性根源。刘长喜等(2020)从金融社会学的视角出发,提出金融体系能够集聚资源与形塑不平等结构,从而影响国家能力。杨典等(2021)梳理了金融社会学的发展脉络,他指出:金融无法不受社会情境和历史传统的影响,社会学可以在解释现代经济和金融的核心问题上有所贡献。

　　金融社会学的发展表明,金融逻辑和金融思维逐渐成为日常生活和社会交往的底层逻辑,现实中的金融运作受到文化背景、价值规范、群体行为、关系网络和政治权力等一系列复杂社会因素的影响,且这些社会因素并不是既定的,而是处于一个不断变迁的过程中。因此,不仅民族文化能影响金融的发展,而且金融力量也正在成为重新塑造经济与社会结构变迁的重要动力。

五、中国特色社会主义金融理论

改革开放以来,我国开始实行改革开放政策,金融体制改革渐次展开,在发展水平落后的情况下,金融助力中国创造了经济快速发展和社会长期稳定的两大奇迹。但另一方面,在中国加快建设现代金融体系的进程中,尤其是借鉴西方现代金融制度的过程中,一系列诸如信托产品风险和地方债务问题以及房地产金融风险等一系列新问题的出现,让越来越多的政策制定者和社会实践者意识到,中国在政治经济体制、奋斗目标、经济发展水平、金融结构、市场主体成熟度等方面都与西方国家存在明显差异,纯粹照搬西方金融理论,无法完全适应我国新时代高质量发展的需求。因此,了解和明确影响中国金融实践目标与行为的经济环境,分析和确定中国现代金融的历史基础、关键因素和运作机制,构建中国特色金融发展理论体系,成为实现中国式现代化的必然要求。

2019 年 2 月,习近平总书记在中共中央政治局集体学习时首次提出,要立足中国实际,走出中国特色金融发展之路。2023 年中央金融工作会议中,习近平总书记进一步提出,要把马克思主义金融理论同当代中国具体实际相结合,同中华优秀传统文化相结合,努力把握新时代金融发展规律,持续推荐我国金融事业实践创新、理论创新、制度创新,奋力开拓中国特色金融发展之路。党的二十届三中全会审议通过的《中共中央关于进一步全面深化改革 推进中国式现代化的决定》明确提到,要积极发展科技金融、绿色金融、普惠金融、养老金融、数字金融,加强对重大战略、重点领域、薄弱环节的优质金融服务,再次表明中国特色金融服务的普惠性和社会责任,具有适合我国国情的鲜明特色。

中国特色金融发展之路的核心在于解决我国独有的经济和社会问题,是在中国特有的政治、经济、社会和文化背景下,经过长期探索和实践形成的独特金融发展模式。因此,中国特色金融发展理论是在这些独有背景下,通过长时间的实践和理论研究逐步形成的独特金融理论体系。该理论强调金融体系对经济和社会发展的综合作用,要求金融发展既要考虑商业性和营利性,又要考虑社会性和功能性,同时兼顾金融创新与风险防控。

中国特色金融发展理论的核心特质涵盖了支持实体经济、普惠金融、金融创新与风险防控并重、政府主导与市场化结合、金融开放与自主性、社会责任与金融文化、制度创新和包容性发展等方面,具有鲜明的政治性和人民性,共同塑造了中国金融体系的发展路径。在西方传统金融理论指引下,各国金融制度设计和行业实践普遍忽视了金融服务广度,造成金融资源分配不公,社会"弱势群体"广泛遭遇金融排斥,既损害了机会平等,也不利于金融体系稳定和长期经济增长。而中国特色金融发展理论紧紧围绕建设社会主义现代化国家这一中心任务,运用马克思主义的立场观点方法,以党对金融工作的集中统一领导作为中国特色金融发展之路的根本遵循,以人民为中心作为中国特色金融发展的根本价值取向,始终把增进民生福祉,实现人民对美好生活的向往作为一切金融工作的出发点和落脚点,从而成为中国金融工作的政策遵循。

具体到实践中,通过尊重和保护民族文化,提高金融服务的有效性,促进西部地区经济发展,实现社会公平和包容,正是西部地区金融机构践行中国特色金融发展道路的有效路径。事实上,中华民族有着深厚文化传统,形成了富有特色的思想体系和文化传统,如民为邦本、富民厚生、义利兼顾等等。在马克思主义基本立场观点和方法的引领下,这些优秀的文化基因在新的时代条件下被激活、继承和发扬,实现了从民为邦本到人民至上、从富民厚生到共同富裕,从义利兼顾到以义取利等一系列创造性转化和创新性发展,逐步构筑起中国特色金融发展之路的独特优势。例如,在我国文化中,家庭和社区价值观非常重视亲情和团结,强调"家和万事兴",因而个体更倾向于将部分财富用于家庭和社区的发展,而不是个人财富最大化。这种价值观会导致个体更倾向于选择稳定的投资和保守的理财方式,以保障家庭和社区的长期利益,而这种文化正好契合了金融机构大力发展普惠金融、金融创新和防范风险并重的经营宗旨。再如,特色产业,如传统手工艺品、特色农牧业、民族旅游等,既是西部地区的重要经济支柱,直接关系到当地居民的收入和生活水平,又蕴含着西部地区老百姓的独特生活习俗和文化认同,是民族文化传承和弘扬的重要载体。通过理解尊重民族文化,不仅有助于增强金融服务的认可度,提升金融服务效率,而且也有助于民族文化的传承和发展,进一步增强社会认可度,从而有助于实现中国特色金融服务实体经济,包容性发展,以及社会责任等经营宗旨。

第二节　微型金融与民族文化协同发展的机制和路径分析

一、微型金融与民族文化协同发展的机制分析:制度逻辑视角

(一)制度逻辑概念及特点

1991年,Friedland和Alford在质疑新制度理论的基础上,提出制度逻辑这一概念。Thornton和Ocasio(1991)将制度逻辑定义为一种经社会建构的、关于文化象征与物质实践(包括假设、价值观和信念)的历史模式。制度逻辑的核心假定是,个体与组织的利益、身份、价值观与假设都嵌入盛行的制度逻辑。因而,制度逻辑既塑造个体与组织的身份和实践,同时也被个体和组织的身份与实践所塑造。

制度逻辑包括两个主要模型:多重制度系统和跨层级效应。多重制度系统是将制度环境定义为一个可分的系统,系统内部多种制度并存,每

一项制度秩序都展现出独特的组织原则、实践和特征,进而影响着个体与组织的行为。而对多重制度的差异化选择会使个体和组织行为和绩效产生异化。跨层级效应是指制度在多个分析层级中运转,个体和组织在不同制度秩序中纵向专业化的能力及其在不同制度秩序间将类别元素横向普遍化的能力决定了制度逻辑的可获取性和可利用性。因此,个体和组织可以通过转换不同制度秩序中的同一类别元素,或者通过混合和隔离不同制度秩序中的不同类别元素,来重组多个制度逻辑。

制度逻辑主要包含以下四个显著特征:一是强调结构和能动的二重性,认为行动者的利益和理性是随着外部制度秩序的变化而变化。二是认为制度既是物质的又是象征的,强调象征性意义是附着在特定实践活动或物质之上。三是认为制度并不是绝对、抽象地在任何时空条件下都起作用的,强调特定制度的作用具有历史情境性。四是制度具有多重分析层级。也即组织和个体所处的场域的制度逻辑并不是单一的,而是多种逻辑共存或互相竞争主导权的事实,组织和个体行为往往受到其所处的多元化制度情境影响。

(二)制度逻辑对微观行动者的影响

多重制度逻辑对微观实践行动者的影响存在两个方面:一是强调约束;二是强调机会。

1.制度逻辑对微观行动者的约束

制度逻辑作为社会层面的文化、信仰和规则,能够影响微观实践行动者的认知和价值观,让行动者形成特定的个人偏好和利益追求(Friedland et al.,1991)。占主导地位的制度逻辑变得广为接受,不仅仅是通过提供具体的行动脚本,而且通过建立核心的活动原则以及获取利益的渠道。微观实践行动者嵌入在整个制度逻辑塑造的环境中,不同的制度逻辑强调不同的活动原则和理念,对实践行动者有着不同的影响。特定的制度逻辑能够塑造实践行动者的群体特征,强调身份认同(Thornton et al.,2008)。合法性所论述的"趋同性"就是制度逻辑对实践行动者约束的问题,其强调微观实践行动者的行为要符合国家、社会所提出来的要求和期望,遵循其逻辑才能获取发展空间。制度逻辑还塑造了个体的认知水平,改变了实践行动者注意力的焦点,从而影响到实践行动者行为。"嵌入性"被认为是制度约束的来源。行动者的兴趣、理念和价值观嵌入在制度逻辑中,他们的利益和行动结果受制度逻辑的约束。每个制度逻辑有着自己特定的规定和制度安排,不同的制度逻辑对实践行动者提出的要求也不尽相同,但实践行动者不可能全盘接受,其会根据嵌入各个制度逻辑的程度来决定,嵌入得越深,制度逻辑对其约束力就越强。

2. 制度逻辑给微观实践行动者提供行动的机会

Thornton et al.(2008)认为,微观实践行动者与制度相互嵌套在一起,个体嵌入在制度中,制度又是由微观实践行动者构建而成。因此,微观实践行动者存在一定的能动性来构建制度,制度逻辑给实践行动者提供了一些发挥能动性的机会。Friedland et al.(1991)指出,每个制度逻辑对行动者都有着不同的要求,不同的制度逻辑之间存在着竞争和矛盾。而制度矛盾恰恰为微观实践行动者提供了实现能动性以及制度创新的机会,制度创新的实现正是多重制度逻辑给微观实践行动者提供发挥能动性的结果,制度创新者就是打破原来的制度安排,进行制度创新或者制度变迁,以实现自身利益的行动者,多重制度逻辑给微观行动者提供了实现能动性的机会。

(三)微观行动者对制度逻辑的影响

虽然制度秩序及其元素类别一旦建立就被视作理所当然,但多重制度系统不是静态的,而是一个具有适应性的、随时间变化而演化的社会系统。多重制度系统的变迁在一定程度上取决于制度秩序之间的相互依赖关系。当任何一项制度秩序相对于其他秩序变得过于主导或自治时，就意味着该制度秩序乃至整个系统的不稳定性。如果普遍社会价值观发生变化，多重制度系统中的制度秩序也就可能随之发生变迁。

社会互动是微观行动者影响制度变迁的关键机制。虽然制度逻辑塑造了个体和组织的身份，但个体和组织身份的转变也可以催化制度逻辑的变迁。不同类型的社会互动（如决策、意义构建和集体动员）在制度逻辑与个体和组织，以及个体和组织间的身份和实践的动态关系之间起到中介作用。决策是行动者所做出的决定。虽然行动者可能获取一系列的制度逻辑，但个体识别、考虑乃至战略性应用制度逻辑的能力决定了他们对社会制度秩序的差异性的先前知识和经验的可获取性和可利用性。因此，决策侧重用人类处理信息的注意力局限性来解释行为。意义构建则是行动者将环境转化为可以用语言明确理解的、作为行动跳板的情景过程。制度逻辑是意义构建的构成要素，而意义构建也是制度逻辑得以转型的机制。集体动员是行动者获取象征性和物质性资源并激励人们实现集体目标的过程。组织身份的转变是由更广泛的集体动员所推动的。所以，集体动员是将制度逻辑与实践的动力机制相连接的关键机制，往往被视为制度变迁的机制。实践的语汇作为关键的要素将符号表征与场域层级的实践联系起来。符号表征的改变或场域层级实践的改变，不论是场域外部的还是内部的，都可能引起制度逻辑的变迁。语汇是文化类别的系统，而赋予类别以意义的类别模范便是该场域中盛行的实践。当社会群体制造出共同的叙事来构建组织实践的意义时，语汇便涌现了。最终，特定情景下的实践通过文化演化的过程被选择和保留。

制度逻辑表明，金融发展和文化发展之间存在相互影响进而协同发展的可能。一方面，通过制度、组织和个人之间的跨阶层互动，金融制度影响和塑造个体与组织的利益、身份和价值观；另一方面，个体和组织的身份与实践也通过文化演化而影响金融制度的发展。

（四）微型金融与民族文化协同发展制度逻辑

微型金融的发展有特定的历史背景与现实诉求,它是各国政府主动发起的有关金融市场中供需不足、信息不对称等问题的针对性治理。以我国为例,为了化解三农领域中的金融供需矛盾,我国自 2004 年起,连续多年在中央一号文件中确立金融支农的基本政策。如"大力发展小额信贷和微型金融服务"(2009 年)、"加快构建多层次、广覆盖、可持续的农村金融服务体系,发展普惠金融"(2016 年)和"推动金融机构增加乡村振兴相关领域贷款投放"(2023 年),均体现了通过金融支持来促进农村发展、农民增收的政策意图。

那么,微型金融如何实现政策意图呢? 根据制度逻辑理论,制度逻辑可通过影响个体的注意力配置,激活其在特定情境下的身份和目标,进而改变个体的认知、态度与行动;并使个体之间通过信息交流、资源流动以及由此产生的相互依赖,形成各种社会实践和结构,最终通过文化演化的过程被选择和保留。显然,微型金融作为一种制度创新,其基本制度逻辑是,让所有有金融需求的农户都能以可负担的成本获得金融服务。一旦农户注意到普惠金融的这一逻辑,认识到微型金融对自身的"可获得性"和"可使用性"后,就有可能参与微型金融业务,即激活自己作为"微型金融客户"的身份。此时,一方面,个体对某一身份的承诺会随着这一身份的激活而增强,且个体身份承诺的强弱将同时影响他们与其他相似个体之间的关系,以及与其他不同个体之间潜在的身份冲突和竞争;另一方面,尽管个体经常具有彼此冲突的目标,但当某一目标被注意力焦点激发时,个体也会相应地受注意力焦点的引导而进行决策和行动。因此,一旦农户参与微型金融业务,就有可能在与其相似的或不相似的个体所形成的社会关系网络中,在目标的引领下,通过谈判、交流等社会比较和社会互动机制,形成包括各类组织和制度工作在内的微型金融实践和身份,并通过文化演化的过程被选择和保留。在这些演化过程中,制度逻辑在社会、制度场域和组织层级上涌现。具体逻辑图如 1.2.1 所示:

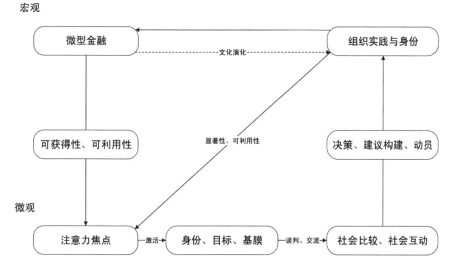

图 1.2.1 微型金融和民族文化协同发展的制度逻辑和机制

上面的分析表明,微型金融与民族文化主要通过社会比较和社会互动机制实现协同发展。根据内容安排,在第四章中,将进一步详细分析社会比较和社会互动机制。

二、民族文化与微型金融协同发展的路径分析

(一)民族文化影响微型金融发展的机制分析

1. 民族文化、制度创新与微型金融发展

1982 年,心理学家卡特(Kakar)在“民族心理学”基础上提出“文化心理学”概念,用以分析文化如何影响个体的心理认知和行为方式。DiMggio(1994,1997)进一步提出,民族文化既可通过“约束”个体的行为而“约束”正式制度的形成,又可通过“促成”个体的行为而“促成”正式制度的凝结与整合。由于制度创新是一个从文字规则逐步转化为利益相

关者可以分享的观念、认同以及愿意服从的行为过程，故而地区文化观念将决定制度创新是否能被当地民众视为恰当、合乎期望而予以接受（程士强，2018）。微型金融也是一种制度创新，因而民族文化将通过影响其潜在客户对微型金融这种新事物的认知和决策而影响微型金融在地方社区中的"可行性"（Grenness，2015）。

现有文献较为一致地认为，部分国家移植格莱珉失败的原因在于微型金融模式与该国民族文化不相适应。因为无法提供资产抵押，贫困群体往往被认为是"非银行化"客户而被传统银行排斥在外。尤努斯基于孟加拉集体主义文化倾向，创造性地建立了"小组联合贷款"模式，成功地将这些贫困群体纳入金融服务范畴，从而在提高贫困群体经济福利，以及帮助他们应付周期性或意外危机方面都起到积极作用。但格莱珉被移植到很多国家后，包括美国，都失败了。美国最早在20世纪80年代引进格莱珉模式，因个人主义盛行，借款人强烈抵制社会抵押，当时的微型金融机构无法保持70%以上的贷款偿还率而一度陷入困境。此后，为适应个人主义文化，美国各类微型金融机构的领导人纷纷将小组贷款模式转变为个人贷款模式，相关微型金融才获得不同程度发展。微型金融的实践者和政策制定者才开始意识到，必须对格莱珉模式进行本土化改革，以使其能被本国民众接受。

2. 民族文化、民族产业与微型金融发展

族群飞地理论、社会资本理论和中间人理论能较好解释不同的民族文化孕育不同的民族产业和民族企业家，从而为微型金融发展提供基础条件。族群飞地理论认为，族群网络能刺激社会联系，而社会联系产生的资源池有助于企业家培育。用社会资本理论解释即为，内嵌入企业家个人的族群网络及由此产生的社会联系能帮助这些企业家们更好地抓住新的商机和共享信息并带来企业的发展（Stam et al.，2014）。而中间人理论的核心是，民族文化发展趋势将促使一些少数民族从事与"市场中介"相关的特定行业（Bonacich，1973）。

Churchill（2017）分析了民族文化影响微型金融发展的内在机理。他认为，受民族文化影响，微型金融可能更偏好某些民族产业，或更偏好特定的职业或特定行业的客户；但民族文化中的歧视也可能加剧微型金融对某些群体的偏见而加厚微型金融服务这些群体的壁垒。当然，某些微型金融也可能因为害怕被贴上"族群偏见"的标签，而尽可能地显示"公平"的服务战略。

3. 民族文化、风险感知与微型金融发展

1970 年道格拉斯（Douglas）在其《自然符号》提出"网格—群体（Grid-Group）"分类模型，首次从文化的角度理解对风险的感知。后来，以拉什为首的学者提出风险文化理论。作为一种对风险的主观建构性思维模式，风险文化理论强调个体对风险的感知并强化个体对社会组织结构形式或文化生活方式的偏好，形成所谓的文化世界观，而文化世界观反过来又会影响其对风险的感知、评估及应对。

道格拉斯用"网格—群体"框架来对那种反映关于社会应当如何得以组织的特定偏好的文化价值观进行类型划分，以解释不同类型的网格—群体社会如何决定了所生活其中的人们对风险的感知。道格拉斯认为，文化观念塑造或过滤了个体的风险感知。每种文化对风险的挑选，展示了特定社会形式的集体文化、信仰和价值，它们都是集体意识的反映。而风险的排序与挑选，有赖于社会组织的文化偏好。文化偏好如同社会组织内部的一套既定规则，将风险排序并将特定风险挑选出来，进而服务于既有社会制度的利益。根据风险文化理论，政府在制定相关政策时，应避免造成世界观之间利益的正面冲突，并加强政策制定的多级性与文化多元性。

在微型金融领域，民族文化通过影响个体的风险感知，间接地影响微型金融产品的需求和供给。例如，在强调集体主义和互助的文化中，个体可能更愿意参与以群体担保为基础的微型金融项目。因为这种文化背景下，损失可以通过群体来分担,因而个体可能对微型金融中的风险有更高的承受能力。相反,在强调个人主义和个人成就的文化中,个体对风险可能更加敏感。此时,微型金融机构就需要开发更多基于个人信用的金融产品和服务。

(二)微型金融影响民族文化发展的机制分析

民族文化为什么会发生演化?2004年,Erez和Gati在Klein和Kozlowski(2000)的多层次理论基础上提出文化层次理论,认为文化层次涵括了全球文化、国家文化、组织文化、群体文化和个人文化等五个层次(multi-level)。这些文化层次中,每个文化层次又都存在不同维度的测度指标,且不同文化层次之间存在着自上而下和自下而上(top-down-bottom-up)的动态互动过程(如图1.2.2所示),也即通过自上而下的社会化过程,个人将他们所属社会的共享价值内在化并形成自己的价值观;然后,同一组织的个人又会通过自下而上的个人价值观聚合而形成群体文化层次,进而在团体、组织和国家层面形成更高的文化层次。

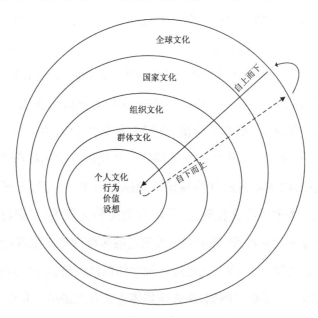

图1.2.2 不同文化层次间的运动过程

在此基础上,一些学者从文化演化的认知视角研究文化演化,认为个体通过模仿、教导以及其他形式的社会传递而发生的社会学习,是推动文化演化的核心(Kline et al.,2018)。且处于不同层次的文化特征演进速度不一样:相对来说,处于价值观外层的文化因子,如那些可视听的行为模式,以及由此所构建的物理和社交环境是容易发生变化的(Inglehart,1990)。同时,由于文化与制度和经济之间都存在双向影响机制,因此,制度和经济的发展变化也必然会引发文化的变迁(Acemoglu,2014)。Giavazzi et al.(2014)的研究成果表明,在外部的经济环境和制度环境发生变化的情况下,民族文化确实具有演进的特性。

随着研究的深入,学者对民族文化的探讨逐渐衍生到更深层次的微观层面的个体文化特征。只是在如何界定微观个体的文化特征方面,现有研究尚未形成较为一致的意见。综合现有文献来看,由于宗教信仰、信任和希望等特征既关乎个体价值观,又都具有相对稳定的文化特征,且相对容易借助社会调查收集相应数据,因此是目前微观文化研究的重要内容。

1. 微型金融与宗教

Mccleary(2003)认为,宗教是民族文化的一种重要符号,可通过影响个体思想以及社会资源网络来影响社会经济发展。一方面,Mccleary 和 Barro(2006)的研究表明,宗教信仰可通过鼓励个体持有积极乐观的生活态度,即希望,以激发有宗教信仰者的内生动力,从而影响个体决策。乐君杰和叶晗(2012)研究证实宗教信仰有助于提升个体内心的满足感和幸福感。另一方面,丁博等(2021)认为,以宗教信仰为核心的社会组织网络会增加内部信任,加剧正规金融的排斥,从而促进非正规金融的发展。究其原因是宗教活动促进了有宗教信仰者的身份认同,导致其之间的信任不断向内收敛,从而降低了该群体对无宗教信仰群体的外部信任(Gurrentz,2014)。Gyapong et al.(2021)利用 65 个国家的 770 家微型金融机构的数据证实,宗教信仰会提高借款人的风险厌恶情绪,促使客户稳健行事从而减少了贷款损失,有助于改善微型金融机构的财务绩效。

以上文献表明,整体而言,宗教信仰在某些方面可以增强个体的信任和希望水平,因此,后文中也将重点研究信任与希望对微型金融的影响。

2. 微型金融与希望

Snyder(2002)认为希望是个体积极寻找和使用与自身能力相匹配的方式去实现预期的目标的积极心理状态。根据这个定义,一个心中有希望的人,内心里存在某种目标,能看到通往这个目标的可行道路,并相信他有能力沿着这条道路达成目标。因此,Snyder(2002)认为,希望包括目标思维、途径思维和动力思维3个关键要素。其中,目标思维是指人们在日常生活中构建目标的心理过程,即个人能在心理上为未来制定具体目标;这对未来结果具有重要影响。路径思维是指人们设想达到目标的具体方法和计划的心理过程,即个人能够将自身面临的现实与想象的未来联系起来,并设想实现目标的途径。动力思维是指人们执行路线、追求目标的内生动力,即目标激励下,个体能热切地追求目标和改变生活。

希望作为人们内部约束的一部分,是发展的基础。希望的缺乏会导致投资不足并最终降低长期福利(Duflo,2012);且外部约束的变化(例如信贷可获得性)只有通过放松内部约束才能获得较好结果(Lybbert,2017)。Macours(2014)就尼加拉瓜的一项研究表明,贷款小组成员与组长的社交互动,能通过榜样、激励和学习效应激发项目成员的动力和愿望,使项目成员增加对儿童的营养和教育投资。而且,与小组组长越亲近,这种影响越强。Lybbert(2017)在墨西哥的一项实验结果也表明,社区银行通过有目的干预,如让女性客户观看一部女性成功利用小额贷款来扩展业务的纪录片,参加一个旨在帮助她们提升愿望、设定目标、改善动力和构想途径的研讨会等活动,一个月后,这些干预措施对愿望的积极影响就能显现,对动力和经营绩效也有一定效应。Lybbert 和 Wydick

（2018）证实，微型金融不但能放松外部约束（教育、健康、信贷、农业生产率），而且能放松人们的内部心理约束，并且外部约束的放松需通过内部心理约束的放松起作用，从而增强人们的心理预期并改善微型金融的绩效。Garcia et al.（2020）进一步证实，微型金融不但能提高人们的经济福利，而且还能减少客户的心理限制，激发其有抱负的希望并持续强化，从而形成积极向上的心态。

3. 微型金融与信任

Deutsch（1958）最早对"信任"进行了界定，认为"信任"是个体对某一事件抱持的期望；如果这一期望未能达成，则个体将承受期望落空的损失，且这一损失要大于期望实现所能获得的收益。Luhmann（1979）对信任的定义较为权威，他认为，"信任是通过提升自我对于外部世界的信心和内心的安全感而补偿由于信息缺失带来的不确定感觉，减少在包含风险情况下做出决策的复杂程度"。信任通常被划分为"制度信任"和"人际信任"（Guiso et al.，2004）。前者指个体对自己不认识的、不熟悉的或者任何关系之外的其他人的一般化、社会性信任；后者指个体对自己认识、熟悉的或与自己有亲密互动的特定群体的个人化或特定性信任。此外，信任也可划分为一般化信任和特殊性信任（Knack et al.，1997）、总体信任和特定信任（Uslane et al.，2001）等类别加以测度。

对信任常用的测度方法有两种。一种是基于社会调查问卷的方法，通过选择回答"大多数人都是可以信任的"的受访者人数占总受访者人数的比例来计算相应的信任水平。一种是通过实验经济学方法，如信任博弈实验等来测量信任水平。乔伊斯·伯格等（1995）利用一次性信任博弈测量了个体间的信任水平，认为当委托人投资越多时，委托人对代理人就越信任，二者之间产生的信任水平就越高。

微型金融可以创造信任。Dowla（2006）认为，格莱珉银行提供金融服务的过程也是创造信任的过程：一是建立贫困群体对格莱珉银行的信任。走进贫困群体,赢得贫困群体的信任是格莱珉银行经营成功的第一步。二是建立其他群体对贫困群体的信任。格莱珉银行证实,贫困群体是值得信任的,他们不仅有生产能力,而且也有信用。三是建立贫困群体之间的信任。并且,格莱珉银行与贫困群体之间建立的相互信任对微型金融行业产生了积极的溢出效应。世界上越来越多的微型金融的诞生便是明证(Basargekar,2010)。

Ojong 和 Simba(2018)分析了微型金融如何在机构和借款人之间建立信任。他们提出,情景因素、金融组织和非金融组织之间不断交换信用信息以及其他非正式债务关系对微型金融中信任机制的建立和发展至关重要。Xiong F 等(2019)利用实地调研数据证实,注重社会绩效的微型金融能显著增加客户信息来源并为客户创造信任。Ojong 和 Simba(2020)检验了微型金融的客户之间信任的建立和影响因素,提出计算、预测、意图、能力和转移机制的共同作用是微型金融中信任产生的机制,并且,空间邻近性、非正式借贷关系和参与非正式金融组织等都是影响微型金融产生信任的重要因素。国内学者刘七军(2017)的研究证实,秉承"厚德亲民,兼爱互利"理念的盐池模式,能有效应对消极文化和弘扬进取文化,并通过互助资金、熟人圈、评级授信和风险防控等机制,为农户建立起信任和合作的基础。

(四)微型金融与人力资本

微型金融还能提升人力资本。Hermes 和 Lensink(2011)强调微型金融帮助穷人投资于生产活动,最终导致收入增加,消费平稳,改善健康、教育和妇女赋权,从而提高穷人的文化素质。Panda D(2016)发现,微型金融可以提升客户及其家庭成员的健康、教育和金融素养等人力资本,并为客户培育社区意识、信任、规则等社会资本。Haldar 和 Stiglitz(2017)的研究表明,遵循道德经济的微型金融可以通过道德准则和相互义务来塑造客户的共享观,从而培育客户诚信、互助、合作的道德品质和亲社会行为。王爱萍等(2020)证实,微型金融发展有助于贫困群体人力资本积累,并通过人力资本积累渠道改善收入贫困。

第三节　民族文化影响微型金融发展的经验

一、微型金融机构的双重绩效

微型金融机构的社会绩效(social performance)是指 MFIs 实现其社会扶贫使命(如帮助贫困群体及其家庭增加收入、积累财产以及抵御外部冲击等)的具体情况。财务绩效(financial performance)则是指微型金融机构在不依靠外部补贴或者捐助的情况下能否维持稳定运营,或者说MFIs 拥有的可持续地提供贷款的能力(Vento 和 Torre,2006)。

20 世纪 80 年代前,MFIs 主要以实现社会绩效为目标。这一特性使其能够通过捐赠和政府支持获得资金,并以低于市场利率的成本向贫困群体提供信贷支持。但补贴所带来的低利率以及小额贷款所导致的高成本导致了广泛的腐败和很高的违约率,使得这一时期的 MFIs 既不能收取弥补事实成本的利率以实现可持续发展,也不能扩大规模而真正发挥社会扶贫功能(Roninson,2001)。因此,从 20 世纪 80 年代后期开始,理论界和实务界逐渐形成一致性观点:一个不可持续发展的机构肯定无法长期服务于贫困群体,MFIs 需要更多地聚焦于财务绩效的提升(Morduch,1999;Rhyne 和 Otero,2006)。MFIs 社会绩效和财务绩效双重目标(double bottle line)由此形成。

部分学者的研究表明,社会绩效与财务绩效之间是替代关系,两者不能同时实现(Begum et al.,2017;Roy,2017;Reichert,2018)。这些学者的主要观点为:额度小、无抵押无担保的贷款使得 MFIs 服务于贫困群体的风险大、成本高,从而导致财务绩效差。Abdulai 和 Tewari(2017)利用 71 家微型金融机构的数据所作的实证研究结果表明,利率是 MFI 可持续性的主要决定因素,社会绩效和财务绩效之间存在权衡取舍。Berguiga et al.(2020)利用中东与非洲的 67 家微型金融机构数据、Van(2022)使用越南的 36 家 MFI 机构数据也都得到同样的结论。国内学者中,温涛等(2017)、熊芳(2017)和杨海燕(2019)等学者的研究结果也都证实,微型金融的财务绩效与社会绩效之间存在此消彼长的关系,即存在"使命漂移"问题。

但也有学者的研究表明,财务绩效与社会绩效之间是互补关系,存在协同效应(Mosley 和 Hulme,1998;Mersland 和 Strom,2010;Quayes,2012)。他们认为,没有微型金融机构是能在财务不可持续的情况下还可以有很高的覆盖力的,而覆盖力大的微型金融机构其财务效率也高。Quayes(2012)发现,除信息披露程度低的微型金融机构外,覆盖深度与财务自足率之间存在显著正向关系。Maurizio et al.(2018)的研究表明,以盈利为目标的微型金融机构可以通过信贷机制设计来抑制"使命漂移"。Churchill(2020)利用 1595 家微型金融机构数据进行的实证分析结果也表明,财务绩效与社会绩效之间存在包容关系。Quayes(2021)使用 1591 家微型金融机构数据也证明,扩大对贫困群体的辐射范围有利于改善机构的盈利状况。刘达(2020)对我国 210 家小额贷款公司所做的实证研究结果也大致相同。

二、民族文化的测度

在经济和金融领域,民族文化正被视为可能影响组织绩效和个人行为的重要因素而日益受到重视(Zainuddin et al.,2014)。但在相当长时间内,民族文化都没有被作为独立的研究变量。主要原因是民族文化的概念含糊复杂,难以衡量,且很难将其从其他宏观经济变量中分离出来

（Shoham,2007）。并且,即使在同一个国家,也可能存在大量的文化多样性（Zainuddin,2019）。直到 20 世纪 80 年代,跨文化研究先驱 Hofstede 根据各国文化差异,从跨文化视角来界定民族文化概念并建立文化维度测度方法,民族文化这一"非经济因素"才开始被作为影响因素纳入经济模型之中。近年来,随着文化层次和文化层级测度方法的出现,使系统分析民族文化的影响成为可能。

（一）文化维度测度方法

20 世纪 80 年代,Hofstede 采集了 70 多个国家的 10 万余名 IBM 公司职员的价值观数据,通过主成分因子分析概括出民族文化的四个维度:个人主义/集体主义;权利距离;不确定性规避;阳刚气质/阴柔气质。1991 年,Hofstede 借鉴彭迈克的华人价值观调查,补充长期导向/短期导向作为民族文化的第五个维度。2010 年,Hofstede 又借鉴 Michael Minkov 的世界价值观调查,补充了放纵/约束文化维度,由此形成民族文化六维度模型。

在 Hofstede 研究基础上,Schwartz（1992,1994,2007）将价值作为文化的基本构成要素,从保守主义、学术自治、情感自治、等级制度、控制、平均主义、和谐等 7 个维度编制了"Schwartz 价值观量表",并用这 7 个文化维度将全球划分为 8 个跨国的"文化地区"。此外,House et al.（2004）还在 GLOBE 项目大规模跨国调查的基础上,设计出 18 个文化维度的测度方法。

（二）文化层次和文化层级测度方法

Bourdieu 认为文化是与经济资本、社会资本和符号资本并列的一种资本,具有再生产的基本功能。在《资本的形式》一书中,Bourdieu（1988）首次提出文化层次理论,并依据文化资本占有的三个维度,将民族文化划分为精神文化（体现在人们身心的性情倾向中,是被内化了的文化资本)、物质文化(体现在各类文化物品中,是将内化了的文化知识通过语言等符号形式表现出来的结果)和制度文化(主要体现在特定的制度安排上,往往是一种社会的合法性认可)三个层次。Schein(1992)根据文化的可视化水平也将文化划分为三个层次:最外层的是可以视听的行为模式,以及由此所构建的物理和社交环境;中间一层是可用社会共识来检验的价值观和成功应对现实应采取的措施;最里面的一层是不可观察的有关人性的基本假设和信念,以及与环境的关系。此外,2004年,Erez和Gati在Klein和Kozlowski(2000)研究的基础上提出文化层级测度方法,认为文化层次涵括了全球文化、国家文化、组织文化、群体文化和个人文化等五个层次,而每个层次又有不同的测度指标。

三、民族文化影响微型金融双重绩效的机理

(一)身份识别机制

相同的文化背景有助于打破群体间的心理壁垒,促进信息交流并与社会信任形成良性互动,进而有助于信贷员开展业务。特别是在微型金融机构开始进入一个新领域时,如果文化背景不同,价值观与行为模式就不同,信贷员在推广业务时就可能遭遇文化差异困境(Tracey和Phillips,2016)。微型金融机构之所以普遍聘请本地人担任信贷员,就是希望以此破除文化背景差异可能造成的不利影响,从而加强信任形成,促进业务发展。

(二)社会互动机制

民族文化还能通过影响社会资本的形成来影响微型金融社会绩效的实现。Parsons与Shills(1990)提出,民族文化会影响个体之间的互动和选择,进而影响社会资本的培育和形成。熊芳(2020)认为,无论是小组成员之间的信任,还是信贷员与小组成员之间的信任,都受到民族文化的

影响。Firdaus(2020)证实,民族文化影响到个体的行为模式,社会资本则能够降低微型金融的交易成本,两者都能显著提升微型金融机构的财务可持续。

(三)信息传递机制

信息不对称增加了微型金融机构的经营成本,而民族文化所蕴含的信息传递机制能够帮助微型金融机构减少贷款前的信息收集和管理成本以及贷款后的监督成本。比如,我国传统文化强调诚实守信,就有助于增强微型金融机构对潜在客户的信任。而微型金融机构通过信贷业务等形成的社会网络,进一步保证了还款率。如果借款人违约,就会被有着相似文化背景的群体所排斥。借款人为了避免自身社会资本损失和被群体排斥的风险便会积极还款。

四、民族文化影响微型金融双重绩效的实证分析

(一)不同文化维度影响微型金融双重绩效的机理及假设

下面利用霍夫斯泰德(Hofstede,2010)的六维度指数,分析不同民族文化维度影响微型金融机构双重绩效的机理。

1. 权力距离指数的影响

权力距离反映一个国家内的成员对权力分配不平均的接受程度。权力距离指数的值越大,意味着这个集体中的等级划分越明确,对权力的服从程度也越高。高权力距离的国家性别歧视更严重,也会更严格遵守既定的规章制度,借款人也更容易接受并且执行已定的信贷规则。这种文化背景下的还款率,特别是女性还款率往往会更高。但高权力距离也更容易产生官僚主义,由此导致信贷过程环节繁琐,进而阻碍贫困群体获得信贷机会。

2. 个人主义/集体主义指数的影响

相比较而言,秉持集体主义观念的个体更重视群体关系与凝聚力,进行决策时会优先考虑集体中的其他成员,而秉持个人主义观念的群体,其个体之间的关系不够紧密,崇尚英雄主义,更加重视自己的利益。与集体主义氛围强的个体相比,个人主义氛围浓的个体所发展的社会网络范围更广且更成功。

3. 阳刚气质/阴柔气质指数的影响

相比于阳刚气质强调野心与竞争,阴柔气质强调谦虚与关怀,会更关注弱势群体并更乐于合作,更有利于团体贷款中成员之间的团结和小组成员之间的相互帮助,进而提升贷款偿还率,改善微型金融财务绩效。在阳刚气质强盛的社会中,低收入群体更加积极进取,创业概率更高,从而贷款偿还率也更高。

4. 高不确定性回避/低不确定性回避指数的影响

不确定性回避是指对不确定性事物是否发生的容忍度。在具有高不确定性回避的社会环境中,潜在客户倾向保持现状而减少对借贷的需求,使得微型金融的财务绩效与社会绩效都将被挤压。

5. 长期/短期倾向指数的影响

长期/短期倾向反映了对未来可能产生的风险与挑战的审视态度。长期倾向是指为应对现在和未来的挑战,鼓励储蓄、节俭和努力。与短期倾向相比,长期倾向氛围强的社会中的群体会规划更长的时间并赋予长期规划更大的重要性,人们会尽量避免那些可能会导致风险较大的决定。而且,在长期倾向氛围浓厚的社会中,低收入群体考虑更可能因为担心偿还能力而不申请贷款。

6. 放纵/约束指数对双重绩效的影响

放纵指数反映的是社会氛围允许人们相对自由地享受生活等情况的程度。约束指数则表示社会中群体更容易受到社会规范的影响。已有研究证明,约束氛围有助于提升微型金融的社会绩效与财务绩效,而放纵则相反。因为约束的氛围能影响微型金融组织内部经验知识的交流,从而影响其绩效表现。

(二)模型设定及变量选取

1.模型设定

借鉴 Banász 和 Csepregi(2018)的研究,建立模型 1,以检验微型金融财务绩效与社会绩效之间的关系。同时,参考方杰等(2015)的研究,建立模型 2,以检验民族文化对微型金融机构财务绩效和社会绩效关系的调节。因为此处民族文化是非时变变量,故采用短面板的 FGLS 回归方法。相应模型如下:

$$FIS_{i,t} = \alpha_0 + \alpha_1 SOS_{i,t} + \alpha_2 Control_{i,t} + \varepsilon_{j,i,t} \tag{1}$$

$$FIS_{i,t} = \beta_0 + \beta_1 SOS_{i,t} + \beta_2 Cul_j + \beta_3 SOS_{i,t} * Cul_j + \beta_4 Control_{i,t}$$
$$+ \mu_{j,i,t} \tag{2}$$

上述模型中,$FIS_{i,t}$ 表示第 i 家微型金融机构在 t 时期 的财务绩效;$SOS_{i,t}$ 表示第 i 家微型金融机构在 t 时期 的社会绩效;$Control_{i,t}$ 表示影响第 i 家微型金融机构在 t 时期 财务绩效的各类控制变量;Cul_j 表示第 j 国的民族文化;$\varepsilon_{j,i,t}$ 和 $\mu_{j,i,t}$ 则分别表示影响第 j 国的第 i 家微型金融机构在 t 时期 的财务绩效的扰动项。

2.变量选取

财务绩效。借鉴武力超、陈玉春(2017)和李雅宁(2018)的研究,选取运营自足率(Operational Self Sufficiency,OSS)作为微型金融机构财务绩效的代理指标,以刻画微型金融机构使用其运营收入支付财务费用、运营费用和贷款的减值损失等成本的能力。

社会绩效。现有文献多从微型金融机构覆盖广度、覆盖深度和服务质量三个维度刻画微型金融机构的社会绩效(Mersland 和 Strom,2010)。

此处借鉴张正平等(2021)学者的研究,用在微型金融机构有未偿还贷款的人数,也即活跃贷款人数(NAB)衡量覆盖广度,使用平均贷款规模/人均国民收入衡量覆盖深度(ALS)。

民族文化。使用 Hofstede(2002)的六文化维度指数作为民族文化的衡量指标。表达式依次为:权力距离指数(PDI)、个人主义指数(IDV)、阳刚气质(MAS)、不确定性回避(UAI)、长期/短期倾向(LTO)和放纵指数(IVR)。

控制变量。参考 Berguiga et al.(2020)以及张正平等(2021)学者的研究,选取财务收入比(FRA)、机构规模(SIZ)和资本与资产比率(CAR)作为微型金融机构的特征控制变量;选取法制环境(RLE)作为外部环境控制变量。

各变量具体定义如表 1.3.1 所示。

表 1.3.1　变量名称及定义

变量符号	变量名称	变量定义
OSS	运营成本充足率	财务收入/(财务费用+营运费用+贷款损失准备金)×100%
NAB	覆盖广度	活跃借款人数取自然对数
ALS	覆盖深度	平均贷款规模/人均国民总收入×100%
PDI	权力距离指数	Hofstede(2002)的文化维度指数
IDV	个人主义指数	Hofstede(2002)的文化维度指数
MAS	阳刚气质	Hofstede(2002)的文化维度指数
UAI	不确定性回避	Hofstede(2002)的文化维度指数
LTO	长期/短期倾向	Hofstede(2002)的文化维度指数
IVR	放纵指数	Hofstede(2002)的文化维度指数
FRA	财务收入比	财务收入/平均总资产×100%
SIZ	机构规模	总资产取自然对数
CAR	资本与资产比率	总股本/总资产×100%

续表

变量符号	变量名称	变量定义
RLE	法制环境	全球治理指标(WGI)中的一项,取值范围为-2.5—2.5(数值越大,表明法制程度越高;负值表明法制不完善,民众更相信人治而不是法治)

3. 数据来源及描述性统计分析

数据来源于微型金融信息交流数据库(MIX)中 48 个国家的 1097 家微型金融机构的非平衡面板数据,样本期为 1999—2018 年;Hofstede 的六民族文化维度指数来源于其个人网站;法制环境指标则来自于世界银行数据库。① 采用 Stata17 软件将各数据库所需变量进行整合后,剔除重复样本,并对所涉及变量进行缩尾极值替换处理。

如表 1.3.2 所示,各国微型金融机构的运营成本充足率均值为 1.151 且标准差为 0.363,说明整体而言,各国微型金融机构的运营成本充足率较好且个体差异不大;但覆盖广度与覆盖深度存在一定的差异性,说明各国微型金融机构发展存在不平衡现象。具体而言,微型金融覆盖广度(NAB)均值为 9.293,其最值相差较大,说明不同的微型金融机构在覆盖广度上存在较大差异。微型金融机构覆盖深度(ALS)均值为 0.336,其最大值远大于均值水平,说明部分微型金融机构发生了使命漂移,即部分微型金融机构的服务对象不再是贫困、弱势群体。

---

① 样本所属国家为 48 个,分别是:阿尔巴尼亚、安哥拉、阿根廷、亚美尼亚、阿塞拜疆、孟加拉国、白俄罗斯、玻利维亚、波斯尼亚和黑塞哥维那、巴西、保加利亚、布基纳法索、中华人民共和国、哥伦比亚、多米尼加共和国、埃及、格鲁吉亚、加纳、匈牙利、印度、印度尼西亚、伊拉克、约旦、哈萨克斯坦、黎巴嫩、马来西亚、墨西哥、摩尔多瓦、黑山共和国、摩洛哥、莫桑比克、尼日利亚、巴基斯坦、巴拉圭、秘鲁、菲律宾、波兰、罗马尼亚、俄罗斯、塞尔维亚、南非、坦桑尼亚、泰国、特立尼达和多巴哥、土耳其、乌克兰、乌拉圭以及越南。

表 1.3.2　变量描述性统计结果

变量	观测数	均值	标准差	最小值	最大值
OSS	7640	1.151	0.363	0.156	2.615
NAB	7925	9.293	2.284	3.807	14.859
ALS	7344	0.336	0.569	0.014	3.917
PDI	8525	76.663	10.519	49.000	94.000
IDV	8525	27.681	12.156	10.000	48.000
MAS	8525	52.467	9.975	36.000	70.000
UAI	8525	67.204	20.377	30.000	95.000
LTO	8525	41.137	22.256	3.526	87.406
IVR	8525	41.555	25.886	0.000	97.321
FRA	6765	0.279	0.147	0.046	0.802
CAR	8096	0.326	0.266	−0.175	0.999
RLE	8324	−0.486	0.359	−1.208	0.330
SIZ	8133	15.788	2.254	10.662	21.155

(三)微型金融机构双重绩效关系的实证分析

1. 相关性检验与异方差检验

表 1.3.3 表明,变量间的相关系数均小于基准值 0.80,说明变量间不存在多重共线性。同时,因所用数据为非平衡面板数据,需要进行异方差检验,结果见表 1.3.4。

表 1.3.3　变量相关性分析矩阵表

	OSS	ALS	FRA	CAR	RLE	SIZ	NAB	PDI	IDV	MAS	UAI	LTO	IVR
OSS	1												
ALS	0.051***	1											
FRA	0.070***	-0.258***	1										
CAR	0.139***	-0.039***	0.113***	1									
RLE	-0.075***	-0.149***	-0.076***	-0.001	1								
SIZ	0.138***	0.258***	-0.138***	-0.261***	0.025**	1							
NAB	0.080***	-0.139***	-0.024*	-0.283***	0.136***	0.801***	1						
PDI	0.099***	0.042***	0.001	-0.032	-0.172***	-0.120***	-0.149***	1					
IDV	-0.082***	-0.249***	0.070***	-0.036***	0.491***	-0.137***	0.008	0.142***	1				
MAS	-0.038***	-0.243***	0.221***	0.041***	0.104***	-0.003	0.135***	0.108***	0.259***	1			
UAI	0.028**	0.152***	0.216***	0.107***	-0.358***	0.131***	-0.195***	-0.045***	-0.322***	-0.327***	1		
LTO	0.042***	0.071***	-0.259***	-0.029***	-0.046***	-0.180***	-0.239***	0.357***	0.170***	-0.264***	-0.030***	1	
IVR	-0.039***	-0.117***	0.506***	0.077***	-0.053***	0.024**	-0.015	-0.043***	-0.111***	0.411***	0.164***	-0.617***	1

注：*** 表明 $p<0.01$ 在 1% 水平下显著，** 表明 $p<0.05$ 在 5% 水平下显著，* 表明 $p<0.1$ 表明在 10% 水平下显著。下同。

表 1.3.4　修正的 **Wald** 检验结果表

模型	检验值	结论
模型（1）	$chi^2 = 0.00, p = 0.00$	存在异方差
模型（2）	$chi^2 = 0.00, p = 0.00$	存在异方差

由表 1.3.4 可知,样本数据存在异方差性,故选择面板广义最小二乘法(FGLS)进行回归,以克服异方差问题。

2. 基准回归结果分析

表 1.3.5　微型金融社会绩效对财务绩效影响的计量回归结果

	模型一	模型二
	OSS	**OSS**
ALS	0.011 *** (0.003)	
NAB		−0.006 *** (0.001)
FRA	0.125 *** (0.011)	0.116 *** (0.008)
SIZ	0.027 *** (0.001)	0.029 *** (0.001)
CAR	0.304 *** (0.006)	0.270 *** (0.006)
RLE	−0.042 *** (0.004)	−0.049 *** (0.004)
常数项	0.558 *** (0.012)	0.596 *** (0.011)
观测样本数	5945	6314

由表 1.3.5 可知,模型一中,覆盖深度指标(ALS)对财务绩效(OSS)存在显著的正向作用,而微型金融机构所服务的客户的贫困程度与贷款规模存在负相关性,说明向非贫困客户贷款正向影响财务绩效。模型二中,覆盖广度指标(NAB)对财务绩效(OSS)具有显著的负向影响,说明微

型金融机构不能在不牺牲覆盖广度（社会绩效）的情况下实现其运营自足率（财务绩效）。上述结果验证了追求财务绩效的微型金融机构会以牺牲覆盖深度与覆盖广度作为代价，为微型金融机构存在"使命漂移"现象提供了具有统计意义的实证证据。

资产周转率（FRA）、机构规模（SIZ）以及资本资产比（CAR）对财务绩效（OSS）具有积极影响。由表1.1.5可知，资产周转率（FRA）与财务绩效（OSS）的回归结果均在1%水平下显著，表明微型金融机构的资产利用效率越高，越有利于财务绩效的提升；机构规模（SIZ）与财务绩效（OSS）的回归结果均在1%水平下显著，表明微型金融机构的规模越大，越会形成规模效应，从而促进财务绩效水平提升；资本资产比（CAR）能够反映微型金融机构偿债能力，其与财务绩效（OSS）的回归结果说明，微型金融机构应对意外损失的能力越强，越会促进微型金融机构的财务绩效提高。

法治环境（RLE）对财务绩效（OSS）具有抑制作用。回归结果说明，国家法律条款制定越严格，越会约束微型金融机构合法地位，从而抑制财务绩效发展。

3. 稳健性检验

为验证财务绩效与社会绩效之间的回归结果是否具有稳定性，现将覆盖深度指标由"平均贷款规模与人均GNI之比"替换为"平均贷款余额与人均GNI之比"，将覆盖广度指标由"活跃借款人取对数"替换为"活跃的女性借款人取对数"后再次进行检验，结果如表1.3.6所示。

表1.3.6　微型金融社会绩效对财务绩效影响的稳健性检验回归结果

	模型一	模型二
	OSS	**OSS**
ALB	0.028 *** （0.003）	

续表

	模型一	模型二
	OSS	**OSS**
FNB		−0.005*** (0.001)
FRA	0.158*** (0.005)	0.126*** (0.009)
SIZ	0.022*** (0.001)	0.033*** (0.001)
CAR	0.292*** (0.005)	0.265*** (0.006)
RLE	−0.036*** (0.003)	−0.039*** (0.004)
常数项	0.633*** (0.011)	0.540*** (0.012)
观测样本数	6199	5294

表1.3.6数据显示,替换指标的结果与原本的回归结果基本一致,说明财务绩效与社会绩效之间的回归结果具有稳健性。

（四）民族文化影响微型金融双绩效关系的实证分析

1.基准回归结果分析

表1.3.7　民族文化对微型金融双重绩效问题的计量模型回归结果

	模型一	模型二
	OSS	**OSS**
ALS	0.148*** (0.053)	
NAB		−0.035*** (0.008)
PDI	0.005*** (0.000)	0.009*** (0.001)
IDV	−0.003*** (0.000)	−0.005*** (0.001)

续表

	模型一	模型二
	OSS	**OSS**
MAS	−0.001 ** (0.000)	−0.009 *** (0.001)
UAI	−0.001 *** (0.000)	−0.006 *** (0.000)
LTO	0.000 (0.000)	0.000 (0.001)
IVR	−0.002 *** (0.000)	−0.002 *** (0.000)
ALS ∗ PDI	−0.0006 *** (0.001)	
ALS ∗ IDV	0.004 *** (0.000)	
ALS ∗ MAS	0.001 ** (0.000)	
ALS ∗ UAI	0.001 *** (0.000)	
ALS ∗ LTO	0.001 *** (0.000)	
ALS ∗ IVR	0.003 *** (0.000)	
NAB ∗ PDI		−0.001 *** (0.000)
NAB ∗ IDV		0.000 *** (0.000)
NAB ∗ MAS		0.001 *** (0.000)
NAB ∗ UAI		0.000 *** (0.000)
NAB ∗ LTO		0.000 (0.000)
NAB ∗ IVR		0.000 (0.000)
控制变量	YES	YES

	模型一	模型二
	OSS	**OSS**
常数项	0.282*** (0.027)	0.744*** (0.069)
观测样本数	5945	6314

表 1.3.7 结果显示,在保持其他因素不变的情况下,可以得到如下结果:

覆盖深度(ALS)依然与财务绩效(OSS)呈显著正相关,说明财务绩效与社会绩效存在权衡关系;覆盖广度(NAB)与财务绩效(OSS)呈现显著负相关,同样说明财务绩效与社会绩效之间存在权衡关系。

权力距离(PDI)对财务绩效(OSS)与覆盖深度(ALS)之间的权衡关系具有显著的抑制作用,正式制度对营造守信氛围具有积极影响,会提高贷款的还款率,从而改善 MFI 的财务绩效与覆盖深度。权力距离(PDI)对财务绩效(OSS)与覆盖广度(NAB)间的取舍关系具有显著的强化作用。说明在高权力距离环境国家中,企业面临官僚主义困境,需要花费额外的时间和资源来运营他们的企业。

个人主义(IDV)对财务绩效(OSS)与覆盖深度(ALS)之间的权衡关系具有显著的促进作用;而个人主义(IDV)对财务绩效(OSS)与覆盖广度(NAB)的取舍关系具有显著的抑制作用。个人主义浓厚的国家倾向看重个人利益,故而机构在发放贷款时会更愿意发放给不那么贫困的客户从而保证自身的财务绩效;集体主义浓厚的国家重视集体利益,故若个体拥有丰富的社交网络,且其与社会资本形成良好互动,则更容易创业成功;而在集体主义浓厚的国家,团体贷款项目更容易提升微型金融机构的财务绩效。

阳刚气质(MAS)对财务绩效(OSS)与覆盖深度(ALS)之间的权衡关系具有显著的强化作用;而阳刚气质(MAS)会显著弱化财务绩效(OSS)

与覆盖广度(NAB)的取舍关系。阳刚气质会凸显个人成就感,故对群体贷款不利,且部分研究表明阳刚气质会增加贷款减值现象发生,即群体贷款下降。阳刚气质高的国家更看重企业家精神,因此对微型金融的需求更高。

避免不确定性(UAI)对财务绩效(OSS)与覆盖深度(ALS)之间的权衡关系具有显著的促进作用;避免不确定性(UAI)对财务绩效(OSS)与覆盖广度(NAB)的权衡关系具有显著的抑制作用。在避免不确定性氛围浓厚的社会环境中,人们更信任传统银行体系,从而提升了银行覆盖率,进而加剧了银行和微型金融机构之间的竞争,最终恶化了微型金融机构的财务绩效。在高度回避不确定的社会中,为应对突发的情况,例如突发恶劣天气影响农作物收入、疾病等,人们会需要通过借贷资金帮自己渡过难关,从而使得微型金融的覆盖广度所有增长。

长期倾向(LTO)显著强化了微型金融双重绩效之间的权衡关系。高长期倾向的社会环境,将会促使微型金融机构服务对象从贫困弱势客户群体转向优质、具有较大财务潜力的客户群体。

放纵(IVR)指数同样对微型金融双重绩效之间的权衡关系具有显著的促进作用。可能的原因在于借款人在取得贷款后,会将贷款用于消费而不是用于从事生产活动,从而促进 MFI 双重绩效之间的权衡关系,但会对还款率产生不利影响。

2. 稳健性检验

为检验民族文化对微型金融机构双重绩效的调节效应是否具有稳定性,现将衡量社会绩效中覆盖深度与覆盖广度指标进行上述相同的替换,结果如下表1.3.8所示。结果表明,民族文化与微型金融双重绩效三者之间的回归结果稳健可信。

表1.3.8 民族文化对微型金融双重绩效问题的计量稳健性检验回归结果

	模型一	模型二
	OSS	OSS
ALB	0. 170 *** (0. 034)	
FNB		−0. 018 ** (0. 009)
PDI	0. 005 *** (0. 000)	0. 008 *** (0. 001)
IDV	−0. 002 *** (0. 000)	−0. 005 *** (0. 001)
MAS	−0. 003 *** (0)	−0. 007 *** (0. 001)
UAI	−0. 002 *** (0. 000)	−0. 005 *** (0. 000)
LTO	0. 000 (0. 000)	0. 001 ** (0. 000)
IVR	−0. 001 *** (0. 000)	0. 000 (0. 000)
ALB * PDI	−0. 004 *** (0. 000)	
ALB * IDV	0. 001 *** (0. 000)	
ALB * MAS	0. 003 *** (0. 000)	
ALB * UAI	0. 000 ** (0. 000)	
ALB * LTO	0. 001 *** (0. 000)	
ALB * IVR	0. 001 *** (0. 000)	
FNB * PAI		−0. 001 *** (0. 000)
FNB * IDV		0. 000 *** (0. 000)

续表

	模型一	模型二
	OSS	**OSS**
FNB * MAS		0.001 *** （0.000）
FNB * UAI		0.000 *** （0.000）
FNB * LTO		0.000 *** （0.000）
FNB * IVR		0.000 ** （0.000）
控制变量	YES	YES
常数项	0.480 *** （0.030）	0.586 *** （0.071）
观测变量数	6199	5294

五、研究结论

微型金融的财务绩效与社会绩效存在权衡关系。在市场竞争日趋激烈的背景下,微型金融机构在面临自身生存压力与股东收益回报要求下,如果没有相关的政策指导,极易变更自身服务群体以期获得更高的收益,即发生"使命漂移"现象。

民族文化影响微型金融机构双重绩效的机制是身份识别机制、社会互动机制和信息传递机制。民族文化能够作为信息加入到机构的信息网络中,降低因信息不对称产生的交易成本、逆向选择以及道德风险。在团体贷款中,民族文化还能够降低机构的信息收集成本和监管成本。因此,民族文化贯穿微型金融的整个业务流程,可以帮助微型金融机构更好地平衡双重绩效。

不同的文化维度对微型金融机构双重绩效取舍的影响不同。高权力距离的文化环境能缓解社会绩效的覆盖深度与财务绩效之间的权衡关系,但其余五个文化维度会加剧这种权衡关系;高个人主义、阳刚气质和不确定回避的文化氛围能缓解社会绩效的覆盖广度与财务绩效之间的权衡取舍关系,而高权力距离则会使两者之间取舍关系恶化。因此微型金融在进行产品设计、社会绩效目标选择以及制度模式借鉴时应当把民族文化作为一个重要因素加以考量。

第二章 西部地区微型金融与民族文化协同发展的现实条件及动力机制

　　微型金融在决战扶贫攻坚中发挥过主力军的作用,对我国经济社会发展,包括西部地区经济社会发展的影响越来越大。然而,在发展实践中,微型金融还面临着覆盖广度、覆盖深度有待进一步提升,以及服务对象金融知识偏低、信贷参与程度较低和家庭融资偏好以非正规融资为主等问题的制约。但西部地区优秀传统文化中的乡土人情意识、传统信用意识等为普惠金融发展奠定了较好基础。在社会主义核心价值观引领下,西部地区丰富的禀赋资源,以及微型金融社会绩效目标都将助推微型金融与民族文化协同发展。

第一节　西部地区①微型金融发展的现状特征

　　整体而言,无论是金融服务便利度,还是金融服务能力,西部地区的金融发展和全国平均水平相比,仍然有较大差距(熊芳,2020),但已经具备了与民族文化协同发展的基本条件。

---

　　① 本节除非特别指明外,西部地区的数据主要是指宁夏、内蒙古、新疆、西藏和广西等五省区的数据。

一、金融服务持续优化①

西部地区金融供给主体是银行业金融机构（赵周华等，2020），因此，下面主要以银行业金融机构发展为例，统计刻画描述西部地区金融服务的供给状况。

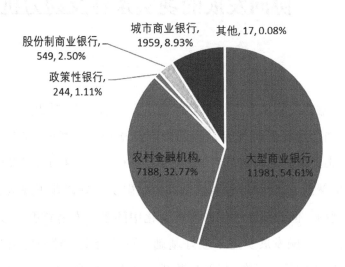

图 2.1.1 2021 年西部地区银行业金融机构营业网点分布情况

注：西藏数据来源于企查查，时间截至 2021 年 12 月 31 日。

图 2.1.1 展示了 2021 年西部地区银行业金融机构营业网点分布情况，可以发现，大型商业银行营业网点数量最多，为 11981 个，占银行业金融机构营业网点总数的 54.61%；其次是农村金融机构，为 7188 个，占银行业金融机构总数的 32.77%，两者共占银行业金融机构营业网点总数的 87.38%，说明大型商业银行和农村金融机构仍是西部地区金融服务供给的主力军。②

---

① 除指明数据来源外，本节数据来源于 2012—2022 年 5 个自治区金融运行报告。

② 大型商业银行包括中国工商银行、中国农业银行、中国银行、中国建设银行、交通银行和中国邮政储蓄银行；农村金融机构包括农村商业银行、农村合作银行和农村信用社、村镇银行、贷款公司、农村资金互助社和小额贷款公司；其他包括城市信用社、财务公司、信托公司、外资银行、金融租赁公司、汽车金融公司、货币经纪公司、消费金融公司等。

（一）金融服务可得性稳步增长

参考林春等（2019）选取银行业金融机构营业网点数和银行业金融机构营业网点从业人员数这两个指标进一步反映西部地区金融服务可得性情况。

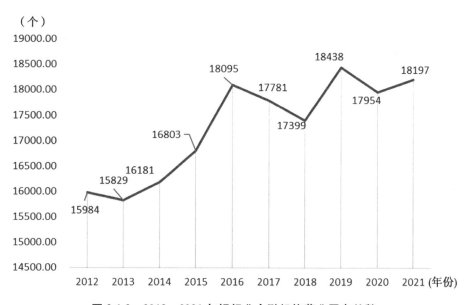

（个）

图 2.1.2　2012—2021 年银行业金融机构营业网点总数

1. 金融机构营业网点数从快速增长转向整体稳定

图 2.1.2 描绘了 2012—2021 年西部地区银行业金融机构网点数变化情况。可以发现,样本期内西部地区银行业金融机构网点总数呈现波动增长态势。其中,2013—2016 年呈逐年递增趋势,4 年新增银行业网点数2266 个;而伴随互联网金融和数字银行的快速发展,西部地区银行业金融机构网点数从 2017 年出现下降趋势,2018 年达到新低。最近几年,伴随乡村振兴进程的加快,银行业金融机构网点数再次出现增长,但整体基本保持稳定。表明西部地区银行业金融机构对国家政策做出积极回应,主动布局未来发展。

表 2.1.1　2012—2021 年银行业金融机构营业网点数(个)

	广西	内蒙古	宁夏	西藏	新疆	合计
2012 年	5663	5231	1170	636	3284	15984
2013 年	5793	4675	1201	677	3483	15829
2014 年	5984	4683	1233	677	3604	16181
2015 年	6174	4843	1463	667	3656	16803
2016 年	6606	5874	1333	686	3596	18095
2017 年	6297	5818	1353	664	3649	17781
2018 年	6296	5543	1356	695	3509	17399
2019 年	6704	5956	1432	723	3623	18438
2020 年	6758	5678	1406	635	3477	17954
2021 年	7115	5476	1398	748	3460	18197
增长量	1452	245	228	112	176	2213
年均增长率(%)	2.57	0.51	2.00	1.82	0.58	1.45

分地区来看,则呈现出不均衡发展态势。样本期内,广西新增银行业网点数量最多,达到 1452 个,年均增长 2.57%;其次是内蒙古,新增 245个,年均增长 0.51%;西藏最少,只有 112 个,年均增长 1.82%。

2. 银行业从业人员整体持续增长

图 2.1.3 刻画了 2012—2021 年西部地区银行业金融机构营业网点从业人员数量变化情况,虽然 2018 年,银行业金融机构营业网点从业人员数量略有下降,但整体呈现波动增长态势(见图 2.1.1)。与 2012年相比,2021 年西部地区新增银行业金融机构营业网点从业人员30066 人,年均复合增长率 1.20%。银行从业人员的持续增长,能更好保障服务质量。

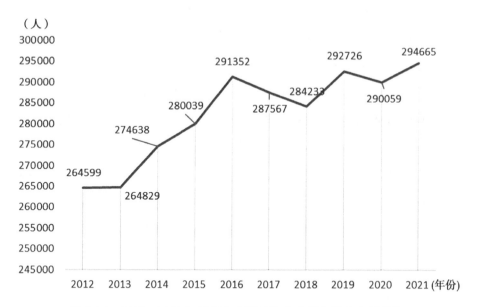

图 2.1.3　2012—2021 年银行业金融机构营业网点从业人员总数

表 2.1.2　2012—2021 年银行业金融机构营业网点

从业人员数(人)

	广西	内蒙古	宁夏	西藏	新疆	合计
2012 年	84736	94950	20908	7125	56880	264599
2013 年	88825	90974	21579	7894	55557	264829
2014 年	91282	94259	22103	8427	58567	274638
2015 年	91431	95809	24825	8305	59669	280039
2016 年	96194	10181	23466	9244	60630	291352
2018 年	90439	98501	23178	9833	62282	284233
2019 年	95638	99116	24652	10065	63255	292726
2020 年	96072	94272	24577	9707	65431	290059
2021 年	99664	94941	24353	10216	65491	294665
增长量	14928	−9	3445	3091	8611	30066
年均增长率(%)	1.82	0.00	1.71	4.09	1.58	1.20

表 2.1.2 所示,广西银行业金融机构营业网点从业人数增量遥遥领先其他省份。与 2012 年相比,2021 年广西新增银行业金融机构营业网点从业人员 14928 人,年均复合增长率 1.82%,说明近十年广西银行业积极抢抓普惠金融发展机遇,积极布局优化银行业金融服务,提升了广西银行业从业人员的需求;其次是新疆,新增银行业金融机构营业网点从业人员 8611 人,年均增长率 1.58%,说明新疆银行业积极响应国家政策,大力推进普惠金融发展;内蒙古银行业金融机构营业网点从业人数呈现负增长,其从业人数减少 9 人,导致这一情况的原因可能是随着金融科技的不断发展,智能化柜台的增多造成从业人员需求降低。

(二)西部地区金融服务便利性明显改善

参考周南等(2022)学者的研究,选取每万平方千米拥有的银行业金融机构营业网点数和每万人拥有的银行业金融机构营业网点从业人员数两个指标,从地理和人口层面考察西部地区普惠金融服务便利性情况。

表 2.1.3 显示了 2012—2021 年每万平方千米拥有的银行业金融机构营业网点机构情况。[①] 数据显示,样本期内西部地区每万平方千米拥有的银行业金融机构营业网点数平稳增长,由 2012 年每万平方千米拥有的银行业金融机构营业网点数量的 36.72 个增长到 2021 年的 42.18 个,较 2012 年增长了约 5.47 个,年均复合增长率 1.55%,表明金融服务便利程度有了较大改善。

---

① 各自治区每万平方千米拥有的银行业金融机构营业网点数=各自治区当年银行业金融机构营业网点数/各自治区当年行政区域土地面积(万平方千米);西部地区每万平方千米拥有的银行业金融机构营业网点数=西部地区当年银行业金融机构营业网点数/西部地区当年行政区域土地总面积(万平方千米)。

表 2.1.3　西部地区 2012—2021 年每万平方千米拥有的银行业金融机构营业网点数(个)

	广西	内蒙古	宁夏	西藏	新疆	平均
2012 年	239.29	44.22	176.20	5.29	19.72	36.72
2013 年	243.81	39.52	180.87	5.63	21.27	36.58
2014 年	252.85	39.59	185.69	5.63	22.00	37.40
2015 年	260.88	40.94	220.33	5.55	22.32	38.84
2016 年	279.13	49.65	256.57	5.71	21.96	41.97
2017 年	265.03	48.98	260.42	5.52	22.28	41.18
2018 年	264.98	46.86	261.00	5.78	21.42	40.34
2019 年	280.97	50.35	275.63	6.01	22.12	42.74
2020 年	283.23	48.00	270.62	5.28	21.23	41.62
2021 年	298.19	46.29	269.08	6.22	21.13	42.18
增长量	58.90	2.07	92.88	0.93	1.40	5.47
年均复合增长率(%)	2.48	0.51	4.82	1.82	0.77	1.55

注:行政区域土地面积数据源自 Wind 数据库,下同。

　　分地区来看,样本期内各省区每万平方千米拥有的银行业金融机构营业网点数①变化情况不尽相同。其中,宁夏增长幅度最大,由 2012 年的 176.20 个增长到 2021 年的 269.08 个,每万平方千米拥有的银行业金融机构营业网点增长 92.88 个,年均复合增长率 4.82%,表明宁夏大力推进普惠金融发展成效显著,金融服务便利性得到较大改善。其次是广西,2021 年每万平方千米拥有的银行业金融机构营业网点数为 298.19 个,

　　①　各自治区每万人口拥有的银行业金融机构营业网点从业人员数=各自治区当年银行业金融机构营业网点从业人员数/各自治区当年常住人口(万人);民族地区每万人口拥有的银行业金融机构营业网点从业人员数=民族地区当年银行业金融机构营业网点从业人员总数/民族地区当年常住人口总数(万人)。

较 2012 年增长了 58.90 个,年均增长率 2.48%。西藏增量最小,与 2012 年相比,2021 年仅增长了 0.93 个。

表 2.1.4 2012—2021 年每万人口拥有的金融机构
营业网点从业人数

	广西	内蒙古	宁夏	西藏	新疆	平均
2012 年	18.05	38.53	31.73	22.62	25.25	25.48
2013 年	18.78	37.06	32.40	24.90	24.31	25.33
2014 年	19.14	38.49	32.60	25.93	25.19	26.04
2015 年	19.00	39.27	36.29	25.17	25.02	26.29
2016 年	19.81	41.80	33.76	27.19	24.97	27.09
2017 年	18.62	40.94	32.93	27.01	25.78	26.45
2018 年	18.28	40.67	32.65	27.78	24.72	25.95
2019 年	19.20	41.04	34.38	27.88	24.72	26.53
2020 年	19.14	39.23	34.09	26.52	25.26	26.13
2021 年	19.79	39.56	33.59	27.91	25.30	26.51
增长量	1.73	1.02	1.86	5.29	0.05	1.03
年均复合增长率(%)	1.02	0.29	0.64	2.36	0.02	0.44

表 2.1.4 显示的是 2012—2021 年西部地区历年每万人口拥有的银行业金融机构营业网点从业人数情况。由表 2.1.4 可知,样本期内每万人拥有的银行业金融机构营业网点从业人数略有增长,由 2012 年的 25.48 人增长到 2021 年的 26.51 人,年均复合增长率为 0.44%。事实上,随着金融科技的发展,很多发达地区银行业金融机构营业网点的从业人员数量都有较大幅度下降,而西部地区不仅没有下降,还略有上升,一定程度上表明西部地区金融服务便利性有了较大改善。

分地区来看,样本期内各省区每万人拥有的银行业金融机构营业网点从业人数变化情况不尽相同。其中,西藏每万人拥有的银行业金融机构营业网点从业人数增长最多,由2012年的22.62人,增长到2021年的27.91人,年均复合增长率达到2.36%,一定程度上表明西藏在人口层面的金融服务便利性得到改善。其次是宁夏,增量为1.86人,年均复合增长率为0.64%。新疆人口层面的金融服务便利度虽有提升,但提升幅度非常小,仅提升了0.05人。

(三)普惠金融的使用效应性快速提升

参考林春等(2019)选取每万人本外币各项存款余额、每万人本外币各项贷款余额和农业保险赔付支出/财产保险赔付支出比率三个指标①,考察西部地区普惠金融使用效应性情况。

表2.1.5显示的是2011—2021年西部地区每万人本外币各项存款余额变化情况。数据表明,样本期内西部地区每万人本外币各项存款余额持续攀升,由2012年的4.59万元/人,增长到2021年的9.38万元/人,增加4.79万元/人,年均复合增长率8.27%。分地区来看,西藏每万人本外币各项存款余额变化幅度最大,由2012年的6.52万元/人,增长至2021年的15.29万元/人,增长了约8.77万元/人,年均复合增长9.93%,说明西藏普惠金融的使用效用明显提升。其次是内蒙古,样本期内增长了约5.97万元/人,年均复合增长率为8.45%;广西样本期内增量最少,但其年均复合增长率达8.89%,说明其实现快速发展。

---

① 各自治区每万人本外币各项存款余额=各自治区当年本外币各项存款余额/各自治区当年常住人口数;民族地区每万人本外币各项存款余额=民族地区当年本外币各项存款总余额/民族地区当年常住人口总数。各自治区涉农保险赔付占财产保险赔付的比率=各自治区当年农业保险赔付支出/各自治区当年财产保险赔付支出;民族地区涉农保险赔付占财产保险赔付的比率=民族地区当年农业保险赔付总支出/民族地区当年财产保险赔付总支出。

表 2.1.5　2012—2021 年每万人本外币各项存款余额

单位:万元/人

	广西	内蒙古	宁夏	西藏	新疆	平均
2012 年	3.40	5.55	5.32	6.52	5.51	4.59
2013 年	3.89	6.22	5.83	7.89	6.24	5.19
2014 年	4.26	6.65	6.24	9.51	6.54	5.61
2015 年	4.74	7.45	7.05	11.12	7.47	6.32
2016 年	5.25	8.72	7.86	12.88	7.95	7.05
2017 年	5.69	9.49	8.32	14.21	8.77	7.69
2018 年	6.02	9.64	8.52	13.94	8.88	7.90
2019 年	6.35	9.83	9.01	13.79	9.17	8.18
2020 年	6.91	10.43	9.90	14.82	9.64	8.76
2021 年	7.32	11.52	10.30	15.29	10.30	9.38
增长量	3.92	5.97	4.98	8.77	4.78	4.79
年均复合增长率(%)	8.89	8.45	7.61	9.93	7.19	8.27

注:2012—2021 年本外币存款余额数据和 2012—2020 年常住人口数据源自 Wind 数据库;2021 年常住人口数据源自各区 2021 国民经济和社会发展统计公报。下同。

　　表 2.1.6 数据表明,样本期内每万人本外币各项贷款余额持续增长,由 2012 年的 3.48 万元/人增长至 2021 年的 9.34 万元/人,增长了约 5.85 万元/人,年均复合增长率 11.58%,实现中高速增长。而从各地区每万人本外币各项贷款余额趋势看,西藏每万人本外币各项贷款余额变化幅度最大,由 2012 年的 2.11 万元/人增长到 2021 年的 14.03 万元/人,增长了约 11.92 万元/人,年均复合增长 23.45%,说明西藏普惠金融的使用效用高速增长。其次是宁夏,样本期内增长了约 6.31 万元/人,年均复合增长率为 9.34%;广西增量最少,但年均复合增长率也达到 13.01%。

表 2.1.6　2012—2021 年每万人本外币各项贷款余额

单位:万元/人

	广西	内蒙古	宁夏	西藏	新疆	平均
2012 年	2.63	4.62	5.12	2.11	3.72	3.48
2013 年	2.98	5.32	5.93	3.40	4.54	4.07
2014 年	3.37	6.15	6.80	4.98	5.26	4.70
2015 年	3.77	7.08	7.53	6.44	5.72	5.29
2016 年	4.25	7.99	8.20	8.97	6.26	5.95
2017 年	4.73	8.86	9.17	11.59	7.05	6.69
2018 年	5.40	9.16	9.91	12.87	7.45	7.24
2019 年	6.12	9.60	10.36	13.01	8.02	7.82
2020 年	7.01	9.71	11.07	13.54	8.84	8.50
2021 年	7.91	10.42	11.43	14.03	9.85	9.34
增长量	5.28	5.80	6.31	11.92	6.13	5.85
年均复合增长率(%)	13.0	9.45	9.34	23.45	11.42	11.58

　　表 2.1.7 显示的是 2011—2020 年西部地区历年涉农保险赔付占财产保险赔付的比率变化情况。由表 2.1.7 可知,样本期内涉农保险赔付占财产保险赔付的比率呈持续增长态势,由 2011 年的 14.00%,增长到 2020 年的 23.52%,增长 9.52 个百分点,年均复合增长率 5.93%,实现快速增长。

表 2.1.7　西部地区 2011—2020 年涉农保险赔付占财产保险赔付的比率

单位:%

	广西	内蒙古	宁夏	西藏	新疆	平均
2011 年	1.46	19.35	4.19	4.51	22.26	14.00
2012 年	1.99	17.86	7.79	8.59	24.14	14.59

续表

	广西	内蒙古	宁夏	西藏	新疆	平均
2013 年	2.27	21.65	7.70	6.12	25.91	16.50
2014 年	5.56	20.89	10.45	5.15	31.97	19.05
2015 年	6.65	20.94	8.53	6.61	28.68	17.84
2016 年	6.28	21.00	14.36	18.71	28.76	18.67
2017 年	5.50	35.74	12.12	29.66	25.62	22.69
2018 年	7.10	21.38	14.75	28.36	29.96	19.62
2019 年	12.30	18.31	14.24	26.00	35.96	22.30
2020 年	8.40	21.91	14.81	40.59	38.41	23.52
增长量	6.94	2.56	10.62	36.08	16.15	9.52
年均复合增长率	21.45	1.39	15.06	27.65	6.25	5.93

注:2011—2020 年农业保险赔付支出数据源自 Wind 数据库;2011—2020 年财产保险赔付支出数据源自 Wind 数据库。

表2.1.7 显示,样本期内各省区涉农保险赔付占财产保险赔付的比率变化情况略有相同,呈不均衡发展趋势。其中,西藏涉农保险赔付占财产保险赔付的比率变化幅度最大,由 2011 年的 4.51%,增长到 2020 年的 40.59%,增长了约 36.08 个百分点,年均复合增长 27.65%,说明西藏在农业保障方面支持力度不断加大;其次是新疆,由 2011 年的 22.26%,增长到 2020 年的 38.41%,增长了约 16.15 个百分点,年均复合增长 6.25%;内蒙古涉农保险赔付占财产保险赔付的比率变化幅度最小,增长了约 2.56 个百分点,年均复合增长 1.39%。

二、家庭金融参与状况有待改善

为更全面反映西部地区家庭金融参与状况,下面利用中国家庭追踪调查(China Family Panel Studies,CFPS)①数据和中国家庭金融调查 (China Household Finance Survey,CHFS)数据展开分析,以反映西部地区 微型金融发展中还存在的问题。需要指出的是,尽管本书已选取了所有 数据库的最新版本,相关数据仍略显陈旧。

(一)储蓄主要为活期且金额较小,理财意识有待加强

1. 活期储蓄比率远高于定期储蓄

表 2.1.8 显示了 2013—2019 年西部地区家庭存款参与情况。总的来 说,西部地区家庭储蓄以活期存款为主。数据显示,2013 年,在受访的 3828 户家庭中,2015 户家庭拥有活期存款,占比为 52.66%,但仅有 380 户拥有定期存款,占比为 9.93%。其中,54.81%的家庭既有活期存款,也 有定期存款。此后,拥有活期存款的家庭保持稳步上升,但拥有定期存款 的家庭比例基本维持不变。到 2019 年,4586 户、占比 82.99%的家庭拥 有活期存款,而有定期存款的家庭共 536 户,占比 9.71%。

表 2.1.8　2013—2019 年受访家庭储蓄情况

	2013			2015		
	活期存款	定期存款	合计	活期存款	定期存款	合计
是	2016	380	2098	2985	434	3018
否	1812	3448	1730	958	3487	949
合计	3828	3828	3828	3967	3967	3967
参与率	52.66%	9.93%	54.81%	75.25%	10.94%	76.11%

① 中国家庭金融调查(China Household Finance Survey,CHFS)是由西南财经大学主 持的一项大型数据调查。自 2011 年起,中国家庭金融调查已成功实施六轮,样本分布于 29 个省、355 个县(区、县级市)、1428 个社区;覆盖 40011 户家庭及 12.7 万个体;具有全 国、省级和副省级城市代表性,调查旨在收集有关家庭金融微观层次的相关信息,主要内 容包括:住房资产与金融财富、负债与信贷约束、收入与消费、社会保障与保险、代际转移 支付、人口特征与就业以及支付习惯等相关信息,对家庭经济、金融行为进行了全面细致 的刻画。

	2017			2019		
	活期存款	定期存款	合计	活期存款	定期存款	合计
是	3775	404	3795	4586	536	4691
否	561	3932	541	940	4990	835
合计	4336	4336	4336	5526	5526	5526
参与率	87.06%	9.45%	87.52%	82.99%	9.71%	84.89%

2. 存款金额整体较小

表2.1.9汇报了2013—2019年受访家庭存款金额占比状况。整体而言,活期存款金额较小,定期存款金额相对较大。具体来看,2013年,53.77%的家庭活期存款金额在5000及以下,存款金额在5万—10万、10万以上的家庭仅有5.06%和3.27%。而定期存款金额在5000及以下的家庭占比4.74%,5万—10万以及10万以上的占比分别为18.69%和15.26%。到2019年,61.3%家庭活期存款金额在5000及以下,存款金额在5万—10万、10万以上的家庭仅有5.21%和2.88%;而定期存款金额在5000及以下的家庭占比3.82%,5万—10万以及10万以上的占比分别为19.08%和22.89%。较大额度存款以定期形式持有,表明越来越多的受访家庭将定期存款作为家庭财富的保有方式。

表2.1.9 2013—2019年受访家庭储蓄金额情况

单位:%

	活期存款				定期存款			
	2013	2015	2017	2019	2013	2015	2017	2019
5000及以下	53.77	54.90	63.22	61.38	4.74	4.41	5.20	3.82
5000—2万	25.84	24.23	20.03	20.59	29.73	27.38	25.74	28.71
2万—5万	12.06	11.11	8.62	9.94	31.58	28.53	26.73	25.50
5万—10万	5.06	6.17	4.95	5.21	18.69	23.21	24.01	19.08
10万以上	3.27	3.59	3.18	2.88	15.26	16.47	18.32	22.89

（二）实际使用第三方账户占比低,数字化程度有待大幅提升

互联网理财是指银行或非银行金融机构通过互联网销售理财产品或保险产品,个人或家庭通过互联网购买这些理财产品或保险产品,以实现个人或家庭资产收益最大化的一系列活动,在一定程度上能反映参与者的数字化程度。下面从第三方支付账户拥有情况、理财金额、购买或不购买理财产品的原因等方面,分析西部地区家庭参与互联网金融的现状。

表 2.1.10 分析了西部地区家庭第三方账户的拥有情况,在 2019 年受访的 5475 户家庭中,有 2928 户家庭开通了支付宝、微信支付、京东网银钱包、百度钱包等第三方支付账户,占比为 53.04%。

表 2.1.10　2019 年家庭第三方账户拥有情况

第三方账户	人数	比例
是	2928	53.48%
否	2547	46.52%
合计	5475	100.00%

在开通第三方支付账户的 2928 户家庭中,2670 户支付账户中的现金余额(指没有利息的部分,如支付宝余额、微信零钱、京东网银钱包余额、百度钱包余额等)在 5000 以下,占比为 91.19%;156 户家庭现金余额在 5000—1 万之间,占比为 5.33%;现金余额在 1 万—2 万、2 万—5 万的家庭较少(如表 2.1.11 所示)。

表 2.1.11　2019 年家庭第三方支付账户现金余额

现金余额	人数	比例
5000 以下	2670	91.19%
5000—1 万	156	5.33%

现金余额	人数	比例
1万—2万	41	1.40%
2万—5万	61	2.08%
合计	2928	100%

表 2.1.12 汇报了家庭在第三方支付账户中的互联网理财(指有利息的部分,如余额宝、微信零钱通、京东小金库、百度小赚)金额状况。其中,89.10%的家庭未参与互联网理财,5.26%的家庭理财金额在 1000 以下,3.42%的家庭理财金额在 1000—1 万之间,2.22%的家庭理财金额在 1 万以上。

表 2.1.12　2019 年家庭第三方支付账户中的互联网理财金额

理财金额	人数	比例
没有	2609	89.10%
1000 以下	154	5.26%
1000—5000	62	2.12%
5000—1 万	38	1.30%
1 万以上	65	2.22%
合计	2928	100.00%

表 2.1.13 进一步汇报了家庭未购买理财产品的原因。62.14%的受访者是因为"没有相关知识",17.40%的受访者是因为"购买程序复杂",19.09%的受访者是因为"没兴趣"。此外,也有部分家庭表示,互联网理财产品"风险高""收益低""流动性差"等也是影响其未购买理财产品的因素。最后,有少数家庭因"不习惯""不了解""不信任"互联网金融产品,"缺乏时间""年龄因素"而没有购买互联网理财产品。

表 2.1.13　2019 年家庭未购买互联网理财产品的原因

没购买理财产品的原因	人数	比例
没有相关知识	3199	62.14%
购买程序复杂	896	17.40%
产品风险高	409	7.94%
收益低	264	5.13%
没兴趣	983	19.09%
存在网络安全问题	503	9.77%
流动性差	144	2.80%
没有上网的设备	421	8.18%
资金有限	1419	27.56%
其他	135	2.62%

表 2.1.14 汇报了家庭购买互联网理财产品的原因。70.64%的受访者是因为"方便转账、支付、购物"。也有部分家庭认为互联网理财产品"购买门槛低""有收益,且收益比银行存款高"以及"风险低,安全",因此选择购买。也有 9.48%家庭是因为"从众心理,好奇,觉得好玩"等非理性原因。

表 2.1.14　家庭购买互联网理财产品的原因

购买互联网理财产品的原因	人数	比例
方便转账/支付/网购	231	70.64%
购买门槛低	39	11.93%
有收益,收益比银行存款高	91	27.83%
风险低,安全	69	21.10%
从众心理,好奇,觉得好玩	31	9.48%
其他	10	3.06%

(三)家庭正规融资占比稳步上升,但融资偏好仍以非正规融资为主

目前我国家庭融资可以通过正规金融和非正规金融两种渠道,前者

主要指以银行等正规金融机构为代表的正规融资,或者主要指以父母、邻居和亲朋等为代表的非正规融资。家庭对不同融资方式的选择进行排序即为家庭融资渠道偏好。

为了解西部地区家庭融资渠道偏好的现状及发展变化,利用 CFPS 数据库数据,从横向比较(西部地区与全国对比)和纵向演化两个维度展开分析。CFPS 问卷中,测度问题为"如果您家需要借金额较大的一笔钱(例如用于买房、经营周转等),首选的借钱对象会是谁",选项包括"银行""非银行正规金融机构""亲人①""朋友""民间借贷机构和个人"和"任何情况下都不会去借钱"。其中,前两个选项为正规融资偏好,第 3 个选项为非正规融资偏好。通过清洗数据,2014—2018 年均接受访问的样本农户为 10259 户家庭,其中西部地区共有 1098 户,占比 10.70%。表 2.1.15 和表 2.1.16 分别汇报了全国、西部地区家庭融资渠道偏好的现状及发展变化。

表中数据表明,西部地区家庭仍然更偏好非正规融资渠道,但正规融资渠道偏好稳定上升。并且,相比全国平均水平,西部地区家庭更偏好正规融资渠道。从正规融资渠道看,2014 年,西部地区偏好正规融资渠道的家庭有 403 户,占比为 36.71%,远超同期全国 21.76% 的平均水平。到 2018 年,偏好正规融资渠道的家庭上升至 432 户,占比达到 39.35%,同样远超过同期全国 26.89% 的平均水平。值得关注的是,选择任何情况下都不会去借钱的家庭从 2014 年的 1295 户、占比 12.62% 上升到 2018 年的 1625 户、占比 15.84%。

---

① CFPS2016 及 CFPS2018 问卷中,该问题的测度题项包含"父母或子女""亲戚"选项,而 CFPS2014 问卷仅有"亲戚"选项,为便于分析,此处将 CFPS2016 及 CFPS2018 问卷中的"父母或子女""亲戚"选项合并,并统一命名为"亲人"。

表 2.1.15　2014—2018 年家庭融资渠道偏好（全国）

借贷渠道＼年份	2014		2016		2018	
	家庭户数	占比（%）	家庭户数	占比（%）	家庭户数	占比（%）
银行	2213	21.57	2330	22.71	2730	26.61
非银行正规金融机构	19	0.19	19	0.19	29	0.28
亲人	6100	59.46	5803	56.57	5291	51.58
朋友	555	5.41	623	6.07	550	5.36
民间借贷机构和个人	77	0.75	50	0.49	34	0.33
任何情况都不会借钱	1295	12.62	1434	13.98	1625	15.84
合计	10259	100%	10259	100%	10259	100%

数据来源：中国家庭追踪调查（China Family Panel Studies，CFPS）；下同。

表 2.1.16　2014—2018 年家庭融资渠道偏好（西部地区）

借贷渠道＼年份	2014		2016		2018	
	家庭户数	占比（%）	家庭户数	占比（%）	家庭户数	占比（%）
银行	398	36.25	414	37.70	426	38.80
非银行正规金融机构	5	0.46	1	0.09	6	0.55
亲人	533	48.54	527	47.99	477	43.44
朋友	55	5.01	61	5.56	50	4.55
民间借贷机构和个人	18	1.64	8	0.73	8	0.73
任何情况都不会借钱	89	8.10	87	7.92	131	11.93
合计	1098	100%	1098	100%	1098	100%

（四）信贷参与程度较低，金融排斥仍然明显

1. 家庭工商业生产经营信贷参与比率较低但信贷金额整体上升

图 2.1.4 展示了西部地区 2011—2019 年家庭因工商业生产经营而参与信贷的情况。数据显示，2019 年，信贷参与户数和占比都达到最高。5526 户受访家庭中从事工商业生产活动有 705 户，尚未还清银行贷款的有 122 户，参与率为 17.30%，表明虽然有所提升，但西部地区工商业生产经营信贷参与率仍然较低。

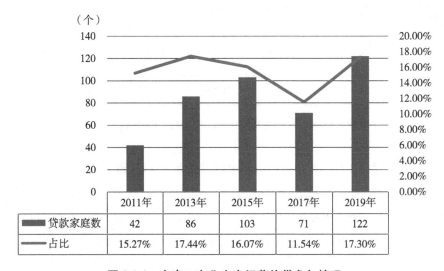

	2011年	2013年	2015年	2017年	2019年
贷款家庭数	42	86	103	71	122
占比	15.27%	17.44%	16.07%	11.54%	17.30%

图 2.1.4　家庭工商业生产经营信贷参与情况

表 2.1.17 进一步展示了家庭工商业生产经营贷款不同贷款金额的比重。数据显示，2011 年，在参与贷款的 42 户工商企业中，78.57% 贷款金额基本在 5 万元以下；而 2019 年，122 户获得贷款的工商企业中，5 万元以下的仅占 15.57%，5 万—10 万元之间的占比 18.85%，10 万—50 万元的占比达到 54.10%，50 万—100 万元和 100 万元以上的分别是 4.92% 和6.56%，反映了我国家庭工商业生产经营贷款额度不断增大。

表 2.1.17　家庭工商业生产经营贷款金额分布情况

贷款金额	2011 年	2013 年	2015 年	2017 年	2019 年
5 万元以下	78.57%	24.39%	19.43%	9.85%	15.57%
5 万—10 万元	11.90%	14.63%	23.30%	18.31%	18.85%
10 万—50 万元	9.53%	52.43%	50.48%	57.75%	54.10%
50 万—100 万元	0%	2.44%	2.91%	11.27%	4.92%
100 万元以上	0%	6.11%	3.88%	2.82%	6.56%
贷款家庭合计	42	86	103	71	122

2. 贷款来源主要为涉农金融机构,贷款利率呈下降趋势

图 2.1.5 展示了 2019 年西部地区家庭贷款的主要来源。具体来看,农村信用社、农村商业银行和村镇银行仍是西部地区家庭贷款的主要来源。其次,从中国银行、建设银行等国有五大行①获得贷款的家庭有 32 户,占比为 26.23%。从招商银行、兴业银行等股份制商业银行获得贷款的家庭数量较少,共有 9 户,占比为 7.37%。此外,从中国邮政储蓄银行和城市商业银行获得贷款的家庭占比较小。

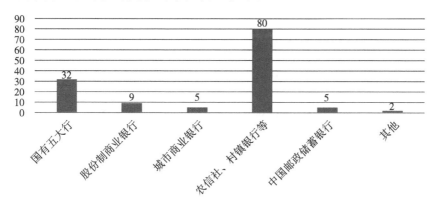

图 2.1.5　2019 年家庭贷款来源

① 国有五大行是传统叫法,指中国工商银行、中国建设银行、中国农业银行、中国银行和交通银行。

图 2.1.6 为家庭不同年份贷款年利率的均值。图中数据显示,贷款利率均值由 2011 年的 7.08% 下降到 2019 年的 5.45%。整体呈现下降趋势。

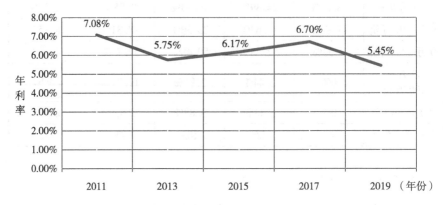

图 2.1.6 2011—2019 年家庭工商业生产经营贷款利率均值图

(五)个人金融知识仍然较低,整体金融素养亟待提升

金融知识反映对金融、经济的关注程度。具备更高金融知识的调研对象更有可能参与正规金融市场。选取"假设银行的年利率是 4%,如果把 100 元存 1 年定期,1 年后获得的本金和利息为?""假设银行的年利率是 5%,通货膨胀率每年是 3%,把 100 元钱存银行一年之后能够买到的东西将?"和"您认为一般而言,股票和基金哪个风险更大?" 3 个问题对调研对象的金融知识进行测度。结果如表 2.1.18 所示。

表 2.1.18 调研对象对金融知识问题的回答情况

Panel A:利息计算						
回答	2013 年		2015 年		2019 年	
	人数	占比	人数	占比	人数	占比
正确	747	19.59%	773	20.08%	843	15.49%
错误	864	22.66%	756	19.64%	1076	19.77%
算不出来	2202	57.75%	2320	60.28%	3522	64.73%
合计	3813	100%	3849	100%	5441	100%

Panel B:通货膨胀计算						
回答	2013 年		2015 年		2019 年	
	人数	占比	人数	占比	人数	占比
正确	551	14.46%	564	14.73%	1366	25.14%
错误	1346	35.32%	1223	31.93%	847	15.59%
算不出来	1914	50.22%	2043	53.34%	3220	59.27%
合计	3811	100%	3830	100%	5433	100%
Panel C:股票和基金的风险比较						
回答	2013 年		2015 年		2019 年	
	人数	占比	人数	占比	人数	占比
正确	836	22.12%	1534	41.33%	194	18.34%
错误	287	14.65%	135	3.64%	95	8.98%
没听说过	2657	63.23%	2043	55.04%	769	72.68%
合计	3780	100%	3712	100%	1058	100%

表 2.1.19 数据显示,虽然调研对象金融知识呈现上涨趋势,但整体水平仍然较低。表现为样本期,3 个问题都回答正确的比例较低。其中,直到 2019 年,对利息和通货膨胀率的回答正确率都不足 20%,且"算不出来"或"没听说过"的比例都非常高,超过半数以上,反映调研对象的金融知识整体都较低。而究其原因,应该是调研对象对金融知识关注度不够。因为在"您平时对经济、金融方面的信息关注程度如何?"问题中,调研对象回答"非常关注"或者"很关注"比例越来越低,2019 年,两者合计都只有 6.92%(如表 2.1.9 所示)。

表 2.1.19　调研对象对金融的关注度(2013—2019)

关注度	2013 年		2015 年		2017 年		2019 年	
	人数	占比	人数	占比	人数	占比	人数	占比
非常关注	272	7.30%	183	4.63%	47	3.74%	167	3.04%
很关注	173	4.64%	268	6.78%	76	6.05%	213	3.88%

关注度	2013 年		2015 年		2017 年		2019 年	
	人数	占比	人数	占比	人数	占比	人数	占比
一般	885	23.75%	792	20.03%	202	16.08%	1017	18.52%
很少关注	567	15.21%	1162	29.39%	203	16.16%	1274	23.20%
从不关注	1830	49.10%	1549	39.18%	728	57.96%	2821	51.37%
合计	3727	100%	3954	100%	1256	100%	5492	100%

以上分析表明,尽管金融供给状况有了很大改善,但家庭金融参与的状况仍然受传统习俗的影响,且金融素养不足制约了家庭金融参与。

三、微型金融与民族文化协同发展的必要性:个案分析

（一）案例一:微型金融和民族文化发展相互制约

访谈对象:西藏自治区山南市贡嘎县东拉乡东拉村村民拉珍(女)

访谈时间:2020 年 7 月 26 日　下午 15:30

访谈地点:西藏自治区山南市贡嘎县东拉乡东拉村村民拉珍家

拉珍是一名 51 岁的共产党员,小学文化程度,家里 5 口人,2019 年家庭人均年收入不到 4000 元。她与丈夫塔杰是土生土长的东拉村民,在家务农;大女儿卓嘎毕业于职业技术学校,在一家私营企业打工;二女儿白玛现就读于内地一所农业大学;儿子阿旺小学文化程度,学习了藏式服装裁缝技术,在拉萨打工。

拉珍一家收入来源有务农、国家惠农财政补贴、外出打工三部分。东拉村虽坐落在美丽的羊卓雍错湖旁边,但地处偏远,而且海拔高,冬季长,农业收入勉强自给自足。国家惠农财政补贴资金也不一定总能按时领到;外出务工收入也是时有时无。拉珍说家里经常缺钱,向银行申请小额贷款又很难:因为村里没有银行,贷款还得到乡政府所在地吉琼村农行营业所去办理手续。由于手续繁琐,需要来回奔波好几天,有时候是找不到

车,有时候是找不到负责盖章的人,有时候又碰到营业所关门。2017年,拉珍家新建住房,向中国农业银行贷款8万元(农业银行针对西藏农牧民推行了钻石卡、金卡、银卡和铜卡等四种"农牧户贷款证";贷款额是根据农牧户家庭经济收入确定,最高可贷款20万元。拉珍家因无固定经济来源,匹配的是银卡,可贷8万元),所有手续办理完毕,但到提款时,因为乡营业所没有8万元,拉珍家人和担保人还需要同时到县农行去提款,"非常不方便"。拉珍说,大家都不愿意把钱存到银行;因为把钱存到银行,心里就会感觉很不踏实,再说存取也都很不方便。而且,自己至今只知道存折,对理财产品、保险产品这些项目不很熟悉,到现在也还没有金融机构到村里宣讲过金融知识和服务项目。

拉珍家的情况表明,农村地区配套金融服务基础设施虽逐步完善,但在有些地方,服务便利度和服务质量还亟待提升。而且,农牧民金融意识不到位,只用存折不用卡、只相信柜台服务不相信移动机具、只认现金不认网络的思想还普遍存在,很大程度制约了金融服务地方经济和服务农户的效应发挥。

(二)案例二:微型金融和民族文化产业协同发展

访谈对象:西藏自治区山南市扎囊县扎塘镇折木村村委会主任格桑

访谈时间:2020年8月2日 下午15:30

访谈地点:西藏自治区山南市扎囊县扎塘镇折木村委会院内

扎囊县位于山南市西部,地处雅鲁藏布江中游,面积2173平方公里,总耕地面积6.7万亩,平均海拔3680米,辖扎塘、桑耶两个镇和阿扎、扎期、吉汝3个乡。其中,扎塘镇是县人民政府所在地,位于349国道(原101省道)附近,总人口不到1万人[1],辖扎塘、折木等14个村。折木村是扎塘镇政府所在地,背山靠水,土地肥沃,日照时间长,农业发达,有"西

---

[1] 调研时的人口数量。

藏粮仓"之称。扎囊县文化广场就坐落在折木村中心,每年的"扎囊县氆氇文化节"及附属物交会(商品展销会)就在这里举行。

格桑主任介绍,中国农业银行在扎囊扎塘有个营业所,就坐落在折木村,这个营业所虽然只有 4 个人,但对于扎囊县的经济发展起到非常大的作用。像氆氇产业发展,多靠中国农业银行的支持。扎囊县作为"氆氇之乡",目前有 4000 多人从事氆氇生产和销售工作。特别是扎囊县吉汝乡有 1700 多户农牧民,家家户户都会织氆氇;我们村(折木村)十几户也编织氆氇、毛毯、卡垫(用羊毛制作的藏式床垫)并销售到外地去。中国农业银行为这些从事氆氇生产和销售的人提供贷款,给了他们很多帮助。比如我们村的达瓦顿珠,2018 年,他得知山南市隆子县要开物交会,他便找银行贷款,收购了大量的氆氇、毛毯、卡垫等货物,后来在隆子县物交会,他三天里出售了两大车的货物,赚了六万多。

格桑主任还介绍,扎囊县的很多耕地被政府征用,建了文化广场、火车站及站前广场、文化产业园、公寓楼小区等。所以,耕地面积越来越少,光靠务农是富裕不起来的。好在我们国家惠农政策好,这两年,在扎囊县、扎塘镇、折木村的主干道旁闹市区建了两排双层式公租房,共 200 多间,以一户一套的形式分配给村民,分到的出租房村民可自由支配,自家开商铺也好,再租赁给他人也好,让这些人有了一个固定的收入来源。这中间,中国农业银行也给予大力的金融支持。

以上两个案例表明,一方面,尽管西部地区金融供给状况持续优化,但在农村地区,由于地理条件限制,金融基础服务设施还不完善,再加上农牧民金融意识薄弱,也缺乏相应的理财知识,制约了金融服务效果,不利于农牧民家庭经济发展。另一方面,扎囊县的案例表明,同样是经济欠发达地区,金融支持却有力地推动了民族文化产业的发展。因此,要提升西部地区的金融服务水平并促进地区经济发展,在加强西部地区金融支持设施建设的同时,还需要开展针对性的金融教育和普及活动,特别是注重结合当地文化背景和心理特点,开展金融知识普及活动,以消除文化和心理层面上对金融服务的疑虑和误解,从而提高他们的金融参与度和理财能力;并且,要深入了解和尊重西部地区的文化特性,融合当地的文化价值观和心理预期,设计出更符合当地居民实际需求的金融产品和服务。比如,针对一些传统观念中对借贷有顾虑的情况,可以提供更灵活的贷款方式和还款计划。

第二节　西部地区民族文化发展现状特征

国内学者在研究民族文化时,并没有全方面地对民族文化具体内容进行总结。赵向阳等(2015)基于 GLOBE 文化维度,把我国文化类型分为黄河中下游文化圈、长江中下游文化圈、西南山地文化圈、东南沿海海洋性文化圈、北方农牧接壤文化圈、西藏雪域高原文化圈和国际大都市文化圈。同时,他们还运用 Schwartz 文化价值观,将上述文化圈进一步分为黄河—长江文化圈、海洋—都市文化圈、森林—绿洲文化圈、高原—山地文化圈。于广涛等(2016)则结合 Schwartz 文化价值观和国内文化实践,选取"社会和谐(谐)""仁爱有信(仁)""公平公正(公)""家庭美满(家)""身心愉悦(悦)""显达有为(达)"和"开拓创新(新)"等七种价值取向作为我国文化价值观的测度指标。

民族文化具有民族性、地域性和历史性。本书结合研究目的和调研数据,从民俗文化、乡土人情、传统信用意识、物质消费观、性别意识和借贷观念等七个方面统计刻画西部地区文化发展特征。

一、民族文化整体积极向上

2020 年暑假期间,调研小组对西藏和宁夏的农村地区进行了实地调研,调研范围包括宁夏 5 个地市① 13 个区县②的 79 个村庄,以及西藏 6 个地市③ 23 个县区④的 35 个村庄,利用问卷、个案访谈等方式获取了重要的调研资料和数据。⑤ 调研共发放问卷 600 份,回收 595 份,回收率达到 99.1%。剔除残缺值、离群值、固定反应等异常值样本后,最终获得有效样本 578 份,其中宁夏 426 份⑥,西藏 152 份⑦。调研对象中,54.15% 为男性,45.85% 为女性;18—45 岁的占比 61.59%,46—65 岁的占比 38.41%。汉族、回族、藏族占比依次为 38.76%、35.29% 和 25.95%;小学及以下、初中、高中或中专、大专及以上的占比依次为 36.30%、42.60%、16.40%、4.70%。

(一)民俗文化传承备受重视

我国西部地区有着丰富的民俗文化,如传统节日习俗、婚丧嫁娶习俗等,各民族的民俗活动间存在形式的差异性,但他们几乎具有存在统一性的内涵,即大多为了寻求安康、顺遂。进入现代化、城市化社会,尽管一些民俗文化活动消失了,但一些传统的民俗文化活动仍代表了各民族的

---

① 调研宁夏的 5 个地市为固原市、石嘴山市、吴忠市、银川市和中卫市。
② 13 个区县为海原县、贺兰县、红寺堡区、泾源县、利通区、灵武县、隆德县、彭阳县、平罗县、同心县、西吉县、原州区和中宁县。
③ 6 个地市为昌都市、拉萨市、林芝市、那曲市、日喀则市、山南市。
④ 调研西藏的 23 个区县为:安多县、八宿县、白朗县、比如县、城关区、措美县、堆龙德庆县、贡嘎县、加查县、江孜县、朗县、浪卡子县、隆子县、乃东区、尼玛县、琼结县、曲松县、仁布县、桑日县、桑珠孜县、索县、谢通门县和扎囊县。
⑤ 问卷见附录一。
⑥ 宁夏 13 个区县样本分布为:海原县 28 份,贺兰县 91 份,红寺堡区 11 份,泾源县 14 份,利通区 57 份,灵武县 16 份,隆德县 10 份,彭阳县 14 份,平罗县 29 份,同心县 2 份,西吉县 27 份,原州区 90 份,中宁县 37 份。
⑦ 西藏 23 区县样本分布为:安多县 1 份,八宿县 1 份,白朗县 18 份,比如县 3 份,城关区 14 份,措美县 6 份,堆龙德庆县 23 份,贡嘎县 4 份,加查县 7 份,江孜县 19 份,朗县 1 份,浪卡子县 1 份,隆子县 5 份,乃东区 1 份,尼玛县 1 份,琼结县 2 份,曲松县 2 份,仁布县 1 份,桑日县 2 份,桑珠孜县 19 份,索县 1 份,谢通门县 12 份,扎囊县 8 份。

"乡愁",仍然受到重视。

首先,各民族居民重视对传统节日的传承。表2.2.1报告了西部地区578名受访农户对民族传统节日重视情况,表示对民族传统节日"非常重视""重视"和"比较重视"的占比92.39%,其中表示"非常重视"的农户占比为20.93%,表示"重视"的农户占比为41.70%,表示"比较重视"的农户占比为29.76%,表示"非常不重视""不重视""比较不重视"和"不确定"的占比较少。

其次,大多数居民对婚、丧、嫁、娶等习俗十分重视。表2.2.1报告了西部地区578名受访农户对婚、丧、嫁、娶习俗的重视情况,表示对婚、丧、嫁、娶等习俗"非常重视""重视"和"比较重视"的占比90.12%,其中表示"非常重视"的农户占比为17.65%,表示"重视"的农户占比为42.21%,表示"比较重视"的农户占比为30.28%,表示"非常不重视""不重视""比较不重视"和"不确定"的占比较少。

表2.2.1　受访农户对民族传统节日和习俗的重视情况

重视程度	对民族传统节日的重视情况		对婚、丧、嫁、娶习俗的重视情况	
	农户数量(名)	占比	农户数量(名)	占比
非常不重视	5	0.87%	2	0.35%
不重视	9	1.56%	8	1.38%
比较不重视	17	2.94%	17	2.94%
不确定	13	2.25%	30	5.19%
比较重视	172	29.76%	175	30.28%
重视	241	41.70%	244	42.21%
非常重视	121	20.93%	102	17.65%
合计	578	100.00%	578	100.00%

（二）乡土人情仍旧浓厚

费孝通在其《乡土中国》中指出,我国乡村社会是一个熟人社会,人与人有着浓厚的人情关系,注重彼此的人情往来。进入了市场经济社会,这种浓厚的人情关系没有被完全打破,围绕着"家"为中心的乡土人情依旧浓厚。这种基于血缘的结盟,一方面起到经济上互助、互保的作用,也就是实现了成员间的跨时间利益交换,即金融交易;另一方面,促进了成员间的情感以及非物质交流,给予成员提供安身立命的信仰基础。这种结盟所衍生的隐性金融交易是现代金融市场的补充。

表 2.2.2　受访农户对亲戚朋友和其他村民之间人情往来的重视情况

重视程度	与亲戚朋友之间人情往来		与其他村民之间人情往来	
	农户数量(名)	占比	农户数量(名)	占比
非常不重视	1	0.17%	1	0.17%
不重视	8	1.38%	19	3.29%
比较不重视	22	3.81%	36	6.23%
不确定	16	2.77%	34	5.88%
比较重视	134	23.18%	210	36.33%
重视	287	49.65%	234	40.48%
非常重视	110	19.03%	44	7.61%
合计	578	100.00%	578	100.00%

表 2.2.2 报告了 578 名受访农户对亲戚朋友之间人情往来的重视情况,表示对亲戚朋友之间人情往来的"非常重视""重视"和"比较重视"的占比 91.87%,其中表示"非常重视"的农户占比为 19.03%,表示"重视"的农户占比为 49.65%,表示"比较重视"的农户占比为 23.18%。表 3 同时报告了西部地区 578 名受访农户与其他村民之间人情往来的重视情况,表示对与其他村民之间人情往来的"非常重视""重视"和"比较重视"的占比 84.43%,其中表示"非常重视"的农户占比为 7.61%,表示"重视"的农户占比为 40.48%,表示"比较重视"的农户占比为 36.33%,表明乡土人情仍旧浓厚。

（三）传统信用意识根深蒂固

我国民族传统文化有"仁、义、礼、智、信"。常言道："人无信不立，事无信不成，商无信不兴。"对于古代信贷市场，传统信用意识最深受人们赞许的是"欠债还钱天经地义"。这对于现代信贷市场稳健运营同样重要。

农户深受传统信用思想的影响，对诚信同样非常重视。表2.2.3报告了578名受访农户对"欠债还钱天经地义"的看法。表示对"欠债还钱天经地义""非常同意""同意""比较同意"的农户占比95.16%，其中表示"非常同意"的农户占比为56.40%，表示"同意"的农户占比为33.39%，表示"比较同意"的农户占比为5.36%。可见，传统诚信、信用思想是深入人心的。

表2.2.3　受访农户对"欠债还钱天经地义"的看法

看法	农户数量（名）	占比
非常不同意	18	3.11%
不同意	3	0.52%
比较不同意	5	0.87%
不确定	2	0.35%
比较同意	31	5.36%
同意	193	33.39%
非常同意	326	56.40%
合计	578	100.00%

（四）坚守朴素、勤俭、节约的物质消费观

我国各民族人民有着朴素、勤俭、节约的优秀传统观念，生活用品讲求实用性。市场经济的发展，商业文化的流行，也没有改变我国的这一优秀传统美德。近年来，随着各族人民物质生活水平的普遍提高，人

们享受到了物质丰裕带来的满足,却依旧坚守朴素、勤俭、节约的物质消费观。

表2.2.4报告了578名受访农户对"购物能给您带来快乐?"的看法,表示对"比较同意""同意""非常同意"的农户占比56.92%,表明接近六成的受访者物质的满足能带来快乐感、幸福感,说明物质的满足能提高农户的幸福感。

表2.2.4　受访农户对购物能带来快乐感的看法

看法	农户数量(名)	占比
非常不同意	24	4.15%
不同意	66	11.42%
比较不同意	99	17.13%
不确定	60	10.38%
比较同意	140	24.22%
同意	125	21.63%
非常同意	64	11.07%
合计	578	100.00%

表2.2.5报告了578名受访农户对奢侈品的偏好,表示对"非常不喜欢""不喜欢""比较不喜欢"的农户合计占比为63.15%。表2.2.6报告了受访农户对"生命中最重要的成就包括获得名贵物品、金钱等"的看法,表示对"非常不同意""不同意""比较不同意"的农户合计占比为66.21%。表2.2.7报告了受访农户对"因无力购买礼物送给家人而烦恼"的看法,表示对"非常不同意""不同意""比较不同意"的农户合计占比为66.61%。可见,大部分农户对奢侈品并无强烈消费偏好,有着比较积极正面的物质观和金钱观,奉行朴素、勤俭、节约的物质消费观。

表 2.2.5　受访农户对奢侈品的偏好

看法	农户数量（名）	占比
非常不喜欢	55	9.52%
不喜欢	175	30.28%
比较不喜欢	135	23.36%
不确定	47	8.13%
比较喜欢	79	13.67%
喜欢	63	10.90%
非常喜欢	24	4.15%
合计	578	100.00%

表 2.2.6　受访农户对"生命中最重要的成就包括获得名贵物品、
金钱等"的看法

看法	农户数量（名）	占比
非常不同意	7	1.21%
不同意	11	1.90%
比较不同意	19	3.29%
不确定	61	10.55%
比较同意	164	28.37%
同意	242	41.87%
非常同意	74	12.80%
合计	578	100.00%

表 2.2.7　受访农户对"因无力购买礼物送给家人而感到烦恼"的看法

看法	农户数量（名）	占比
非常不同意	98	16.96%
不同意	186	32.18%
比较不同意	101	17.47%
不确定	41	7.09%

看法	农户数量（名）	占比
比较同意	79	13.67%
同意	57	9.86%
非常同意	16	2.77%
合计	578	100.00%

（五）男女平等意识更加深入人心

我国古代封建社会是男权社会,各民族、各阶层间存在着严重的重男轻女思想。金融的重要功能之一是实现跨时间价值转移。在传统社会里,男性是最主要的劳动力,是维系家庭经济运行的重要支柱;农民规避风险和养老的境况是由儿子的数量和质量决定,而不是由保险、股票、基金等金融产品的投资组合决定,于是"养儿防老",成为了传统社会重要的跨时间价值转移方式。因此,我国传统思想中存在重男轻女的思想。这种重男轻女的背后是一种人际金融交易,这种人际金融交易以人格化的隐性方式实现,养育男孩就是人格化的保险品、信贷品和养老投资品,这与现代金融市场中靠非人格化的"信用"和"诚信"不同。随着经济社会的发展,女性在社会中扮演的角色越来越重要,性别平等的意识逐渐深入人心,这种"重男轻女""养儿防老"等思想在逐步瓦解,即使是西部地区偏远山村居民,也深刻认识到了"女人能顶半边天"。

表2.2.8报告了578名受访农户对"女性对社会发展的贡献越来越大"的看法。表示对"女性对社会发展的贡献越来越大""非常同意""同意""比较同意"的农户占比83.04%,其中表示"非常同意"的农户占比为12.80%,表示"同意"的农户占比为41.87%,表示"比较同意"的农户占比为28.37%,表示"非常不同意""不同意"和"比较不同意"的占比较小,共占6.40%。

表 2.2.8 受访农户对"女性对社会发展的贡献越来越大"的看法

看法	农户数量（名）	占比
非常不同意	7	1.21%
不同意	11	1.90%
比较不同意	19	3.29%
不确定	61	10.55%
比较同意	164	28.37%
同意	242	41.87%
非常同意	74	12.80%
合计	578	100.00%

同时，男人应以事业为重，女人应以家庭为重的"男主外，女主内"传统家庭观念也在逐渐瓦解。表 2.2.9 报告了西部地区 578 名受访农户对"夫妻应该平摊家务"的看法。表示对"夫妻应该平摊家务""非常同意""同意""比较同意"的农户占比 75.78%，其中表示"非常同意"的农户占比为 16.26%，表示"同意"的农户占比为 32.70%，表示"比较同意"的农户占比为 26.82%。

表 2.2.9 受访农户对"夫妻应该平摊家务"的看法

看法	农户数量（名）	占比
非常不同意	13	2.25%
不同意	34	5.88%
比较不同意	44	7.61%
不确定	49	8.48%
比较同意	155	26.82%
同意	189	32.70%
非常同意	94	16.26%
合计	578	100.00%

以上分析均表明,男女平等观念在西部地区已深入人心。这种观念的改变,能瓦解以人格化的隐性金融交易,有助于构建起以非人格化的"信用"为基础的现代金融市场体系。

此外,为进一步了解西部地区性别平等程度的动态演化过程,利用中国综合社会调查(CGSS)2010 年、2015 年、2021 年的追踪调查数据,从横向比较和纵向演化两个维度,刻画西部地区的性别平等观念的发展变化以及相对全国其他地区的情况。中国综合社会调查中包含 5 个测量个人对性别平等态度的问题,分别为:①男人事业为重,女人家庭为重;②男性能力天生就比女性强;③干得好不如嫁得好;④在经济不景气时,应该先解雇女性员工;⑤夫妻间应该均等分摊家务。5 个问题的测度题项均采用"完全不同意"至"完全同意"的 5 分李克特量表进行赋值,前 4 个指标得分越高意味着性别平等程度越低,第 5 个指标则相反。由于这几个指标衡量了个体根深蒂固的性别认知观念,因此可以视为能够较好反映性别平等观念的衡量指标。表 2.2.10 和表 2.2.11 报告了全国受访者和西部地区受访者对"男人事业为重,女人家庭为重"等观点的看法。

以"男人事业为重,女人家庭为重"观点为例,2010 年全国总样本中有 2538 名受访者表示"完全不同意"或"比较不同意""男人事业为重,女人家庭为重"这一观点,占样本总量的 25.25%,西部地区受访者中有 374 名受访者持相同态度,占样本总量的 27.54%;2015 年,全国和西部地区"完全不同意"或"比较不同意"该观点的受访者占比增长至 32.01%和 34.07%,2021 年占比进一步达到 43.43%和 51.80%,这进一步佐证,男人事业为重,女人家庭为重的"男主外,女主内"传统家庭观念正在逐渐瓦解,且西部地区相较于全国而言,"男主外,女主内"的家庭观念更薄弱,性别平等观念更强烈。

表 2.2.10 性别平等观念(全国)   单位:名

测度项目	分类指标	2010 年		2015 年		2021 年	
		数量	占比(%)	数量	占比(%)	数量	占比(%)
1. 男人事业为重,女人家庭为重	完全不同意	674	6.71	565	6.73	927	16.04
	比较不同意	1864	18.54	2123	25.28	1583	27.39
	无所谓	884	8.79	907	10.80	644	11.14
	比较同意	4132	41.11	3664	43.62	1763	30.50
	完全同意	2498	24.85	1140	13.57	863	14.93
合计		10052	100.00	8399	100.00	5780	100.00
2. 男性能力天生就比女性强	完全不同意	1317	13.10	797	9.49	1204	14.86
	比较不同意	3280	32.63	2910	34.65	1970	31.31
	无所谓	1251	12.45	1170	13.93	659	11.49
	比较同意	2971	29.56	2867	34.14	1391	31.53
	完全同意	1233	12.27	655	7.80	556	10.81
合计		10052	100.00	8399	100.00	5780	100.00
3. 干得好不如嫁得好	完全不同意	1089	10.83	683	8.13	1128	19.52
	比较不同意	2448	24.35	2373	28.25	1647	28.49
	无所谓	1897	18.87	1659	19.75	746	12.91
	比较同意	3319	33.02	2918	34.74	1563	27.04
	完全同意	1299	12.92	766	9.12	696	12.04
合计		10052	100.00	8399	100.00	5780	100.00
4. 在经济不景气时,应该先解雇女性员工	完全不同意	3363	33.46	2099	24.99	2642	45.71
	比较不同意	3868	38.48	3905	46.49	2046	35.40
	无所谓	1757	17.48	1330	15.84	540	9.34
	比较同意	778	7.74	922	10.98	406	7.02
	完全同意	286	2.85	143	1.70	146	2.53
合计		10052	100.00	8399	100.00	5780	100.00
5. 夫妻间应该均等分摊家务	完全不同意	274	2.73	189	2.25	168	2.91
	比较不同意	1106	11.00	878	10.45	438	7.58
	无所谓	1283	12.76	1325	15.78	562	9.72
	比较同意	4096	40.75	3956	47.10	2286	39.55
	完全同意	3293	32.76	2051	24.42	2326	40.24
合计		10052	100.00	8399	100.00	5780	100.00

注:①数据来源:中国综合社会调查(CGSS);②限于篇幅,仅选取了 2010 年、2015 年、
2021 年的数据。下同。

表 2.2.11　性别平等观念（西部地区）　　　　　　单位：名

测度项目	分类指标	2010 年		2015 年		2021 年	
		数量	占比（%）	数量	占比（%）	数量	占比（%）
1. 男人事业为重，女人家庭为重	完全不同意	138	10.16	89	8.66	67	15.09
	比较不同意	236	17.38	268	26.07	163	36.71
	无所谓	75	5.52	75	7.30	51	11.49
	比较同意	481	35.24	442	43.00	114	25.68
	完全同意	428	31.52	154	14.98	49	11.04
合计		1358	100.00	1028	100.00	444	100.00
2. 男性能力天生就比女性强	完全不同意	238	17.53	91	8.85	48	10.81
	比较不同意	380	27.98	344	33.46	140	31.53
	无所谓	121	8.91	120	11.67	51	11.49
	比较同意	346	25.48	357	34.73	139	31.31
	完全同意	273	20.10	116	11.28	66	14.86
合计		1358	100.00	1028	100.00	444	100.00
3. 干得好不如嫁得好	完全不同意	252	18.56	106	10.31	49	11.04
	比较不同意	330	24.30	308	29.96	117	26.35
	无所谓	196	14.43	195	18.97	83	18.69
	比较同意	332	24.45	317	30.84	138	31.08
	完全同意	248	18.26	102	9.92	57	12.84
合计		1358	100.00	1028	100.00	444	100.00
4. 在经济不景气时，应该先解雇女性员工	完全不同意	76	5.60	20	1.95	9	2.03
	比较不同意	112	8.25	114	11.09	28	3.61
	无所谓	183	13.48	146	14.20	46	10.36
	比较同意	423	31.15	515	50.10	191	43.02
	完全同意	564	41.35	233	22.67	170	38.29
合计		1358	100.00	1028	100.00	444	100.00
5. 夫妻间应该均等分摊家务	完全不同意	59	4.34	34	3.31	15	3.38
	比较不同意	132	9.72	123	11.96	25	5.63
	无所谓	95	7.00	137	13.3	28	6.31
	比较同意	474	34.90	463	45.04	216	48.65
	完全同意	598	44.04	271	26.36	160	36.04
合计		1358	100.00	1028	100.00	444	100.00

进一步地，为探究西部地区性别平等观念历年的演变趋势，利用中国社会调查（CGSS）2010—2021 年的数据，首先将 5 个测度性别平等问题中的负向指标正向化，其次取各个问题得分均值，最后加总，测算出全国和

西部地区"性别平等观念"的历年总得分。图 2.2.1 展示了全国和西部地区性别平等观念的历年变化,可以发现:整体来看,全国和西部地区"性别平等"意识在 10 年间不断改善,全国总得分和西部地区总得分从2010 年的 16.15 和 16.41,增长到 2021 年的 17.69 和 17.67;从西部地区"性别平等"态度的发展来看,西部地区"性别平等"程度得分略高于全国平均水平,且整体上呈现出上升趋势。这一结果与熊艾伦(2018)等人的研究结论不谋而合,他利用 CGSS 数据,从文化维度测度了各省的性别平等程度,结果发现性别平等程度前十的省份中有 4 个西部省份,内蒙古自治区等西部地区的性别平等程度得分也较低,性别歧视程度弱。

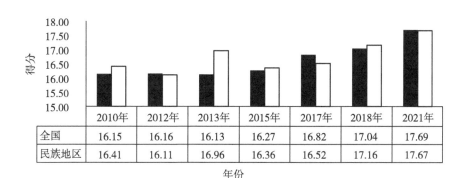

图 2.2.1　性别平等观念变化趋势图

二、民族文化创新发展仍存在较多问题[①]

下面,以宁夏回族自治区为例,进一步分析民族文化创新发展中存在的问题。

---

① 除非特别说明,本节数据根据宁夏统计局统计年鉴相关数据整理计算得来。

（一）居民收入虽然不断增长，但相对贫困仍然严重

1. 农户收入水平不断提高

图 2.2.2 是 2014—2020 年宁夏农户可支配收入的变化趋势图。相关数据表明，2014—2020 年，宁夏农村居民年人均可支配收入维持较高速度增长，平均增长速度为 8.72%。2020 年，宁夏农户年人均可支配收入为 13889.40 元；尽管受新冠疫情影响，增速下降了 1.81 百分点，但仍维持 8.02% 的增长速度。可见，宁夏农户年人均可支配收入①在不断提高。

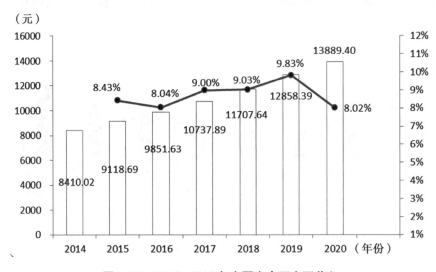

图 2.2.2　2014—2020 年宁夏农户可支配收入

2. 城乡收入存在较大差距

图 2.2.3 展示了 2014—2020 年宁夏农户与城镇居民可支配收入情况。由于存在二元结构，宁夏农户收入水平与城镇居民收入水平的差距较大。

---

①　宁夏 2014 年起以按照城乡一体化改革后计算新的口径"农村居民人均年可支配收入"这一指标统计农村居民收入状况，以前年度均为农村居民家庭纯收入。

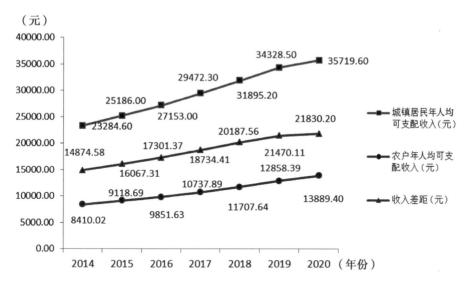

图 2.2.3　2014—2020 年宁夏农户与城镇居民可支配收入的绝对性差距情况

　　首先,宁夏农户收入水平与城镇居民收入水平存在较大的差距,且这种差距仍在逐年扩大。图 2.2.3 表明,2020 年宁夏城镇居民年人均可支配收入为 35719.60 元,而农户年人均可支配收入仅为 13889.40 人,存在 21830.20 元的绝对性收入差距。在 2014—2020 年期间,这种差距在不断扩大,从 14874.58 元增加到 21830.20 元。这个差距甚至已经超过农户当年的可支配收入,需要农户收入翻倍增长才能缩减差距。因此,减小宁夏城乡收入差距,追求城乡间共同富裕,任重而道远,需要内外发力。

表 2.2.12　2020 年宁夏农户与城镇居民可支配收入构成

收入项目	城镇居民		农户	
	收入(元)	占比(%)	收入(元)	占比(%)
人均可支配收入(元)	35719.60	100.00	13889.40	100.00
人均可支配工资性收入(元)	24272.60	67.95	5150.00	37.08
人均可支配经营净收入(元)	3465.10	9.70	5549.40	39.95
人均可支配财产净收入(元)	1293.20	3.62	393.50	2.83
人均可支配转移净收入(元)	6688.70	18.73	2796.50	20.13

其次,宁夏城乡居民收入来源也存在较大的结构性差距。以 2020 年宁夏居民收入状况为例,表 2.2.13 展示了 2020 年宁夏农户与城镇居民可支配收入构成。表 2.2.13 表明宁夏农户的收入主要来自于工资性收入和经营性收入,占比达 77.03%。其中,人均可支配工资性收入占人均可支配收入的比重为 37.08%,这一比例远远低于城镇居民人均可支配工资性收入占人均可支配收入的比重 67.95%,说明了对比城镇居民,宁夏农村缺乏相对应的第二、三产业来吸纳大量的就业人口,因此农户的工资性收入比城镇居民低,因此大量农户选择停留在农业、畜牧业的经营上,农户的人均可支配经营净收入无论是绝对值还是占比,均比城镇居民的人均可支配经营净收入高。

同时,城镇居民的财产流动性更好,更容易实现投资价值的转化,因此城镇居民人均可支配财产净收入的绝对值和比例比农户高。2020 年,宁夏城镇居民的人均可支配财产净收入为 1293.20 元,占可支配收入的 3.62%;而农户的人均可支配财产净收入仅为 393.50 元,不足城镇居民的四分之一,占人均可支配收入的 2.83%。另外,尽管农户的转移净收入所占比例略高,但城镇居民的转移净收入在绝对值上远远高于农户的转移净收入;这一方面,是由于政府在离退休金、失业救济金、赔偿等的财政资金转移上存在城乡的差异;另一方面是由于宁夏的城镇地区有着更多能容纳就业人口的各行业企事业单位,在城镇就业的个人能够获得就业单位支付给个人保险、公积金等转移性收入。农村地区相对缺乏第二、三产业基础,通过金融手段提振宁夏乡村产业发展,提供就业岗位,很有必要。

3. 与全国农户平均收入水平存在差距

宁夏地处西部西部地区,经济发展水平比东部相对滞后,因此,农户的收入水平与全国农村居民平均收入水平存在差距。表 2.2.13 展示了 2020 年宁夏农户与全国农村居民人均可支配收入差距情况。表 2.2.14 表明,无论是人均可支配收入总水平还是各项来源的收入均低于全国平均水平。其中,2020年宁夏农户人均可支配收入(元)比全国农村居民可支配收入少3242.07元。这些差距说明,宁夏农户收入水平提高还有较大的空间;宁夏应采取包括普惠金融在内的手段,不断促进农村发展,促进宁夏乡村振兴。

表 2.2.13　2020 年宁夏农户与全国农村居民可支配收入情况

	人均可支配收入（元）	人均可支配工资性收入（元）	人均可支配经营净收入（元）	人均可支配财产净收入（元）	人均可支配转移净收入（元）
全国	17131.47	6973.94	6077.42	418.75	3661.35
宁夏	13889.40	5150.00	5549.40	393.50	2796.50
收入差距	3242.07	1823.94	528.02	25.25	864.85

以上分析表明,尽管宁夏农户收入水平在不断提高,拥有的家庭耐用品等财富不断增加,但与城镇居民收入水平和全国平均收入水平仍有差距,当下宁夏很有必要进一步通过改善普惠金融服务质量和效益来提升农户收入。

(二)居民对未来的信心虽然不断增强,但内生动力不足仍然明显

2021年五一假期和暑假实地调研期间,对宁夏582名受访农户的希望水平进行了测度。[1] 对调研的数据进行计算和整理,得到关于宁夏农户希望水平现状分析。

1.越来越多农户对未来充满希望

希望某种程度上也反映了一个人对未来的信心和乐观程度。Herth(1992)也曾设计了自己的希望量表,区别于Snyder的成人状态希望量表侧重于希望三维度的测量,该量表侧重测量了个体对现实和未来的积极

---

[1]　问卷见附录一。

态度、采取积极行动和与他人保持亲近三个维度,量表中有多个项目涉及个体对未来的信心。所以在调研问卷中加入了"对未来生活的信心"这一项指标,调研结果如表 2.2.14 所示。

大部分的受访农户对未来充满信心。在问及农户"您认为您未来的生活会变得怎样"时,表示"变好"和"变得很好"的受访农户分别占 65.46% 和 11.68%,合计占 77.14%;其余 22.86% 的受访农户表示不确定、变差或变得很差。说明大部分的农户对未来充满信心和希望,但尚有五分之一到四分之一的农户对未来抱不确定和悲观的态度。

表 2.2.14　受访农户对未来生活的信心占比情况　　单位:名

未来生活	农户人数	占比
变得很差	1	0.17%
变差	7	1.21%
不确定	125	21.48%
变好	381	65.46%
变得很好	68	11.68%
合计	582	100%

2. 部分"困难"农户内生动力较低

根据前文机制分析,以希望作为农户内生动力的代理变量发现,部分弱势农户内生动力较低。表 2.2.16 展示了不同层次希望水平占比情况。受访农户的中上水平(19—24 分)和较高水平(25—30 分)的人数,占受访农户总数的 76.29% 和 10.31%,共占 86.60%;而中下水平(13—18 分)和较低水平(6—12 分),分别占受访农户总数的 13.23% 和 0.17%,共占 13.40%。这说明尽管绝大部分的农户希望水平处于中上层次,但仍有一些"困难农户"希望水平较低,缺乏内生发展动力,同时他们相较其他群体,在经济收入、发展机会和竞争能力等方面也处于劣势地位。为了乡村振兴和共同富裕的目标,对于希望水平较高的农户,要采取措施让他们继续保持满怀信心和希望,甚至更进一步;同时,对于希望水平较低的农户,也要采取措施激发他们的内生动力,提高他们的希望水平。

表 2.2.15 受访农户不同层次希望水平占比情况　　单位:名

希望水平	被访农户数量	占比
较低水平(6—12 分)	1	0.17%
中下水平(13—18 分)	77	13.23%
中上水平(19—24 分)	444	76.29%
较高水平(25—30 分)	60	10.31%
总计	582	100%

表 2.2.16 展示了不同水平层次动力思维与途径思维水平的农户占比。动力思维处于中上水平和较高水平的受访农户占全体受访农户88.14%;而途径思维处于中上水平和较高水平的受访农户占全体受访农户 59.97%,不足六成。这说明,受限于农村地区滞后的经济条件,一些宁夏农户改变生活的机遇较少,导致一些农户有改变生活和追求目标的动力和决心,却缺乏方法和路径。

表 2.2.16 受访农户不同水平动力思维与途径思维的受访农户构成

单位:名

水平层次	动力思维		途径思维	
	农户数量	占比	农户数量	占比
较低水平(3—6 分)	0	0.00%	9	1.55%
中下水平(7—9 分)	69	11.86%	224	38.49%
中上水平(10—12 分)	414	71.13%	335	57.56%
较高水平(13—15 分)	99	17.01%	14	2.41%
合计	582	100%	582	100%

同时,由上文表 2.2.14 可知,尚有超过五分之一(22.86%)的农户认为自己未来的生活变得不确定、变差或变得很差,反映了一些农户对未来抱不确定和悲观的态度。此外,把调研的 582 名农户的 2021 年家庭人均收入预期与 2020 年家庭人均实际收入进行对比,如表 2.2.17 所示,发现 36.25% 的农户对 2021 年人均收入预期小于 2020 年家庭人均实际收入,说明超过三分之一的农户对未来收入状况存在负面预期。

表 2.2.17　受访农户对 2021 年家庭人均收入预期情况　单位:名

收入预期	农户人数	占比
2021 年人均收入预期小于 2020 年人均实际收入	211	36.25%
2021 年人均收入预期大于或等于 2020 年人均实际收入	371	63.74%
合计	582	100%

以上分析表明,尽管大部分宁夏农户对未来充满信心,希望水平整体上处于中上层次,平均收入预期为正,但仍存在一些"弱势"农户,对未来缺乏信心,内生动力不足。因此仍需充分借助包括普惠金融在内的手段进行"扶志"。

(三)金融支持文化产业虽然取得成效,但文化产业仍面临融资约束

文化产业是将文化元素商品化,以创造经济价值的行业。作为民族文化的重要载体,文化产业的发展不仅可以推动经济增长和产品创新,而且有助于文化的传播和保护。民族文化是文化产业的核心资源。民族的文化特色和传统可以作为独特的品牌属性,在增强文化产品的识别度和吸引力的同时,也有助于强化文化认同和文化创新。因此,我国一直重视通过金融支持促进文化产业发展。如早在 2014 年,文化部、中国人民银行和财政部就联合出台了《关于深入推进文化金融合作的意见》,提出

"文化金融合作已经成为我国文化产业发展的显著特点和重要成果,成为我国文化产业持续快速健康发展的重要动力",要"深入推进文化与金融合作,推动文化产业成为国民经济支柱性产业"。2022年8月,中共中央办公厅、国务院办公厅印发《"十四五"文化发展规划》,进一步提出要加快推进符合文化产业发展需求的金融产品与服务创新,为文化企业提供综合性金融服务。下面,具体以文化旅游业为例,分析民族文化产业发展中面临的金融需求问题。

1. 加强顶层设计,出台各类金融支持文化旅游产业政策

文化旅游业的发展有助于促进民族文化资源的有效利用,把潜在的文化资源优势转化为现实的经济优势,形成民族特色产业。同时,文化旅游业的发展也是保护和传承民族文化传统的重要方式。如为满足游客需要,西部地区不断开发出具有民族文化特色的活动和商品,一些民族习俗风情、神话典故、戏曲歌舞、赛事活动、婚嫁礼仪、音乐美术等因而得到恢复。而且,文化旅游业的发展也为文物古迹的修缮、濒临失传的文化资料的挖掘和整理,以及民族文化专业人才的培养提供了资金来源。因此,西部地区历来重视对旅游业发展的金融支持,均通过纲领性文件确定了金融支持文化旅游发展的政策方针,如表2.2.18所示。

表 2.2.18　2016—2022 年西部地区支持旅游业发展的主要金融政策

地区	政策名称/颁布时间	政策主要内容
青海	《关于金融支持文化旅游产业加快发展的意见》(2016.2)	从金融支持文化旅游产业发展的方向、融资结构、重点领域、服务模式等层面进行综合布局
新疆	《关于金融支持新疆旅游业高质量发展的指导意见》(2018.9)	围绕推动新疆全域旅游发展合理调配金融资源,创新金融工具和产品,提升金融服务水平
广西	《金融支持广西文化旅游产业高质量发展的若干措施》(2020.4)	《措施》共13条,涵盖建立文旅企业复工复产融资需求清单、降低融资成本、开展续贷对接和临时性偿还安排等方面内容

续表

地区	政策名称/颁布时间	政策主要内容
云南	《金融支持文旅行业纾困发展工作任务清单》（2022.1）	加大货币政策工具运用、开展重点企业名单对接、协同续贷首贷支持、科技赋能金融创新、拓宽多元融资渠道等方面
贵州	《关于加强金融支持文化和旅游产业高质量发展的若干措施》（2022.11）	加大信贷支持力度、完善文化和旅游资产抵质押担保、优化提升金融服务质量、加强文化和旅游企业信用政策建设以及加强协调联动等
宁夏	《关于加强金融支持文化和旅游行业的通知》（2022.8）	发挥再贷款再贴现、普惠小微贷款支持工具作用，建立文化旅游企业融资对接机制，督促银行业金融机构加大信贷投放，促进银企精准对接
内蒙古	《关于支持文旅产业克服疫情影响加快恢复发展的若干措施》（2020.8）	金融机构不得盲目抽贷、断贷、压贷；还款确有困难的文旅企业，金融机构可以展期或续贷；在政策允许范围内对文旅企业降低贷款利率，提高文旅企业贷款覆盖面
西藏	《关于金融助力旅游产业高质量发展的通知》（2021.8）	强化发挥政策合力，完善旅游产业、项目和企业信贷支持体系，优化信贷服务流程，加大保险和担保服务力度，支持旅游企业发展壮大

从新冠疫情发生后为例，文化和旅游部、中国人民银行等部委颁布了《关于抓好金融政策落实进一步支持演出企业和旅行社等市场主体纾困发展的通知》（文旅产业发〔2021〕41号）。随后，2021年5月，文化和旅游部、国家开发银行又颁布了《关于进一步加大开发性金融支持文化产业和旅游产业高质量发展的意见》；2022年7月，中国人民银行、文化和旅游部又颁布了《关于金融支持文化和旅游行业恢复发展的通知》支持文化旅游业的发展。在这些政策引导下，金融部门通过加大信贷支持、贷款贴息力度等措施，为西部地区文化旅游行业的快速恢复起到了重要作用。如2022年6月，新疆维吾尔自治区文化和旅游厅搭建了新疆文化和旅游产业投融资线上服务平台，对全疆的文旅产业链重大项目实施跟踪，先后发布文旅产业优惠政策83条、金融机构相关金融产品37个。同时，

该平台与国家开发银行新疆分行共同推荐 15 个开发性金融支持文化和旅游领域重点项目。

2. 深化银企对接,增强金融支持质效

金融机构在增强信贷总量支持的基础上,更是通过不断深化银企对接产品和服务创新,增强金融服务的精准性和质效。比如广西壮族自治区,通过搭建银企对接机制,大大提升了文化和旅游企业的融资效率。主要做法是:一是建立全区重点文旅企业名单管理制度,由中国人民银行南宁中心支行会同行业主管部门通过摸排收集重点文化和旅游企业的融资需求,形成融资需求清单和供应链企业"白名单"。二是对列入白名单的文化和旅游企业,依据按期推送、动态调整等方式组织金融机构对接。同时,中国人民银行南宁中心支行还创新建设"桂信融"平台,加快全区信用信息的互联互通和共享,为实现银企线上快速对接提供了多维度信息支持和全方位应用支撑。三是加快金融产品创新。广西探索创新专门的信贷产品和抵质押担保方式,先后推出"文旅贷""重大产业项目贷""酒店贷""景区贷""民宿贷""文创影视贷"等系列特色产品,较好地满足文化旅游企业融资需求。

总之,金融机构纷纷紧盯文化品牌,积极采取各种措施确保金融服务文化旅游产业落地见效。如宁夏黄河农村商业银行不仅成立了专项工作领导小组,还制定了《黄河农村商业银行系统金融支持文化旅游产业发展规划》,积极组织开通信贷绿色通道,对单户 1000 万元以内的文化旅游产业法人客户采取全电子化审查放款流程,贷款做到"即到即审",极大地促进了文化旅游产业贷款迅速增长。

3. 文化产业发展仍然面临融资约束,文化金融发展仍有短板

尽管政策上不断加大对西部地区旅游产业的金融支持,但融资规模小,融资成本高,融资效率低仍然是制约西部地区文化旅游产业发展的主要障碍。

一是融资渠道有限。历史、地理、经济等多重因素制约下,西部地区的金融服务远远落后于沿海和发达城市,导致文化旅游企业在寻求资金支持时面临重重困难。由于地理位置偏远,交通成本较高,增加了金融机构的运营成本;而信息不畅也加剧了金融机构对于当地文化资源、旅游市场需求以及管理水平等信息的掌握,难以准确评估文化旅游项目的风险,因此不愿意在这些地区设立分支机构或提供服务。例如,2022年,西藏旅游全年营业收入1.21亿元(人民币,下同),同比下滑30.53%,显示出巨大的市场潜力,但许多金融机构由于缺乏对该地区的深入了解,从而在信贷支持上表现出过度谨慎。同时,西部地区的经济发展相对滞后,基础设施和营商环境的不完善,增加了金融机构的不确定性和潜在风险。例如,交通不便可能导致旅游季节性更强,而季节性业务的收入波动会增加贷款的违约风险。另外,教育水平和人力资源的短缺会影响到文化旅游项目的管理和服务水平,进一步增加项目失败的风险。

二是缺乏担保和抵押物资。与传统产业相比,文化旅游产业往往缺少可用于贷款担保的固定资产,这使得相应企业在向金融机构申请贷款时遇到很大的障碍。文化旅游项目的特殊性在于它们的价值往往体现在非物质层面,如历史意义、艺术价值和文化影响力等。这些价值虽然重要,但难以量化和法律化,从而难以资本化。例如,一个拥有悠久历史的文化古镇,其旅游吸引力可能来源于独特的历史文化背景,但这种背景并不能直接转化为抵押资产。因此,这些项目常常需要依赖知识产权和创意等无形资产作为抵押物。但传统金融机构普遍更习惯于以有形资产作为贷款的担保,如房地产、机械设备和库存商品等。因而,虽然西部地区的文化资源独特而丰富,但由于大多数金融机构都缺乏对无形资产评估的专业知识和经验,以及对无形资产的接受程度不足,文化企业的融资难度因此加大。

三是缺乏专业金融服务人才。具备为文化行业量身打造金融解决方案能力的专业人才,能有效地协助文化企业开辟多样化的融资途径,并提供精准的风险评估及财务咨询服务。这样的专家可以帮助企业建立合理的资本结构和投资计划,优化资金运用,降低融资成本。然而,在西部地区,由于经济发展水平相对滞后,金融市场尚不成熟,且金融政策和激励机制通常不如发达地区丰富和吸引人,导致金融人才更偏好于流向经济发展更加先进的地区。并且,专业金融服务人才不仅要对文化旅游行业有深入理解,并精通金融工具,以便为文化旅游行业设计出适配其特性的金融方案。但文化旅游行业往往富有创意且充满不确定性,金融人才不仅要熟悉文化产业的商业模式,还要能够准确评价项目风险与潜在收益。培养这类人才是一个长期且复杂的任务,需要教育系统、企业界及政府部门携手合作,共同应对挑战。

第三节　西部地区微型金融与民族文化协同发展的动力机制

普惠金融理念早已深入人心,普惠金融服务业已渗透到社会的各个角落,普惠金融对我国经济社会发展,包括西部地区经济社会发展的影响也越来越大。然而,在发展实践中,普惠金融还面临着覆盖广度、覆盖深度有待进一步提升,以及服务对象金融知识偏低、信贷参与程度较低和家庭融资偏好以非正规融资为主等问题的制约。但西部地区优秀传统文化中的乡土人情意识、传统信用意识等为普惠金融发展奠定了较好基础。在社会主义核心价值观引领下,西部地区丰富的资源禀赋、微型金融双重绩效目标,以及西部地区的文化价值取向都将助推微型金融与民族文化协同发展。

一、丰富的资源禀赋吸引微型金融与民族文化协同发展

经济学家将文化产业引入经济学分析框架中,由此将经济发展与文化演变联系起来。西部地区具有丰富的资源禀赋和独特的人文精神,使得民族文化产业发展具有广阔的发展前景,从而吸引金融机构持续加强对文化产业的支持。因此,西部地区丰富的资源禀赋,以及由此形成民族文化产业是微型金融与民族文化协同发展的基础引力。下面,以文化旅游产业为例,剖析微型金融与民族文化的协同发展。

(一)丰富的自然生态旅游资源

西部地区瑰丽的自然景观数不胜数,主要可以划分为两类。一类是地文景观。主要包括山地、峡谷、岩溶、火山、干旱区等景观。山地景观如终年冰川覆盖的阿尔泰山和贡嘎山等。峡谷景观如雄伟险秀的恩施大峡谷、寂静隐蔽的张家界大峡谷等。岩溶景观如广西、湘西和鄂西等地的石林、溶洞。干旱区景观如新疆塔克拉玛干沙漠和内蒙古腾格里沙漠等。另一类是水体景观。主要包括江河、湖泊、瀑布、泉水和海洋等景观。江河景观,如流经宁夏、内蒙古等地的激流壮阔的黄河等。湖泊景观如西藏的班公湖、广西的澄碧河水库,以及新疆天山天池等。泉水景观如广西西山乳泉。而海洋景观则有广西的海底风光和海岛景观等。

(二)独特的民族风情旅游资源

不同民族有其独特的饮食习惯、服饰文化、建筑风格和节庆习俗等,是西部地区最具魅力的人文景观。

饮食习惯如蒙古族的手抓羊肉,藏族的酥油茶、青稞酒,土家族的腊肉和回族的炸油香等,风味独特。服饰文化如苗族的银饰、满族的旗袍和壮族的织锦等,五彩斑斓。建筑文化如布依族的石头寨,侗族的鼓楼、风雨桥,摩梭人的木楞房,傣族的竹楼,苗族的吊脚楼和蒙古族的蒙古包等,

都别具风格。

西部地区还有很多民族文化是通过节庆习俗保存和发展。例如,在傣族的泼水节之日,男女老少用各种各样的容器盛水,涌出大街小巷,追逐嬉戏,逢人便泼,"象征着吉祥、幸福、健康的一朵朵水花在空中盛开"。在维吾尔族和回族的古尔邦节里,穆斯林沐浴更衣后聚于清真寺,诵读《古兰》,纪念先知,宰杀牲口,宴请宾客,载歌载舞,气氛既庄严又热烈。而在每年农历四月初八这一天,藏族群众身着民族服装,先到寺庙里燃香祈祷,焚烧纸钱,然后转山祭神,祈求神灵保佑。最后,演藏戏,唱民间歌谣,跳锅庄舞、弦子舞,骑手们还进行跑马射箭比赛……这些独具特色的文化资源,是一个民族发展的动力和源泉,挖掘和拓展的空间很大,具有良好的发展前景。

(三)悠久的历史文化旅游资源

西部地区的历史文化资源主要包括:(1)宗教文化建筑。如西藏布达拉宫、内蒙古成吉思汗庙、广西湘山寺、宁夏北武当庙寿佛寺和新疆艾提尕尔清真寺等。(2)古人类遗址。如新疆柏孜克里克,内蒙古"红山文化"遗址、"河套人"遗址,广西"柳江人"遗址和宁夏水洞沟遗址等。(3)古代建筑。如湖北恩施土司城、广西桂林王城、大成国王府遗址和马胖鼓楼、内蒙古绥远城将军衙署旧址等。(4)古城遗址。如新疆楼兰古城、高昌古城和皮朗古城等。(5)历史文化名城,如广西桂林和西藏拉萨等。

(四)潜力巨大的红色旅游资源

红色文化是中国人不畏艰难、努力奋斗的精神高地,红色旅游在旅游市场中长盛不衰。西部地区具有丰富的红色旅游资源。如武陵山区的雪峰山是抗日战争雪峰山战役的战场,桑植是贺龙领导的红二方面军在湖南的主要活动区域。这些红色旅游资源将中国人与日寇殊死搏斗、寸土必争的精神体现得淋漓尽致,是我国宝贵的精神文化资产。它们承载着中华民族的记忆和精神力量。通过科学合理的规划与开发,红色旅游不仅能够为人们提供深刻的历史教育和精神洗礼，还能成为推动地方经济发展的重要力量。

（五）独具特色的特产旅游资源

西部地区独特的气候环境和地理资源孕育出独具特色的土特产品，不仅在国内市场有着极高的认知度，而且在国际市场上也具有一定的影响力。例如，新疆的和田玉以其细腻温润、色泽典雅而闻名于世，成为中国玉石文化的重要代表。而内蒙古的巴林石以其独特的地质形成过程和美观的自然纹理受到石材爱好者的追捧。西藏的冬虫夏草因其稀有和药用价值而成为高价值的中药材，宁夏的枸杞则因其丰富的营养价值和保健功能而受到全球消费者的欢迎。

二、微型金融的双重绩效驱动微型金融与民族文化协同发展

（一）财务绩效目标驱动民族文化发展[①]

1. 信用不足制约了西部地区微型金融的发展

西部地区由于地理位置原因，社会经济发展长期处于滞后状态，教育水平也相对较为落后，再加上部分人群受传统观念的影响，合规意识不足，导致信用意识相对更为淡薄，使银行面临更高的信用风险。主要包括以下两个方面：

一是个别银行员工信用不当。作为银行员工理应对贷款制度的相关规定极为清晰，应该遵守职业道德和法律法规，不得从事任何违法违规的行为。但信用体系建设滞后、信用意识不足导致部分员工投机倾向严重。王某是西部地区某大型商业银行分行的客户经理，其在职期间发生多起

---

① 除特别说明外，本节数据和案例均来源于民族地区某银行内部资料。

操作违规、信用失当行为。如 2014 年 1 月至 2020 年 12 月期间，王某利用客户经理一职之便，通过其妻子的账户先后与 12 人发生民间借贷关系，累计借贷资金 600 多万元，获取利息近百万元。并且，王某还利用网捷贷资金购买账户金，涉及 7 笔，总金额为 10 余万元，此行为涉嫌贷款用途的使用不当问题。王某的这些行为反映出银行部分员工缺乏职业道德意识、对客户利益不负责任、损害客户权益等问题，不仅会对个人声誉和职业发展产生负面影响，还会对银行的形象和业务造成不良影响，影响银行业务的健康发展。

二是一些银行客户信用不当。银行客户作为银行运作经营的主体，其信用意识显得尤为重要。西部地区金融资源相对匮乏，许多银行客户缺乏对信用的重视，信用不当行为屡有发生。如 2021 年 10 月至 2022 年 5 月期间，西部地区某大型商业银行 A 分行向陈某、杨某、姬某、马某、王某等 5 人发放农户贷款 40 余万元。其中近 20 万元流入不同小额贷款公司用于偿还借款。据统计，2021 年 1 月至 2022 年 4 月，某大型商业银行所辖的 19 家二级分行（支行）中，113 户个人贷款计 134 笔、800 余万元，流入小额贷款有限公司等融资平台。其中农户贷款 83 户、95 笔 368.05 万元；非农户 30 户、39 笔 479.55 万元。银行客户的这些行为不仅影响自身还款能力，也会导致银行信贷资金风险大幅增加。

总之，如果银行员工信用意识不足，在处理银行业务时就容易误判贷款人的信用状况和还款能力，从而增加不良贷款的风险。而且，信用意识不足还会增加银行员工的道德风险，从而给银行和客户带来损失。而如果银行客户的信用意识不足，就很容易出现逾期还款或贷款挪用等问题，导致银行坏账概率增加，从而影响银行的财务可持续发展。

2. 微型金融着力促进西部地区信用文化建设

一是微型金融发展通过完善信用体系建设、加强金融知识和金融健康科普等方式，有力地促进了西部地区信用文化建设。

表 2.3.1　新疆维吾尔自治区信用体系建设政策文件

时间	印发单位	文件名称	文件实施意义
2009 年 6 月	新疆维吾尔自治区人民政府办公厅	《关于全面推进自治区农村信用工程建设的实施意见》	多措并举,扎实推进农村信用工程建设
2021 年 10 月	中国人民银行乌鲁木齐中心支行联合新疆银保监局等部门印发	《关于新疆金融支持巩固拓展脱贫攻坚成果全面推进乡村振兴的实施意见》	完善农村基础金融服务,加快推进信用体系建设
2022 年 6 月	克拉玛依市人民代表大会常务委员会	《克拉玛依市社会信用条例》	新疆出台的首部社会信用体系建设法规
2022 年 6 月	乌鲁木齐市人民政府	乌鲁木齐市诚信体系建设"十四五"规划(2021—2025)	增强社会成员诚信意识和信用水平
2022 年 8 月	新疆维吾尔自治区发展改革委	《新疆维吾尔自治区社会信用条例(草案)》	健全社会信用体系

数据来源:新疆维吾尔自治区人民政府、新疆发展改革委官方网站。

表 2.3.1 为新疆维吾尔自治区在社会信用体系建设中颁布的政策文件,从文件时间排序可以看出,新疆维吾尔自治区的信用体系建设正走向正规化、全面化、系统化,在增强居民信用意识、完善金融基础服务,建设信用体系方面逐步发展。经过 10 多年的建设和布局,截至 2021 年,全区共评定信用乡 51 个、信用村 936 个,已建立信用档案的用户数为 30.68 万户,信用档案建档率为 88.88%[①],信用建设体系取长足发展。但目前新疆信用体系平台建设较为滞后,农户信用档案建设的评定工作也需进一步提升[②],由此可见,西部地区的信用体系建设还需进一步加强。

二是央行 2017 年发布的《消费者金融素养调查分析报告》的调查结

---

① 曹永:《人行新疆阿克苏中支多点发力惠民慧企》,《金融时报》2021 年 8 月 24 日。

② 孔婷、王永:《农村地区金融信用体系建设短板分析与建议——以新疆为例》,《金融发展评论》2020 年第 21 期。

果显示,城镇消费者回答金融知识的平均正确率为 64.78%,而农村消费者的平均正确率仅为 50.7%。① 由此说明,我国居民的金融知识处于中等水平,金融知识依然匮乏,金融素养仍需进一步提升。为此,西部地区开展针对当地民族文化特色的金融知识教育,利用"两微一端"②开展金融健康普及宣传教育,着重提高农村消费者的信用水平,提升信贷、投资的风险分析能力。比如,中国人寿贺州分公司在广西贺州富川瑶族自治县开展金融知识宣传和保险服务宣传,在提升公众金融素养的同时,也极大地提升了当地的信用水平。

(二)社会绩效目标驱动微型金融发展

西部地区金融健康的发展离不开民族文化的加持。促进西部地区金融健康发展,需要讲以下 3 个方面作为建设的着力点。

1. 集体文化有助于促进普惠金融发展

由于西部地区独有的地缘与亲缘、血缘关系,集体文化是西部地区传统文化中最显著的特征,西部地区逐渐形成了以集体主义为核心的文化传统和文化价值观,集体文化强调共同发展和共享成果,这有助于实现普惠金融的目的。首先,西部地区的金融机构可以利用集体文化的特点,加强金融知识的普及和宣传,引导当地居民理性投资和合理消费,提高他们的诚信意识和风险防范能力。其次,西部地区的金融机构集体文化的内涵,加强与当地居民的沟通和交流,了解他们的金融需求和发展意愿,为他们提供更加贴心、便捷的金融服务。这不仅能够促进当地经济的发展,也有助于提高普惠金融的服务质量和水平。

2. 绿色文化有助于促进绿色金融发展

"绿水青山就是金山银山",绿色发展理念是我国新发展理念的重要

---

① 李斯颖:《中国式现代化视角下中华民族优秀传统文化的传承与创新——以广西神话资源为例》,《社会科学家》2023 年第 8 期。

② "两微一端"指微博、微信以及新闻客户端。

内容。西部地区在独特的自然环境和传统文化的背景下,形成了对自然的尊重和保护,注重生态平衡和可持续发展的文化,进而衍生出许多优秀的传统生态智慧和环保习俗。例如,许多少数民族都有自己的生态保护区和自然保护区,他们注重对自然资源的保护和合理利用,避免过度开发和破坏环境。此外,许多西部地区还有自己的环保节日和活动,如彝族的"火把节"、傣族的"泼水节"等,这些节日和活动都强调了对自然的尊重和保护,西部地区绿色文化与居民的生活息息相关。进而,绿色文化对绿色金融的发展也大有裨益。首先,绿色文化可以引导西部地区居民形成绿色消费观,这些观念与绿色金融不谋而合,通过推广绿色文化,可以引导居民注重环保和可持续发展。其次,绿色文化可以促进西部地区金融业发展,建设绿色金融。西部地区金融行业发展相对较为滞后,许多新方法、新理念、新战略来没来得及实施。通过将绿色文化与金融行业相结合,可以推动西部地区金融行业向更环保和更可持续的方向发展。

3. 清廉文化有助于清廉金融发展

2022年1月,党中央印发《关于加强新时代廉洁文化建设的意见》;同年3月,银保监会又颁布《关于深入推进银保监会系统清廉金融文化建设指导意见(试行)》[①],表明政府部门、金融监管部门把清廉金融文化建设作为工作的重点内容。

清廉文化强调廉洁自律,要求人们在从事经济、政治和社会活动中保持廉洁、公平、公正的态度,不以权谋私,树立良好的社会形象。西部地区很多传统文化都包含着清廉元素,如苗族的"鼓藏节"、侗族的"侗族大歌"、云南省澜沧县拉祜族文化与村规民约的完美结合等,这些都是廉洁文化在西部地区的传承。清廉文化与金融行业的有机结合,对推动清廉金融的发展具有积极的推动作用。首先,清廉文化有助于提高金融从业

---

① 中国银行保险监督管理委员会驻会纪检监察组:《关于深入推进银保监会系统清廉金融文化建设的指导意见(试行)》,2022年5月26日。

人员的道德素质,增强他们的道德约束力,从而督促他们在金融业务中保持清廉公正。其次,清廉文化有助于建立健全的金融监管机制,通过引入清廉文化,可以加强金融监管部门对金融机构的监督和管理,促进金融市场健康发展;同时清廉文化有助于金融机构建立完善的内部控制机制,防范和化解金融风险。

三、中国特色金融文化价值取向推动微型金融与民族文化协同发展

近年来,党和国家领导人高度强调中华优秀传统文化对金融发展的积极作用。2023 年中央金融工作会议明确提出,要坚持走中国特色金融发展道路,"要在金融系统大力弘扬中华优秀传统文化";2024 年习近平总书记在省部级主要领导干部推动金融高质量发展专题研讨班开班式上再次强调,推动金融高质量发展、建设金融强国,要坚持法治和德治相结合,积极培育中国特色金融文化,并明确提出中国特色金融文化就是"诚实守信,不逾越底线;以义取利,不唯利是图;稳健审慎,不急功近利;守正创新,不脱实向虚;依法合规,不胡作非为"。因此,微型金融与民族文化协同发展也是我国特色金融文化价值取向的结果。

(一)中国式现代化发展的时代要求

西部地区大多位于西部地区、边疆地区,其整体经济发展水平与我国东部沿海地区相差甚远,西部地区经济在我国经济社会发展中具有重要的地位和作用,支持西部地区经济发展是实现中国式现代化的必然要求。相应地,西部地区也是中国特色社会主义事业的重要战略支点,推动西部地区现代化发展,有利于促进各民族的共同繁荣和进步,维护国家的统一稳定,为现代化建设提供强有力的支持。

1. 全体人民共同富裕的时代要求

中国式现代化是全体人民共同富裕的现代化。西部地区由于地理位

置、自然环境、发展基础等原因,现代化进程起步较晚、底子较薄、基础较弱,与全国其他地区相比有着明显差距。因此,站在中国式现代化发展的高度上,应充分调研分析西部地区自有民族文化优势,凝聚多方面力量,扎实推进西部地区现代化,进而实现中国式现代化。

微型金融在促进地区经济发展与社会进步方面具有重要作用。首先,微型金融可以为传统金融机构触及不到的低收入群体和小微企业提供金融服务,帮助西部地区居民脱贫致富,进而实现经济上的共同富裕。例如,广西北部湾银行恭城支行为资金周转困难的小微企业打造特色借贷产品"桂惠贷";截至 2023 年 5 月,广西北部湾银行恭城支行已减免手续费 4 万元,提供消费贷守信 1600 万元,发放信用卡近 900 张,不断提供金融服务,持续解决中等收入人群和中小微企业资金危机问题;该行立足恭城瑶族自治县当地特色,构建"金融+民族文化"发展模式,通过线上线下相结合的方式开展"恭城关帝庙会"民族节庆直播活动①,在增加居民收入的同时,弘扬特色民族文化,增强民族团结。其次,民族文化是西部地区特有的文化传统,具有不可替代性,微型金融助力文化产业发展,形成文化产业链条,增加创业就业,提高居民收入,从而推动全体人民共同富裕的实现。例如,福建省漳州市福建农行在华安县发放"民族同心卡",发挥微型金融在乡村振兴中的作用。截至 2022 年 5 月,"民族同心卡"授信余额 366.9 万元,用信 243.53 万元,从而支持民族乡村特色村寨发展,帮助少数民族居民就业创业,助力"民族特色村寨+"融合发展。②

---

① 今日恭城:《广西北部湾银行恭城支行:践行责任担当　服务民族地区发展》,2023 年 7 月 3 日,见 http://www.gongcheng.gov.cn/jrgc/zhxw/202307/t20230703_2516012.html。

② 福建省漳州市民族宗教局:《漳州市:创新金融服务助力"民族特色村寨+"融合发展》,2023 年 1 月 4 日,见 http://mzzjt.fujian.gov.cn/xxgk/gzdt/dsdt/fjmz/mzjjfz/202301/t20230104_6086698.htm。

2. 物质文明与精神文明相协调的必然要求

推动物质文明与精神文明协调发展,既是西部地区走向现代化的题中之义,也是在中华民族伟大复兴的征程上维护国家统一、民族团结,铸牢中华民族共同体意识的前提和基础。

在许多偏远的西部地区,传统文化尤为珍贵,深深影响着当地居民的精神生活和信仰体系。精神力量,作为一个国家和民族最为根本和深刻的动能,对于实现中华民族伟大复兴具有不可或缺的作用。在这一复兴进程中,物质文明的飞速发展固然重要,但精神文化的繁荣同样不可忽视。

微型金融作为一种创新的金融服务方式,已经在许多西部地区发挥着重要作用,成为促进物质文明和精神文明协调发展的重要工具。通过微型金融服务,可以直接惠及偏远西部地区的居民,帮助他们开展小规模的生产和商业活动,从而在一定程度上促进当地经济的发展和民众生活水平的提高。在物质基础不断巩固的同时,微型金融还能够与民族文化的保护和发展相结合。例如,一些微型金融项目专门支持西部地区的传统手工艺、农业生产和文化旅游等领域,这些项目不仅有助于增强西部地区的经济自主性,还能够激发当地居民对本民族文化的自豪感和保护意识。这种经济支持和文化自信的相互促进,是实现物质文明和精神文明协调发展的内在要求。

以广西八桂神话中的布洛陀神话为例,微型金融投向以这一神话为背景的文化创意产品开发、民族文化旅游项目和相关文化交流活动,不仅能够为当地带来经济效益,还能够推动布洛陀神话等民族文化的传承与创新,让更多人了解和尊重这些宝贵的文化遗产。通过微型金融与民族文化的协同发展,西部地区的物质文明和精神文明得以相得益彰,共同为中华民族的伟大复兴贡献力量。

（二）筑牢中华民族文化共同体意识的现实要求

"铸牢中华民族共同体意识"有利于中华各民族逐渐形对中华民族这个共同体的认同和归属感，有利于夯实新时代各族人民共同团结奋斗、共同繁荣发展的思想基础，有利于巩固国家民族团结、维护祖国统一。

在积极铸牢中华民族文化共同体意识的过程中，微型金融与民族文化的协同发展尤为重要。通过微型金融工具支持和促进民族文化的保护、传承和创新，从而增强中华各民族对文化共同体的认同感和归属感，进一步夯实团结奋斗、共同繁荣的思想基础，为民族团结和国家统一提供坚实的文化和经济支持。

微型金融可以作为激活西部地区经济的关键力量，通过提供小额贷款和金融服务，支持西部地区的小型文化企业和手工艺人，不仅促进了经济的发展，更为民族文化的传播和发展提供了资金保障。此外，微型金融可以帮助农村地区的文化创新者和传统技艺保护者，通过市场机制保护和传承珍贵的民族文化资源，促进乡村文化振兴，增强民族自信心和文化自豪感。总之，微型金融与民族文化的协同发展，不仅让民族文化在市场经济中找到适宜的生存与发展空间，也让更多西部地区的居民通过参与文化经济活动，实现自我价值，同时增强对中华民族共同体的认同。

第三章　民族文化对西部地区
微型金融发展的影响

民族文化影响微型金融的学理分析表明,民族文化通过影响个体的心理和行为决策进而影响到微型金融的发展。本章通过对西藏、宁夏、恩施土家族苗族自治州的调研数据,证实民族文化对农户信贷参与和保险参保都有显著影响。而社会制裁是社会集体对违反社会规范的个人或集体的惩罚,是地方文化共享的风险态度和行为规范的重要体现;社会关系也是共享的地方文化认同。将社会制裁和社会关系作为一种地方文化,本章还同时证实社会制裁和社会关系能通过影响微型金融经济效应和贷款偿还率进而影响微型金融的发展。

第一节　民族文化对农户信贷参与的影响

文化心理是生活在某一文化环境中的人们共同的心理状态,是人对文化环境的长期刺激所形成的因袭反应(汪凤炎,2013)。传统金融学基于理性经济人假设和成本效率分析框架,认为贷款利率、交易成本、社会资本和经济发展状况是影响农户信贷参与意愿的关键因素(徐静,2015;杨明婉,2020)。但文化心理理论认为,农户同时也是行为人和社会人,其经济行为还受文化心理因素的激励和制约。如李玉志、赵炳盛(2018)

实证分析了习俗与农户信贷参与意愿的关系,发现不同习俗对农户信贷参与意愿的影响不同。此外,Cervantes(2017)和王宏燕(2019)等学者的研究也表明,炫耀性心理、传统信用观和对信贷行为的羞耻感都会影响农户信贷参与意愿。

《乡村振兴战略规划(2018—2022年)》等纲领性文件强调了金融在乡村振兴中的重要地位。然而,农户信贷参与仍面临多重因素约束,相当一部分农户依然无法享受信贷服务。因此,以文化心理学为理论依据,利用宁夏、西藏两地的调研数据,实证分析民族文化心理是否以及如何影响农户信贷参与意愿,进而为如何提升金融服务农户效应提供经验依据。

一、理论分析

文化心理包括民俗文化心理、炫耀性心理和传统信用心理,不仅能通过培育特定的价值取向和财富观念来影响微观个体参与金融的积极性(刘婧玮,2018),还能通过建构正式制度和非正式制度来影响金融发展(许云松,2015)。

(一)民俗文化心理与农户信贷参与意愿

民俗文化心理是指一定人类群体中蕴含的一种较稳定的习俗意识定式,是民俗生活反馈于人类自身而形成的具有群体历史精神内涵。民俗文化通过影响消费心理和投资心理对信贷需求产生影响。郭梅亮(2011)的研究显示,农户基于对传统文化习俗的重视,会寻求面子成本替换以节约交易费用,有利于"契约型信用"的形成,从而促进农村消费性金融需求的增长。但刘婧玮(2017)认为,部分少数民族存在重视烟酒、祭祀活动等即时消费的风俗习惯,不重视长期的积累和投资,也少有信贷活动,从而形成了压抑现代金融成长的基础环境。李玉志(2018)也认为,我国农户深受农耕文化的影响,更倾向于自给自足或向亲友借钱,向正规金融借贷的意愿不强。

(二)炫耀性心理与农户信贷参与意愿

商业文化特别是消费信贷的出现,在很大程度上改变了人们的消费行为。在消费示范效应下,越来越多的人利用消费信贷来模仿和追求高消费,甚至出现超高消费现象(李佳,2018)。而一些农户碍于人情面子,也会增加炫耀性消费支出,从而促进农村消费性金融需求的增长(郭梅亮,2011)。

(三)传统信用观念与农户信贷参与意愿

我国传统文化中有着较多与诚信、信用有关的道德伦理约束。例如,乡村社会中的"熟人"圈子有着独特的"信誉"资源,通过口碑这种软约束进行信用评价,在乡村社会构建了独特的诚信体系(王宏燕,2019)。在"银行+公司+农户""银行+合作社+农户"和"银行+信用村+农户"等信贷模式中,信誉也是最有效的约束机制。一旦农户信贷违约,不仅会损害农户自身与银行的未来合作,还会影响其他相关主体的信用获得,从而遭受到其他主体的道德谴责。因此,传统信用观念借助关系网络便利的声誉扩散机制,能吸引更多农户参与贷款,从而提高其他农户信贷参与意愿(周明栋,2018)。

(四)对信贷行为的羞耻感与农户信贷参与意愿

受文化环境的影响,"轻不言债"的"面子"观念在农村地区长期存在(李渊,2020),部分人心理上对信贷行为存在羞耻感,认为贷款是件"丢脸的事"。这种面子文化带来的心理负担,可能抑制农户参与信贷的意愿。

二、研究设计

(一)数据来源与描述性统计

数据来源于 2020 年 5—7 月间,回乡大学生在西藏和宁夏进行的田野调查。① 调查采取随机入户方式进行,调查方式采用结构性问卷调查法和对典型调查对象的非结构性访谈相结合。本次调查共发放问卷 600 份,回收 595 份,回收率达到 99.1%。剔除残缺值、离群值、固定反应等异常值样本后,最终获得有效样本 578 份。其中西藏 152 份,宁夏 426 份。在所调查对象中,54.15% 为男性,45.85% 为女性;18—45 岁的占比61.59%,46—65 岁的占比 38.41%;汉族、回族、藏族占比依次为 38.76%、35.29% 和 25.95%;小学及以下、初中、高中或中专、大专及以上的占比依次为 36.30%、42.60%、16.40%、4.70%;79.8% 贷过款,20.2% 未曾贷过款。

(二)变量选择和说明

1. 被解释变量

选取贷款参与意愿作为被解释变量,用李克特 7 分制量表进行测度。分值越高,说明贷款参与意愿越强烈。

2. 解释变量

根据已有研究,选取民俗文化重视程度、对信贷行为的羞耻感、炫耀性心理和传统信用观念作为文化心理的代理变量,用李克特 7 分制量表测度。

3. 控制变量

选取贷款经历、贷款预期效用、人均收入、性别、年龄、年龄的二次

---

① 问卷见附录一。

项、学历、人均收入、劳动力人数等变量作为控制变量。其中,贷款经历为虚拟变量,曾经贷过款,赋值为1;未曾贷过款,赋值为0。贷款预期效用用李克特7分制量表进行测度,分值越高,说明贷款给农户带来的贷款预期效用越高。受教育程度按学历高低,小学及以下、初中、高中或中专、大学本科或专科、硕士及以上分别赋值1—5。各指标及其说明如表3.1.1所示。

表3.1.1 主要变量说明及其描述性统计

变量性质	变量	说明	均值	标准差
被解释变量	贷款参与意愿	用李克特7分制量表测度,分值越高,表示贷款参与意愿越强烈	5.63	1.22
解释变量	民俗文化重视程度	用李克特7分制量表测度,分值越高,表示文化心理越强	5.61	0.89
	贷款羞耻感		3.09	1.62
	炫耀性心理		5.49	0.92
	传统信用意识		6.30	1.22
控制变量	贷款预期效用	用李克特7分制量表测度,分值越高,表示贷款为农户带来的预期效用越大	4.70	1.59
	贷款经历	1=曾经贷过款;0=未曾贷过款	0.80	0.40
	人均收入	按家庭收入与家庭人数算得,单位万元/人	1.31	1.90
	劳动力人数	取实际值	4.06	1.57
	性别	1=男,0=女	0.54	0.50
	年龄	18—65岁,取实际值	41.49	12.30
	受教育程度	1=小学及以下,2=初中,3=高中或中专,4=大学本科或专科,5=硕士及以上	1.93	1.05

(三)描述性统计

相关变量描述性统计见表3.1.1。数据显示,农户的信贷参与意愿均值为5.63,表明调研对象的信贷参与意愿主要分布在"比较强烈"与

"强烈"之间。文化心理变量中,传统信用意识均值最高,为 6.30,说明农户的传统信用意识分布在"强烈"和"非常强烈"之间;贷款羞耻感的标准差最大,为 1.62,表明农户对贷款的羞耻感程度存在较大差异。整体来看,各变量均值大于标准差,说明离散程度不高,样本数据集中趋势较好。

(四)模型设定

根据理论分析,构建了 OLS 模型,如式(1)所示:

$$Y = \beta_0 + \beta_1 Cu + \beta_2 Sh + \beta_3 Co + \beta_4 In + \sum_{i=5}^{n} k_i X_i + \varepsilon \tag{1}$$

其中,Y 表示农户信贷参与意愿,Cu 表示民俗文化重视程度,Sh 表示贷款羞耻感,Co 表示炫耀性心理,In 表示传统信用意识,X_i 表示其他解释变量和控制变量,β_i 表示不同文化心理因素对农户信贷参与意愿的影响系数,k_i 表示控制变量对农户信贷参与意愿的影响,ε 表示随机干扰项。

三、实证结果与分析

对各文化心理变量进行多重共线性检验发现,各自变量方差膨胀系数均在 1—3 之间,小于 10 的基准,表明自变量之间不存在多重共线性,可以进行进一步分析。然后,采取逐步回归方法验证文化心理对农户信贷参与意愿的影响。模型 1 中,只对文化心理因素与被解释变量进行回归;模型 2 和 3 中依次加入贷款预期效用、贷款经历、劳动力人数和人均收入等重要变量;模型 4 中加入性别、年龄、年龄的平方项和受教育程度等控制变量进行回归。考虑到异方差性,回归时进行了怀特检验,并使用了稳健性标准误的 P 值。相关回归结果如表 3.1.2 所示。

表 3.1.2 文化心理因素对农户信贷参与意愿的逐步回归结果

一级指标	二级指标	模型 1	模型 2	模型 3	模型 4
文化心理	民俗文化重视程度	0.340***	0.262***	0.277***	0.262***
	贷款羞耻感	−0.087***	−0.076***	−0.079***	−0.077***
	炫耀性心理	0.063*	0.044	0.045	0.046
	传统信用意识	0.118***	0.096**	0.083**	0.081**
其他解释变量	贷款预期效用		0.217***	0.214***	0.220***
	贷款经历		0.216*	0.204*	0.189
	劳动力人数			0.054*	0.064**
	人均收入			0.053**	0.050**
控制变量	性别				−0.008
	年龄				0.069***
	年龄的平方				−0.001***
	受教育程度				−0.040
	常数项	3.229***	2.603***	2.351***	1.222

注:(1)"***""**""*"依次表示显著性水平为 1%、5%、10%。下同。

表 3.1.2 数据显示,在逐步加入其他自变量后,民俗文化重视程度和传统信用意识对信贷参与意愿的影响在 5% 的水平显著为正,且回归系数变化不大;贷款羞耻感在 5% 水平下显著为负且回归系数变化不大;炫耀性心理有正向影响但不显著。说明文化心理对农户信贷参与意愿的影响是稳健的。因此,保持其他因素不变,可以得到如下结论:

一是民俗文化重视程度和传统信用意识都对农户信贷参与意愿有显著正向影响。民俗文化越重视,农户信贷参与意愿越高;传统信用意识越强,农户信贷参与意愿越高。二是贷款羞耻感程度显著负向影响农户信贷参与意愿。农户对贷款的羞耻感越强,农户信贷参与意愿越低。三是炫耀性心理对农户信贷参与意愿有正向影响,但不显著;这一研究结论佐证了 Cervantes(2017)的研究结论,证实炫耀性心理对我国农户信贷参与意愿的影响的确不明显。四是贷款预期效用、家庭劳动力人数、人均收入都对农户信贷参与意愿有显著正向影响。农户预期贷款效应越大,贷款目标越能实现,农户信贷参与意愿相对肯定会越强;家庭劳动力人数越多,农户发展生产的资金需求也会更大,信贷参与意愿也会越强;而家庭收入越高,农户发展生产的动力可能越强,因而信贷参与意愿往往也会越强。此外,文章还证实,年龄与农户信贷参与意愿呈不对称的"倒 U 形曲线"关系;表明在达到年龄阈值之前,年龄对农户信贷参与意愿有正向影响,而达到阈值后,年龄对农户信贷参与意愿有负向影响;在模型 4 中,这一年龄为 34.5 岁(根据抛物线原理,倒 U 形曲线 $Y = ax^2 + bx + c$ 出现最高点时,$x = -b/2a$,由此可计算出年龄的拐点),此时信贷参与意愿最强。

四、主要结论及启示

自 2013 年我国将发展普惠金融作为国家发展战略以来,正规信贷的门槛越来越低,有些金融机构甚至提出"应贷尽贷"的口号。然而,现实中仍有相当一部分农户无法享受信贷服务。利用西藏和宁夏的 578 户农户调研数据进行了实证研究,得出以下结论:文化心理确实会影响农户信贷参与意愿,且不同维度的文化心理对农户信贷参与意愿影响不同。其中,民俗文化心理和传统信用意识对农户信贷参与意愿有显著正向影响,贷款羞耻感对农户信贷参与意愿有显著负向影响,炫耀性心理对农户信贷参与意愿的影响不显著。

以上结论表明,在农村金融助推乡村振兴进程中,要充分发挥民族文化在经济社会发展中的巨大作用。一是要充分挖掘具有积极意义且适应时代变化的民族文化心理和活动,发挥其在农村金融市场信用体系建设中的积极作用,引导金融机构支持优秀民族文化和民族特色产业发展,通过提供具有民族特色的金融产品和服务,提高农村金融服务供给的适配性。二是制定灵活的信贷政策和更具人文特征的营销政策。要充分尊重农户的文化心理和行为,重视其文化诉求和金融诉求,发挥文化心理对农户的积极效应,通过满足人们在物质上、心理上和情感上的需求来满足农户信贷需求。三是要加强金融知识宣传和培训力度。将金融活动放置于社会情景中,重视金融活动对社会的影响,通过有针对性的金融知识宣传和培训,提高农户的金融素养和信息可获性,降低农户对信贷行为的文化排斥,有助于提升农户的信贷参与意愿。

第二节 民族文化对小额保险发展的影响

在 2020 年 11 月发布的《中共中央关于制定国民经济和社会发展第十四个五年规划和二〇三五年远景目标的建议》中,共有 15 次提及"保险",表明"保险"已成为我国重大发展方略之一。保险作为经济社会发展的"稳定器"和"安全阀",具有风险共担、风险转移、风险阻隔和风险补偿功能(马振涛,2018)。小额保险以低收入群体为服务对象,帮助其降低风险,稳定收入,从而提高生活质量(Apostolakis et al.,2015)。但自 2008 年小额保险试点项目正式启动以来,小额保险,包括西部地区小额保险发展一直较为缓慢。究其原因,除受小额保险品种、农户保险意识的制约外,民族文化的约束可能是制约小额保险发展缓慢的又一重要因素。厘清民族文化对小额保险的影响,对完善小额保险发展机制,提升小额保险在西部地区居民家庭风险抵抗能力,防止大规模返贫具有重要意义。

一、文献综述

国外学者多从 Hofstede 文化视角来研究文化对保险需求的影响。Chui 和 Kwok(2008)研究发现寿险购买意愿的确与文化因素密切相关。其中,集体主义和权利距离对寿险消费的影响尤为显著(Andy C.W.Chui 和 Chuck C.Y.Kwok,2009)。Sojung Park 和 Jean Lemaire(2011)则证实,长期取向(如节俭、尊重传统、尊敬父母和祖先)对寿险需求有强烈的积极影响;并且,市场集中度和法律制度也具有同样影响。Gaganis 和 Hasan(2019)利用 2007—2016 年 42 个国家的 801 家公司的数据证实,保险公司的风险承担和文化特征存在着显著的关联;其中,不确定性回避、权力距离显著负向影响风险承担,而个人主义则显著正向影响风险承担。

我国学者多数从传统文化、宗教文化以及风俗习惯等维度研究文化对保险需求的影响。何浩、蔡秋杰(2009)较早研究了民族文化与保险的关系,其认为中国传统思想,如"养儿防老"等思想,对寿险的需求产生一定影响。冯巍(2015)研究了新疆维吾尔自治区保险发展情况,指出语言和文字、宗教、传统习俗都是影响保险发展的重要因素。林超(2019)的研究证实,家族族规和神灵意识对农民的参保意愿产生抑制作用。朴松美(2019)发现,虽然儒家文化对小额保险的推广产生一定的副作用,但儒家"五常"等思想融入保险文化后,又为保险文化加深了互相帮助的要义,继而推动保险的发展。刘威、黄晓琪(2019)研究证实,不确定的经济政策对参保意愿的影响会受到区域文化的调节作用。张雷、顾天竹(2020)基于 2015 年 CHFS 数据研究发现,家庭子女数量与其父母对商业保险的需求呈负相关关系。

二、民族文化影响小额保险发展的机理分析

于广涛等(2016)以"谐""仁""公""家""悦""达""新"等七种文化价值维度作为衡量我国文化价值观的指标。此处,选取道德观念、风险态度、消费文化、宗族文化以及封建迷信等五个维度作为测度民族文化的指标,并深入分析民族文化影响小额保险发展的内在机理。

(一)道德观念对小额保险投保的影响

作为中华传统文化的典型代表,儒家文化的核心内涵是"仁",孝道则是儒家思想的具体表现,亦是社会道德观念的起点。同时,儒家五常中

的"信"这一伦理原则在人际发展中不容忽视,其是人类须具备的最根本的道德品质。因此,将以"孝文化"与"信任"这两个指标来测度道德观念维度,讨论其对小额保险的影响。其中,"孝文化"可作为传统"养老保险"的表现形式,即在"孝文化"的熏陶下,农村居民"养儿防老、多子多福"等思想根深蒂固,普遍认为子女是自己晚年生活的有利保障,极少通过购买保险来分摊风险,因此,除"新农保"外,我国农村地区居民对与养老有关的小额保险需求普遍偏低(孙瑞婷、熊学萍,2019)。信任作为儒家文化的重要内容,是测度道德观必不可少的重要指标之一。丁从明等(2019)研究证实,消费者对保险销售人员、保险公司、政府等外界的信任程度越高,其通过"信任圈"传递的有效信息越多,小额保险的购买率越高。同时,根据前景理论,农村地区的信任程度越高,居民间信息交流越通畅,有利于农户更快、更好地了解小额保险政策,提高小额保险投保率。

(二)风险态度对小额保险投保的影响

以小农经济为基础的中国居民,历经千年历史演变,逐步形成了随遇而安、知足常乐的保守思想,不敢轻易尝试新鲜事物,极少冲动消费。因此,借鉴 Schwartz 价值观量表,以"保守"与"冒险"这两个指标来测度风险态度维度,探讨其对小额保险的影响。其中,保守价值观对小额保险存在不同的影响,一方面保守价值观促使居民安于现状,不愿积极采取风险防范手段,从而降低了小额保险的参与度;另一方面,浓厚的儒家文化促使居民偏好风险厌恶(杜朝运、詹应斌,2019),面对未知风险,其会积极购买性价比高的小额保险,以此抵御未知风险,避免造成不必要的个人及家庭损失。此外,冒险价值观也会对农户购买小额保险产生一定的影响。因为冒险价值观会促使居民热衷追求新鲜事物,小额保险对居民来讲也属于新鲜事物,故会提升居民积极参与小额保险购买意愿;但同时,拥有冒险价值观的居民多具有风险偏好,其更倾向追求大的冒险,又使得小额保险对其吸引力不足,导致购买小额保险的意愿降低,进而降低小额保险投保率。

(三)消费文化对小额保险投保的影响

消费文化是影响经济社会发展的重要因素,是贯穿居民日常生活的经济要素。在社会比较、攀比心理的影响下,"面子观"在国民心中深深扎根,由此产生了炫耀性消费,如攀比消费等,同时,个体消费理念、消费风险意识影响着居民消费决策。因此,以"面子观"与"消费意识"这两个指标来测度消费文化维度,探讨其对小额保险的影响。其中,为巩固个体形象,凸显社会地位,居民会产生一定的非理性行为,如炫耀性消费。丁蕾(2016)认为国民的宴请消费和攀比消费与"面子观"存在一定关联。如村民为了所谓的"面子",会在婚丧嫁娶等事宜中大操大办,使得本不富裕的家庭陷入贫困或返贫,从而降低其为规避未来风险,而购买小额保险,进而抑制小额保险的发展。消费风险意识,特别是风险偏好会影响小额保险购买率。在前景理论的作用下,面对不确定风险时,不同风险偏好的消费者所做出购买决策也是不同的,即不确定风险偏好者,认为其具备承担突发风险的能力和实力,因而往往不倾向购买保险;不确定性风险中性者,因其本身并不会考虑风险产生的后果,故受从众心理的影响会购买保险;不确定性风险规避者,本着防患于未然的心理,往往希望通过购买保险来应对突发风险,以保护自身利益不受侵害或少受侵害。

(四)宗族文化对小额保险投保的影响

宗族文化作为民族文化的代表,深刻影响着现代经济社会发展。其中,亲族原则强化了族群间的特殊信任,增强了族群成员间的沟通交流以及协调配合,进而帮助他们实现互惠互利;家族家规则是族群秩序稳定的根基,是一种社会心理结构,其效用在部分西部地区与法律制度大致相同。因此,以"亲族原则"与"家族家规"这两个指标来测度宗族文化维度,探讨其对小额保险的影响。张博和范辰辰(2019)的研究证实,以血缘、地缘为基础的宗族文化是宗族网络、社会信任等社会资本形成的重要影响因素之一,其对小额保险具有一定的促进作用。一方面,亲族网络具有降低信息不对称、降低搜寻成本的优点,可促使居民充分了解什么是小额保险,相关政策措施有哪些以及小额保险的具体情况,从而在西部地区广泛开展小额保险业务,进而提升小额保险的发展水平;另一方面,亲族之间的信任程度越高,小额保险越能在亲族之间推广,从而提高小额保险的参保率。家族家规拥有引导、控制、评估、信息传递、形象塑造和凝聚等功能。它以特定的道德准则来规范家族成员的行为,同时通过自身的实践和传承,增强每个成员对家族的认同感与凝聚力(李燕,2016),同时,其有利于西部地区小额保险的发展(张博和范辰辰,2019)。一方面,家族家规中的道德规范、动力机制、奖惩制度等对小额保险机构来说是至关重要的风险防范机制,它能够有效地降低小额保险交易过程中的逆向选择和道德风险。另一方面,家族家规的凝聚功能有利于增强家族团结,因为相同或相似的家族家规意味着家庭成员遵循相似的行为规范、风俗习惯和价值观等宗族文化,这会进一步增强家族内部的和谐与团结(李燕,2016),这说明一旦小额保险被家族成员所接纳,便可促进小额保险在西部地区的宣传推广,对因地制宜的小额保险的发展具有积极的推动作用。

(五)封建迷信对小额保险投保的影响

作为民族文化的组成部分,迷信在地方社会扮演着重要的角色。作为一种特殊的意识形态和民间信仰,居民日常行为规范以及生活方式会受到迷信心理的约束。因此,以"迷信意识"这一指标来测度封建迷信维度,探讨其对小额保险的影响。与其他地区相比,西部地区特殊的地缘情况,交通运输、信息网络等设施长期不够完善,居民受封建社会思想影响颇深,因果报应、遇事"求神拜佛"等迷信思想仍扎根在居民内心,从而影响其消费决策。一方面,迷信心理对消费决策产生积极影响,拥有较强迷信心理的居民热衷追求新奇事物,从而促进小额保险在西部地区推广;另一方面,迷信心理会促使居民保持积极乐观的态度,在面临风险时,往往倾向事物会向好的方面发展,从而低估即将面临的风险,甚至不在乎风险所带来的后果,因此,这类居民购买小额保险的意愿极低,导致小额保险参与率并不理想(郭昱琅、张攀,2016)。

三、数据来源与描述统计分析

数据来源于 2020 年 7 月对恩施土家族苗族自治州的田野调查。调查采用结构性问卷和对典型调查对象的非结构性访谈相结合的方式。共发放 326 份调查问卷,获得有效问卷 310 份。[①]

本次调研问卷主要由基本信息、民族文化和小额保险情况这三部分构成,其中,基本信息包括受访者的年龄、性别、学历、家庭人口、年家庭收入等情况;民族文化部分主要是根据民族文化特征设置;小额保险部分为"农户是否持有小额保单"。相关统计描述见表 3.2.1。

表 3.2.1 农户个人基本信息的描述性分析

	分类指标	样本数(人)	占比(%)
性别	男	167	53.87
	女	143	46.13
最高学历	小学及以下	38	12.26
	初中	65	20.97
	高中或中专	100	32.26
	大专及以上	107	34.51

---

① 问卷见附录二。

续表

	分类指标	样本数（人）	占比（%）
家庭年均收入	5000 元以下	34	10.97
	（5000,15000）	71	22.90
	（15000,20000）	101	32.58
	20000 元及以上	104	33.55
是否持有小额保单	是	162	52.26
	否	148	47.74
闲置资金	有	179	57.74
	没有	131	42.26

表3.2.1 数据显示,调研对象性别比例协调,其中女性167人,男性143人,分别占总调研人数的53.87%和46.13%。从受教育程度看,调研对象最高学历在高中或中专及以下的人数为203人,约占总体的65.48%;最高学历处于"大专及以上"水平的人数为107人,约占总体的34.51%,说明调研对象受教育程度整体偏低,符合当地有关部门的文化水平统计数据,表明本次调研数据具有一定的代表性。在家庭人均收入方面,年收入处于在15000元及以上家庭有207户,约占总体的66.45%,表明调研对象家庭整体收入不高。

在接受调查的群体中,有162人属于"持有小额保单"的范畴,占据了总体的52.26%,这表明西部地区居民对小额保险有着较高的接受度和认可度,愿意进行小额保险的购买。同时,有179人表示其家庭存在闲置资金,占总体的57.74%,这表明西部地区的经济发展状况较好,居民的生活水平逐渐提高,具备一定的财务积累和闲置资金。

四、实证结果与分析

（一）主成分分析

利用SPSS24.0对问卷调查中相应指标进行主成分分析,得到KMO

值为 0.724,表明数据具有较好的可信度,适合进行因子分析。巴特利特球形度检验的近似卡方值为 1327.967,数值较大且显著性小于 0.001(P值<0.05),表明调研问卷内容结构良好,信度高。同时,采用最大方差法进行因子旋转,并选取特征值大于 1 的因子,最终提取了 5 个因子,累积贡献率为 60.636%,说明这 5 个因子能够解释原始数据的相当大部分信息,因此认为这 5 个因子是原数据的主要成分(见表 3.2.2)。

表 3.2.2　最大方差法旋转后的成分矩阵

	成分				
	1	2	3	4	5
A1 养儿能防老	0.097	0.271	0.222	0.706	−0.093
A2 多子能多福	0.124	0.332	0.341	0.579	−0.107
B1 陌生人是值得信任的	−0.338	0.198	−0.292	0.346	0.561
C1 人应该知足常乐	0.709	0.050	−0.076	0.451	0.090
C2 应按照传统方式做事	0.688	0.276	0.129	0.217	0.076
D1 总寻找有挑战的事情	−0.672	−0.343	0.031	0.158	0.237
E1 宗教祭祀过度消费	0.153	−0.198	0.093	−0.054	0.756
E2 婚丧嫁娶大操大办	0.228	0.328	0.098	−0.356	0.627
F1 投资股票等金融产品	−0.642	0.188	−0.077	0.058	−0.234
F2 只要小心能避免风险	0.230	0.674	0.073	0.267	0.021
G1 遭损失朋友帮自己	−0.015	0.530	0.274	0.012	0.327
G2 "自己人"才帮忙	0.025	0.698	0.275	0.282	−0.112
H1 遵守家族家规	−0.007	0.194	0.701	−0.051	0.005
I1 对祖先祭祀得到庇佑	0.067	0.485	0.583	0.107	−0.148
I2 做好事为子女积德	0.174	0.049	0.639	0.420	0.046
G1 宗教信仰很重要	−0.030	0.095	0.582	0.321	0.210

由表 3.2.2 可知,成分 1 属于风险态度维度,包含"保守"与"冒险"两个指标;成分 2 属于宗族文化维度,包含"亲族原则"这一指标;成分 3 属于封建迷信维度,包含"迷信心理"与"家族家规"两个指标;成分 4 属于

道德观念维度,包含"孝文化"这一指标;成分5属于消费文化维度,主要包含"面子观"这一指标。

(二)Logistic 二元回归分析

基于问卷数据结构,被解释变量为二分类变量,故采用二元 Logistic 回归进行分析,模型如(1)所示:

$$Y = \frac{\exp(a + \beta_1 + \cdots + \beta_i X_i)}{1 + \exp(a + \beta_1 + \cdots + \beta_i X_i)} \tag{1}$$

其中,被解释变量 Y 来代表村民是否需要购买小额保险。当 Y 的值为1时,表示村民有购买小额保险的需求;当 Y 的值为0时,表示村民没有购买需求;$X_i(i = 1, \cdots, k)$ 为模型解释变量,包括 $X1$(风险态度)、$X2$(宗族文化)、$X3$(封建迷信)、$X4$(道德观念)和 $X5$(消费文化)以及 gender(性别)、degree(学历)、premium(家庭年均收入)、policy(是否持有保单)与 capital(家庭有无闲余资金)等,$\beta_i(i = 0, \cdots, k)$ 为估计参数。相关变量说明如表3.2.3。

表 3.2.3 相关变量说明

变量	注释	取值说明
gender	性别	"男" = 1;"女" = 0
degree	学历	小学以下 = 1;初中 = 2;高中或中专 = 3;大专以上 = 4
premium	家庭年均收入	5000 元及以下 = 1;5000—10000 元 = 2;15000—20000 元 = 3;20000 元及以上 = 4
policy	是否持有保单	持有保单 = 1;没有持有保单 = 2
capital	家庭有无闲余资金	有闲余资金 = 1;无闲余资金 = 0
X1	风险态度	
X2	宗族文化	
X3	封建迷信	
X4	道德观念	

变量	注释	取值说明
X5	消费文化	
Y	小额保险需求	有购买小额保险的需求＝1；没有购买小额保险的需求＝0

（三）回归结果分析

利用 SPSS 26.0 软件对样本数据进行标准化处理,在无自变量的二元 Logistic 模型中,假设所有调查对象都愿意购买小额保险,此时愿意购买小额保险的调查对象的预测正确率为 100%,不愿意购买小额保险的调查对象预测正确率为 0,则总样本正确率为 59.4%。并在最大似然法的基础上,利用"向后进入"法将纳入的变量将 P 值由大到小进行迭代剔除 4 次,得到最终结果。

表 3.2.4　分类表

实测		预测		正确百分比
		您目前是否愿意购买小额保险		
		愿意	不愿意	
您目前是否愿意购买小额保险	愿意	39	145	78.8
	不愿意	74	52	58.7
总体百分比				70.6
a. 分界值为 0.500				

如表 3.2.4 所示,该模型总体预测准确率为 70.6%,较没有任何自变量纳入模型时的总体预测准确率 59.4%,提高了 11.2%,模型预测结果得到较好改善。实际有 126 名调查对象表示不愿意购买小额保险,其中,预测结果与实测结果一致的调查对象人数为 74 名,预测正确率为 58.7%;实际有 184 名调研对象表示愿意购买小额保险,其中,预测结果与实测结果一致的调查对象人数为 145 名,预测正确率为 78.8%,结果较好。

表 3.2.5　Logistic 回归结果

	B	显著性	**Exp（B）**
X1	−0.248	0.085	0.780
X2	−0.120	0.401	0.887
X3	−0.294	0.035	0.745
X4	0.265	0.061	1.304
X5	0.038	0.798	1.039
gender	0.043	0.660	1.044
degree	0.049	0.755	1.051
premium	0.152	0.280	1.164
policy	1.031	0.001	2.805
capital	1.559	0.000	4.752
常量	−1.479	0.010	0.228

表 3.2.5 数据表明,模型在其他变量不变条件下,可以得到以下结论:

在民族文化方面,道德观念(X4)对小额保险发展产生积极作用,风险态度(X1)和封建迷信(X3)对小额保险发展具有一定的阻碍作用。其中,道德观念的回归系数在 10% 的水平上显著,表明村民越重视"孝文化"等道德观念,越倾向通过购买小额保险来抵御风险。风险态度的回归系数−0.248,在 10% 的水平上显著,表明村民的传统小农经济思想越强烈,他们对小额保险的需求就越弱,反映出村民倾向于接受现状、适应现状,且其风险意识相对较弱。同时,他们对于小额保险抵御未来风险的能力了解不够,这也是影响他们对小额保险需求的一个重要因素。封建迷信意识的回归系数为−0.294,且在 5% 的水平上显著,这进一步表明了封建迷信意识越强烈的村民,购买小额保险的可能性就越低,因为他们认为所谓的"神灵"可以保佑他们生活各个方面,揭示了村民的风险意识和自我保护意识的不足。

在家庭特征方面,是否持有保单(policy)、家庭有无闲余资金(capital)对小额保险具有促进作用。其中,是否持有保单的回归系数为1.031,在1%的水平上显著,表明持有保单的村民会继续购买保险,同时会通过其社交圈助力小额保险的宣传推广。家庭有无闲余资金的回归系数为1.559,在1%的水平上显著,表明有闲余资金的家庭倾向购买小额保险,可能的原因在于其拥有较强的风险意识,并希望通过小额保险来抵御未来风险。

五、主要结论及启示

不同维度民族文化对小额保险的影响不同,其中,道德观念有助于提升小额保险的投保,而风险态度和封建迷信对小额保险投保产生一定的阻碍作用。同时,有投保经历的家庭和闲余资金充足的家庭倾向通过投保小额保险来抵御风险。

上述结论对完善小额保险发展机制具有重要启示。一方面,小额保险在发展中要有适当考虑民族文化因素的意识。一是要充分发挥"孝文化"对小额保险发展的积极作用,通过不断增强"孝文化"意识来提升小额保险投保率。二是要重视风险态度以及封建迷信对小额保险的抑制作用,适当运用民族文化助力小额保险发展。另一方面,小额保险机构要充分重视购买过保险的家庭和闲余资金充足的家庭作用,详细了解其社交圈层和个性化需求,积极宣传推广、普及小额保险知识,以便提供更优质的小额保险险种和服务。

第三节 地方文化对微型金融发展的影响

地方文化是指特定地区或社群中形成的一套共同的价值观念、信仰体系、行为规范和社会习俗等,是由地理、历史、民族、宗教、传统和社会环境等多种因素交织而成的独特文化模式。它反映了该地区或社群的历史传承、社会组织、经济活动和人际关系等方面的特点,不仅是一种思维方式和生活方式的体现,也是人们在日常生活中所遵循的行为准则和规范,对地方经济活动,包括金融发展都有着重要的影响。下面,本书以社会制裁和社会关系为例,分析地方文化通过影响微型金融的经济效应和贷款偿还率,进而影响微型金融的发展。

1991 年,Montgomery 将社会资本概念引入到微型金融领域后,国内外学者围绕社会资本对微型金融经济效应和贷款偿还率的影响展开大量研究(Wydick,1999;Ito,2003;Barboza 和 Barreto,2006;Basargekar,2010;徐璋勇,2014;Czura,2015;Jackson 和 Young,2016))。但这些研究主要基于社会资本的某一作用机制(社会制裁或社会关系)对微型金融经济效应或(和)对贷款偿还率的单一影响展开,忽略了微型金融经济效应与贷款偿还率之间可能存在的内在逻辑关系。Griffin 和 Husted(2015)利用墨西哥 182 户农户的调查数据,首次同时研究了社会资本两种作用机制,即社会制裁和社会关系对贷款偿还率进而对微型金融经济效应的影响,但作者对贷款偿还率为什么会影响微型金融经济效应并没有给出清晰而又令人信服的解释。

甄别社会制裁和社会关系对微型金融经济效应以及贷款偿还率的影响路径,提升微型金融经济效应和贷款偿还率,均衡政策支农目标和金融机构商业化经营之间的矛盾,是实现金融扶贫使命的前提。因此,这一部分拟对 Griffin 和 Husted(2015)的模型进行改进,通过结构方程模型,利用西部地区 978 户农户的调查数据,在实证分析社会资本对微型金融经济效应进而对贷款偿还率的影响路径的基础上,进一步实证分析社会资本对两者的影响程度和影响差异。

一、理论分析

越来越多的文献将微型金融的成功归因于小组贷款模式中社会资本的运用(Goodman,2016;Hadi 和 Kamaluddin,2015;Sohail 和 Jayant,2013;Karlan,2007)。Margrethe 和 Nielsen(2012)则以秘鲁为例,证实社会资本在个人贷款模式中也能发挥作用。本书主要围绕社会制裁和社会关系对微型金融经济效应和贷款偿还率的影响展开研究。

(一)社会制裁对微型金融经济效应和贷款偿还率的影响

在市场经济中,社会制裁通过对违约者实施惩罚达到以较低成本保障合约执行的目的。同时,可置信的高阶社会制裁还有助于建立良好的社会规则和秩序,协调集体行动(Stiglitz,1990;Bowles,2002)。并且,紧密和内聚性的社会互动网络以及在小型封闭社会中的各种社会制裁也是维系深度信任、保障合作顺利的有效机制(唐永智,2013)。委托—代理理论也表明,社会制裁能有效解决农村信贷市场中的抵押物缺失、信息不对称及信贷合同执行难等问题。在微型金融中,潜在的社会制裁压力促使借款人综合考虑自己预期收益最大化和为项目失败的同伴还贷的成本最小化后进行行为决策。因此,在贷款小组成立之前,借款人会利用紧密的社会网络关系来甄别和筛选,保证只有拥有好项目并且诚实可信的同伴才能成为潜在的同组成员(Giné 和 Karlan,2014);贷款小组组成后,借款人会互相监督,敦促同伴放弃懒惰、挪用贷款资金、从事高风险项目等短期个人利益行为,而是勤奋工作,采取利他、合作的行为,从而最大程度保障所有小组成员贷款项目的成功和自身经济状况的改善(Banerjee et al.,1994;Besley 和 Coate,1995;Wydick,1999;Karlan,2007;Hadi 和 Kamaluddin,2015)。并且,在借款人蓄意欠款时,社会制裁通过惩罚机会主义来提高贷款偿还率(Banerjee et al.,1994;Hermes 和 Lensink,2007;徐璋勇,

2014)。Baland et al.(2017)证实,用社会制裁代替银行制裁可以提高中等贫困程度借款人的收入和贷款偿还率。

不过,社会制裁也可能导致负向激励。Wydick(1999)提出,对有意延迟贷款偿还的借款人实施可置信的社会制裁能提高贷款偿还率,但对那些遭受意外而不能按时偿还贷款的借款人实施社会制裁反而会降低贷款偿还率。Czura(2015)对印度的案例研究表明,同行监督和惩罚会提高贷款偿还率,但过度的同行监督和惩罚反而会降低贷款偿还率。Jackson和Young(2016)对孟加拉国的案例研究也表明,因为损害到传统社会关系,社会制裁最终反而恶化了借款人的社会关系和经济状况。Haldar和Stiglitz(2017)对SKS的案例研究则表明,舍弃Grameen强调建立良好社会交换这一根基,仅仅试图通过小组联保贷款的社会惩罚机制来保障贷款偿还率正是SKS发生危机的根源。

(二)社会关系对微型金融经济效应和贷款偿还率的影响

市场经济中,和谐的社会关系可以修正个人偏好,使得个人行为具有利他主义倾向,从而抑制道德风险,促使集体行动得以实现。在不发达的市场体系中,社会关系还是人们传播和分享信息的重要渠道。根据管家理论(Stewardship theory),当管家享受与当事人之间的工作关系时,他们就会自我激励做好工作。因此在微型金融中,如果借款人与小组其他成员以及所在村庄的其他村民关系和睦时,也就会自发地产生合作、利他以及不求回报的行为。如小组成员可以通过共享信息,包括交流有关产品价格、市场需求、销售渠道等信息来调整投资、生产和销售策略(张伟,2011);同时,Mckernan(2002)对3家孟加拉国微型金融机构的案例分析表明,生产率高的成员向生产率低的成员分享经验可以提高后者的生产力,使其收入增加并有能力偿还贷款。Aghion和Morduch(2006)提出,借款人通过信息分享以及与其他借款成员之间的互动,如学习新知识、培养商业技巧而提高贷款项目成功率。Barboza 和 Barreto（2006）对墨西哥的案例研究也表明，"同行指导"和"团队学习"能提高借款人收入和贷款偿还率。Goodman（2017）的研究还表明，只有融入借款人的社会关系和生计策略中，在提供资金支持的同时实现借款人的情感、社会和文化需求，微型金融项目对借款人和当地来说才能带来利益。Haldar 和 Stiglitz（2017）的研究甚至认为，微型金融与借款人，以及借款人与借款人之间建立良好的社会关系，由此形成新的社会资本（互助互惠）和新的社会规则（还款激励和外部监督内化）正是微型金融能充分发挥扶贫效应并取得高的贷款偿还率的内驱动因。陈银娥、王毓槐（2012）以及 Hadi 和 Kamaluddin（2015）的研究也证实，社会关系与借款人收入增加显著正相关。

但也有研究表明，社会关系对微型金融经济效应和贷款偿还率的影响存在阈值效应。如 Giné 和 Karlan（2014）的研究发现，在联保小组贷款中去掉社会制裁后，社会关系丰富的借款人的偿还率增加，社会关系不足的借款人的偿还率降低。Quidt（2016）通过理论模型，比较了自担责任的小组贷款和联保小组贷款的偿还率和微型金融经济效应，发现在社会资本水平处于中等程度时，社会制裁（联保小组贷款）可以提高借款人的收入和偿还率，而在社会资本水平较低和较高状态下，通过社会关系（自担责任的小组贷款）实施互助保险可以改善借款人经济状况和贷款偿还率。

（三）微型金融经济效应对贷款偿还率的影响

Griffin 和 Husted（2015）基于"高的贷款偿还率使客户与金融机构之间建立良好关系，客户因而能获得持续的信贷支持，从而获得经济收入的增长（Griffin 和 Husted，2015，p3）"这一逻辑，提出贷款偿还率越高，微型金融经济效应越大的假设。然而，贷款偿还率增加既不能直接导致借款

人经济收入增加,也不必然导致借款人的收入增加(Bateman 和 Chang,
2012)。深入审视两者的关系可以发现,微型金融经济效应增加,借款人
偿还能力增加;在偿还意愿不变情况上,贷款偿还率增加(Banerjee et al.,
1994;Wydick,1999;Karlan,2007;Hadi 和 Kamaluddin,2015)。Besley 和
Coate(1995)通过理论模型演绎的结果是,不论是个人贷款还是小组贷
款,借款人收入增加越多,就越愿意为自己和贷款项目失败而无力偿还的
借款人偿还贷款。Baland et al.(2017)利用实验研究方法,采用一个三阶
段还款博弈模型证实了这一结论。

二、研究假设与模型构建

(一)研究假设

1993 年,我国著名经济学家茅于轼和汤敏在陕西省临县湍水头镇
的龙水头村建立龙水头基金,成为我国最早的民间公益性小额信贷组
织。同年,中国社会科学院农村发展研究所在河北易县引入孟加拉乡
村银行的联保贷款模式,建立易县信贷扶贫合作社(简称"扶贫社",
FPC),我国具有完整意义的微型金融组织诞生。此后,各种农村合作
金融机构和新型农村金融机构陆续涌现,邮政储蓄银行和农业银行也
先后推出微型金融产品和服务,微型金融体系不断完善。截至 2016 年
末,全国村镇银行、农村资金互助社、贷款公司、小额贷款公司总数达到
12091 家,较 2015 年末增长 1.7%。同年末,我国农户贷款余额 7.08 万
亿元,同比增长 15.2%,全年增加 9494 亿元,同比多增 1671 亿元。① 但
政策驱动的支农目标和市场机构的盈利目标之间存在着天然冲突。因
此,从我国微型金融运行实践来看,尽管取得一定成效,但金融扶贫功
能远未充分发挥。表现为:一方面,涉农贷款增加并没有带来农户收入

---

① 相关数据来源于中国人民银行网站:《2016 年金融机构贷款投向统计报告》。

增加,甚至反而降低了农户收入(邓坤,2015)。另一方面,因为联保贷款呈现出更高的违约风险,一些金融机构不得不重新选择个人贷款模式;而且因为成本高和风险大,微型金融机构出现偏离贫困群体的"使命漂移"(熊芳,2014)。

文献综述表明,社会制裁和社会关系直接影响微型金融效应和贷款偿还意愿;微型金融经济效应也直接影响到贷款偿还能力,因而社会制裁和社会关系还能通过影响微型金融经济效应间接影响贷款偿还率。基于上述分析,提出如下假设:

H1:社会制裁显著正向影响微型金融经济效应。

H2:社会关系显著正向影响微型金融经济效应。

H3:微型金融经济效应显著正向影响贷款偿还率。

H4:社会制裁显著正向影响贷款偿还率。

H5:社会关系显著正向影响贷款偿还率。

(二)理论模型构建

对 Griffin 和 Husted(2015)的模型进行改进,建立如图 3.3.1 的概念模型。

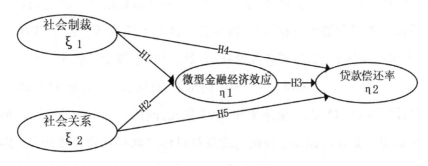

图 3.3.1 概念模型

图 3.3.1 中,ξ_1、ξ_2 依次表示外因潜变量社会制裁、社会关系;η_1、η_2 依次表示内因潜变量微型金融经济效应、贷款偿还率。结合图 3.3.1,参

考温忠麟中介效应结构方程表达式,构建理论模型(1)如下:

$$\eta_2 = \delta_1 \xi_1 + \delta_2 \xi_2 + \delta_3 \xi_1 \eta_1 + \delta_4 \xi_2 \eta_1 + \delta_5 \eta_1 \qquad (1)$$

为证明模型(1)为最优检验模型,参考吴明隆(2010)和温忠麟(2014),本研究还同时构建模型(2)、(3)和(4)如下:

$$\eta_2 = \gamma_1 \xi_1 \eta_1 + \gamma_2 \xi_2 \eta_1 + \gamma_3 \eta_1 \qquad (2)$$

$$\eta_1 = \alpha_1 \xi_1 + \alpha_2 \xi_2 \qquad (3)$$

$$\eta_2 = \beta_1 \xi_1 + \beta_2 \xi_2 \qquad (4)$$

上列模型中,式(1)用于描述社会制裁、社会关系既直接影响贷款偿还率,又通过影响微型金融经济效应间接影响贷款偿还率;式(2)描述社会制裁、社会关系通过影响微型金融经济效应间接影响贷款偿还率;式(3)和式(4)分别描述社会制裁、社会关系直接影响微型金融经济效应和贷款偿还率。其中,δ_1、δ_2 表示社会制裁、社会关系对贷款偿还率的直接效应系数;γ_1、γ_2、δ_3、δ_4 表示社会制裁、社会关系对贷款偿还率的间接效应系数;γ_3、δ_5 表示微型金融经济效应对贷款偿还率的直接效应系数;α_1、α_2 表示社会制裁、社会关系对贷款偿还率的直接效应系数;β_1、β_2 表示社会制裁、社会关系对微型金融经济效应的直接效应系数。

三、研究设计

(一)量表设计

参考 Griffin 和 Husted(2015)的研究,以个人声誉威胁、小组制裁、村庄制裁衡量社会制裁,记为 SS;综合 Griffin 和 Husted(2015)以及陈银娥和王毓槐(2012)的研究,以参与、关系网、互惠、规范衡量社会关系,记为 SR。综合 Griffin 和 Husted(2015)以及 Bhuiya et al.(2016)等学者的研究,以家庭收入、消费支出、收入来源衡量微型金融经济效应,记为 ME。

利用调查对象熟悉本村还款情况,通过观察到的本村贷款偿还情况来衡量贷款偿还率,记为LR。

本书采用李克特7分制量表进行测量。题项答案中,数字1至7依次代表"非常不同意"到"非常同意"。量表设计见表3.3.1。

(二)数据来源与说明①

数据来源于2017年2—3月间在新疆、内蒙古、云南和青海进行的田野调查。② 调查地点按照2016年西部地区八省区GDP排名情况选定。③调查时,访员先对村委会进行调查,再由本地向导带领到获得过贷款的农户家里调查,调查采用结构性问卷调查法和对典型调查对象的非结构性访谈相结合。本次调查共发放1000份问卷,经剔除残缺值、离群值、固定反应等异常值样本后最终获得978份有效样本。其中新疆253份;内蒙古236份;云南287份;青海202份。变量定义说明及统计描述见表3.3.1。

表3.3.1数据显示,所有变量均值落入4.86—6.07区间,方差落入0.942—2.216区间,表明样本数据整体较稳定。其中,互惠的均值最大为6.07,表明样本数据对"本村村民之间总是相互帮助"这一选项回答介于"同意"和"非常同意",说明村民之间互助程度非常高。小组制裁标准差为4.911,表明该样本数据离散程度大,反映调查对象对该问题回答两极分化较严重;其他变量标准差落入0.888—1.787区间,表明这些变量的样本数据离散程度较小。

---

① 本部分调研问卷见附录三。

② 调研地点包括:新疆和田市、伊犁市、阿图什市;内蒙古通辽市、呼和浩特市、赤峰市;云南玉溪市、红河州、曲靖市和弥勒市;青海西宁市和海南藏族自治州。

③ 2016年民族地区八省(区)GDP排名情况(括号表示在全国的排名):内蒙古(15)、广西(17)、云南(20)、贵州(21)、新疆(22)、宁夏(25)、青海(26)、西藏(27)。

表 3.3.1　变量定义说明和统计性描述

变量名	测量题项	均值	标准差	方差
社会制裁(SS)	个人声誉威胁:不按时偿还贷款的借款人在本村会失去信誉	5.33	1.318	1.148
	小组制裁:不按时偿还贷款应该受到所在贷款小组的指责	5.49	4.911	2.216
	村庄制裁:不按时偿还贷款会受到本村其他村民的指责	5.65	1.431	1.196
社会关系(SR)	参与:本村村民总是积极参与村级活动	5.39	1.138	1.066
	关系网:本村村民彼此都很熟悉	5.92	1.787	1.336
	信任:本村村民之间总是相互信任	5.46	0.992	0.995
	互惠:本村村民之间总是相互帮助	6.07	0.888	0.942
贷款偿还率(LR)	观察到的贷款偿还情况:本村借款人总是按时偿还贷款	5.51	1.117	1.056
微型金融经济效应(ME)	家庭收入:贷款使借款人家庭收入增加	5.30	1.602	1.265
	消费支出:贷款使借款人家庭生活改善	5.08	1.636	1.279
	收入来源:贷款增加借款人家庭收入来源	5.22	1.581	1.257

　　本次调查覆盖了 34 个村庄的 9 个少数民族。① 这些村庄 2016 年人均年收入 500—3800 元;27 个村贷款需求强烈、7 个村贷款需求不强烈;11 个村有逾期贷款,逾期贷款户介于 1—20 户之间;所有村都认为本村村民未按时偿还贷款是因为实在没有能力偿还;26 个村为信用村;承贷机构主要是农村信用社和农村商业银行。

　　调查对象中,67.65% 为男性,32.35% 为女性;19—65 岁的占

---

① 包括藏族、回族、傣族、白族、彝族、哈萨克族、蒙古族和土家族、锡伯族。

98.11%,66—75 岁的占 1.89%;藏族、回族、傣族、汉族、其他少数民族①占比依次为 9.01%、32.89%、20.78%、24.72%、12.60%;小学及以下、初中、高中或中专、大专及以上的占比依次为 36.33%、42.57%、16.38%、4.72%;信用户占比中,回答"是""否""不知道"的分别为 57.87%、38.12%、4.01%;62.44% 为联保贷款,37.56% 为个人贷款。

(三)数据的效度与信度检验

利用 SPSS22.0 进行数据检验。先通过逻辑回归标准差法对样本数据进行标准化处理,再对量表题项进行独立样本 T 检验,以保证样本均数与总体样本均数差异的稳定性。在此基础上进行数据效度与信度检验②,结果如表 3.3.2 所示。

表 3.3.2　样本数据效度与信度检验结果

变量	测量题项	因子载荷	Cronbach's	累计方差	Bartlett	KMO	T 值
社会制裁		—	0.79	78.60	986.80	0.75	—
	个人声誉威胁	0.81					28.64
	小组制裁	0.75					12.54
	村庄制裁	0.79					27.86
社会关系		—	0.78	75.20	250.30	0.83	—
	参与	0.63					12.10
	关系网	0.82					30.30
	信任	0.72					26.74
	互惠	0.74					25.40
贷款偿还率		—	0.77	82.30	299.10	0.84	—
	观察到的贷款偿还率	0.72					26.57

---

① 包括白族、彝族、哈萨克族、蒙古族、土家族、锡伯族。

② 为保证调查问卷质量,项目组曾于 2016 年寒假组织了在宁夏的试调研,对量表的信度和效度进行初步检验,并在此基础上对调研问卷进行了完善。

变量	测量题项	因子载荷	Cronbach's	累计方差	Bartlett	KMO	T 值
微型金融经济效应		—	0.75	76.30	187.10	0.74	—
	家庭收入	0.70					21.70
	消费支出	0.66					31.20
	收入来源	0.52					31.40

注:"—"表示值为空。

表 3.3.2 数据显示,所有观测变量因子载荷落入 0.52—0.82 区间,大于 0.5 的比较基准;T 值落入 12.10—31.40 区间,大于 2 的比较基准。并且,所有变量的 Cronbach's 值落入 0.75—0.79 区间,大于 0.7 的比较基准;KMO 值落入 0.74—0.84 区间,大于 0.7 的比较基准;累计方差落入 75.20—82.30 区间,大于 70 的比较基准。以上结果均说明量表具有良好的效度与信度,可以进一步做实证分析。

四、实证过程及结果解释

对四个结构方程模型进行验证性因素检验,结果未出现负的误方差,且标准化系数绝对值均未超过 0.95,说明假设模型均没有发生违反估计。各观测变量的偏度系数和峰度系数均接近于零,说明观测变量样本呈正态分布。进一步的模型适配度检验结果表明,模型(1)、(2)通过检验且模型(1)拟合度更优;模型(3)、(4)没有通过检验,因此最终确定模型(1)为检验模型。[①]

（一）社会制裁、社会关系对微型金融经济效应及贷款偿还率的影响路径

运用 AMOS 21.0 得到结构方程模型影响路径系数估计结果如表 3.3.3。

---

① 因文章篇幅限制,此处没有给出详细的检验结果。

表 3.3.3　结构方程模型路径系数估计结果

假设	标准化估计系数	T 值	结论
H1:社会制裁显著正向影响微型金融经济效应	0.171 ***	2.591	接受
H2:社会关系显著正向影响微型金融经济效应	0.754 ***	5.338	接受
H3:微型金融经济效应显著正向影响贷款偿还率	0.141 **	4.227	接受
H4:社会制裁显著正向影响贷款偿还率	−0.012 *	2.137	拒绝
H5:社会关系显著正向影响贷款偿还率	0.472 ***	2.572	接受

注:"***""**""*"分别代表1%,5%和10%的显著性水平。下同。

路径系数方向(正负)和显著性是判断研究假设是否成立的主要依据。根据表3.3.3数据,本书四个假设的标准化回归系数大于零且在5%的水平下显著,表明应接受原假设,即社会制裁显著正向影响微型金融经济效应、社会关系显著正向影响贷款偿还率、贷款偿还率显著正向影响微型金融经济效应、社会关系显著正向影响微型金融经济效应;一个假设的标准化回归系数小于零且在5%的水平下显著,结合T值,应拒绝原假设并且反向假设成立,即社会制裁显著负向影响贷款偿还率。

(二)社会制裁、社会关系对微型金融经济效应及贷款偿还率的影响程度

运用Bootstrap方法检验社会制裁、社会关系影响微型金融经济效应进而影响贷款偿还率的间接效应以及程度。结果通过检验;并且,微型金融经济效应在社会制裁、社会关系对贷款偿还率的影响路径中都是发挥部分中介效应。① 相关结果如表3.3.4所示。

---

① 因文章篇幅限制,此处没有给出详细的检验结果。

表 3.3.4　结构方程模型影响效应及影响程度估计结果

路径	直接效应	间接效应	总效应
社会制裁→微型金融经济效应	0.171	—	0.171
社会关系→微型金融经济效应	0.754	—	0.770
微型金融经济效应→贷款偿还率	0.141	—	0.241
社会制裁→贷款偿还率	−0.012	0.024	0.012
社会关系→贷款偿还率	0.472	0.106	0.578

注:(1)总效应＝直接效应+间接效应;(2)—表示值为空。

由表 3.3.4 可以得到如下结论:

社会制裁和社会关系都显著正向影响微型金融经济效应。社会制裁对微型金融经济效应的直接效应为 0.171,说明社会制裁有助于筛选合格的小组成员,加强借款人之间的信任、合作和协调行动,从而有助于保障贷款项目的成功并改善借款人的经济状况。社会关系对微型金融经济效应的直接效应为 0.754,说明和谐的社会关系能大幅度改善借款人的经济状况。结合表 3.3.1 中的统计描述数据来看,调查对象之间彼此熟悉的程度、相互信任的程度和相互帮助的程度都非常高,可以解释社会关系对微型金融经济效应的正向影响。

微型金融经济效应显著正向影响贷款偿还率。微型金融经济效应对贷款偿还率的直接效应是 0.141,表明微型金融经济效应增加会提高贷款偿还能力进而提高贷款偿还率。这一结果与 Besley 和 Coate(1995)的理论推演,以及 Baland et al.(2017)的实证结果一致,也与国内的经验研究一致。

社会制裁对贷款偿还率的直接效应为负,间接效应为正,总效应为正。社会制裁对贷款偿还率的直接效应为−0.012,表明加大社会制裁强度会降低贷款偿还意愿,从而降低贷款偿还率。综合各村对不能按时偿还贷款原因的评价,导致这一结果的一种可能解释是,在借款人因项目失败或意外而无力偿还贷款的制约下,加大社会制裁强度会导致小组贷款的策略性违约,从而降低贷款偿还率(Wydick,1999;Czura,2015)。社会制裁对贷款偿还率的间接效应为 0.024(0.171×0.141),表明提高社会制裁强度可以提高借款人贷款偿还能力,从而提高贷款偿还率。社会制裁对贷款偿还率的总效应为 0.012,说明社会制裁对贷款偿还能力的正向影响大于社会制裁对贷款偿还意愿的负向影响,因此加大社会制裁强度仍然能增加贷款偿还率。Allen(2016)认为,存在一个合意的社会制裁强度,使金融机构既能享受小组贷款的好处,又不会承担联保贷款中存在的策略性违约带来的成本,因此小组贷款应实行部分责任制。Quidt et al (2016)等则认为,在一定条件下,只要借款人有充足的社会联接和社会交往来建立相互保险,自担责任的小组贷款在偿还率和增加借款人收入方面更优于联保小组贷款。本研究研究结果为 Allen(2016)和 Quidt et al (2010)等的研究结论提供了佐证,也为小组贷款模式的国际演变趋势提供了经验支持。

社会关系对贷款偿还率的直接效应为正,间接效应为正,总效应也为正。社会关系对贷款偿还率的直接效应为 0.472,表明和谐的社会关系对于促进借款人之间的信息分享、抑制道德风险及协调集体行动都有积极作用,构建和谐的社会关系可以通过提高借款人的贷款偿还意愿而提高贷款偿还率。社会关系对贷款偿还率的间接效应为 0.106(0.754 * 0.141)、总效应为 0.578,表明构建和谐的社会关系可以提高借款人的偿还能力而提高贷款偿还率。结合调研问卷中对互惠这一题项的回答结果及无结构性访谈结果,村民之间社会关系良好,乐于互帮互助应该是社会关系正向影响贷款偿还率的重要原因。

（三）加入调节变量后的影响差异

多群组结构方程模型用于评估假设模型在不同样本间是否具有不变

性。金融地理学表明地理禀赋对金融发展和金融发展效应存在重要影响;而且,现有文献表明不同贷款方式和金融素养(包括社会信用)水平下,社会制裁和社会关系对微型金融经济效应的影响也可能不同(Bhole和Ogden,2010;陈颐,2017)。基于此,本书以地区、贷款方式以及是否是信用户作为调节变量,进一步研究假设路径的影响差异。

通过比较预设模型、协方差相等模型、方差相等模型、路径系数相等模型和模型不变性模型等五个模型的适配度结果,本研究最终选择预设模型进行多群组分析。对多群组结构方程模型进行适配度检验的结果表明,群组三个模型的 CFI 值和 GFI 均高于 0.90 的比较基准;RMSEA 最大值均小于适配临界值 0.05 的比较基准,两组数据表明多群组分析模型与样本数据有良好的适配度,模型可以接受。多群组结构方程模型路径系数估计结果如表 3.3.5 所示。

表 3.3.5 多群组结构方程模型路径系数估计结果

路径	联保贷款	个人贷款	信用户	非信用户	不知道
H1:社会制裁→微型金融经济效应	0.377 ***	0.019 *	0.048 *	0.047 **	0.008
H2:社会关系→微型金融经济效应	0.793 ***	0.442 **	0.451 **	0.528 *	0.524 *
H3:微型金融经济效益→贷款偿还率	0.667 *	0.122 *	0.432 *	0.174 *	0.268
H4:社会制裁→贷款偿还率	−0.059 ***	−0.194 *	−0.099 *	−0.014 *	−0.19
H5 社会关系→贷款偿还率	0.933 ***	0.277 *	0.872 ***	0.341 *	0.176 *

注:与前文表中假设路径一致。

表 3.3.5 结果显示,分组样本与全样本(表 3.3.3)的结果非常相似,但仍然呈现影响差异,具体如下:

基于贷款方式的分组结果来看,均通过显著性检验;并且假设路径在联保贷款中影响更显著。第一个结论表明社会制裁和社会关系机制在个人贷款中依然能发挥作用,这一结论与 Margrethe 和 Nielsen(2016)对秘鲁的研究所得结论一致。可能的解释是,我国信用户和信用村镇建设,以及诸如"金融机构+信用村+农户"等多种信贷模式早已将单个的借款人链接成一个关系紧密的"贷款小组",社会制裁和社会关系在村庄层面依然能够运转。第二个结论表明社会制裁和社会关系机制在联保贷款中作用更显著。可能的解释是,在联保贷款中,借款人有更多机会见面,因此也会有更多机会实施同伴压力或交流分享信息,使得社会制裁的压力更大或信息交流更充分。

基于是否是信用户分组的结果显示,在不知道自己是否是信用户的农户中,只有社会关系对贷款偿还率的正向影响($\beta = 0.524, P < 0.1$)、社会关系对微型金融经济效应的正向影响($\beta = 0.176, P < 0.1$)通过假设检验。非信用户认为社会制裁对微型金融经济效应的正向影响($\beta = 0.047, P < 0.05$)更显著,其余假设路径在信用户中更显著。对自身是否是信用户的回答能在一定程度上反映被调查对象的金融素养。金融素养不足的借款人更容易持有怀疑心理和反学习性,从而导致对金融产品和服务的排斥(张号栋和尹志超,2016);而且,金融知识不足还将导致个人在金融活动中做出不利于自身金融福祉的金融行为,从而影响到金融活动的产出,制约金融扶贫的效应(Marcolin,2006)。因此,研究结论证实,金融知识对贷款偿还率和微型金融经济效应都存在显著影响。

五、主要结论及启示

本书基于委托—代理理论和管家理论,采用结构方程模型,实证分析了西部地区社会制裁和社会关系对微型金融经济效应和贷款偿还率的影响路径、影响程度及影响差异。主要结论如下:一是社会制裁和社会关系都显著正向影响微型金融经济效应,并且社会关系对微型金融经济效应的影响远大于社会制裁对微型金融经济效应的影响。二是社会制裁、社会关系和微型金融经济效应都能显著正向影响贷款偿还率。其中,社会关系对贷款偿还率的影响最大,其次是微型金融经济效应,社会制裁的影响最小且社会制裁对贷款偿还率的直接影响为负。三是加入调节变量后,社会制裁、社会关系对微型金融经济效应及贷款偿还率的影响存在差异。地区分类中,假设路径在不同地区间存在显著影响差异;贷款方式分类中,对联保贷款的影响更为显著;是否是信用户分类中,对信用户影响更为显著。

上述结论对完善西部地区金融扶贫机制具有一定启示意义:一方面,微型金融机构要建立适当运用社会制裁机制的意识。一是要认识到增加社会制裁强度并不能增加借款人的贷款偿还意愿从而提高贷款偿还率,因此要转变过去过度依赖社会制裁来提高贷款偿还率的做法。二是要充分发挥社会制裁在小组成员的筛选、保障借款人之间的合作和协调方面的作用,提高社会制裁对微型经济效应的正向效应来提高借款人的贷款偿还能力。三是要根据借款人不按期偿还贷款的原因,建立激励相容的贷款偿还机制,通过机构制裁引导社会制裁,降低社会制裁对贷款偿还率的负向效应。如对懒惰、将贷款挪作他用的借款人进行严厉制裁,但对正常开展生产经营活动下实在无力偿还的借款人实施更为宽容的贷款偿还政策。并且,微型金融机构还要充分发挥小额信贷保险、财政担保基金及社会风险分担基金等政策机制的作用,降低不良贷款对金融机构财务可持续发展的影响。另一方面,微型金融机构要充分重视社会关系对提高微型金融经济效应和贷款偿还率的积极作用。在贷前审核、贷中监督和贷后偿还过程中,微型金融机构都要充分发挥当地德高望重、熟悉村情人情的老村支书、老族长,以及能人大户等人对借款人的影响力,保证借款人正常使用和偿还贷款。同时,利用金融扶贫工作站、农村信贷联络员等机制设计做好金融知识、信用意识和金融扶贫政策的宣传,畅通金融机构和借款人之间的信息交流。并在提供金融服务过程中,通过非金融服务为借款人建立和谐的社会关系。如开展能人大户的经验交流、通过各种村级活动紧密村民之间的沟通和交流。此外,金融机构在运用社会制裁和社会关系机制时,还应充分考虑借款人的异质性,以使政策设计的针对性更强。如在信贷模式上,有条件的地区可以继续实行联保贷款模式,而在有些地区,可以尝试由联保贷款模式或个人贷款模式向自担责任或部分责任的小组贷款模式过渡。

第四章　西部地区微型金融发展对民族文化的影响

——希望视角

希望是个体对于未来的期望和信念,是个体行动的一种内驱动力。作为表征微观文化的一个维度,希望能激发个体的创造力和创新精神,推动民族文化的创新发展。本章基于制度逻辑视角,以希望作为个体内驱动力的衡量指标,利用宁夏田野调研数据,证实微型金融能通过影响希望,以及通过影响希望进而影响农户家庭经济福利;结合第一章微型金融影响民族文化的理论和机制分析的相关内容,得到微型金融能够影响民族文化的基本结论。

第一节　普惠金融参与对农户希望的影响

党和国家一直高度重视激发农户内生动力。在《中共中央国务院关于做好 2023 年全面推进乡村振兴重点工作的意见》等文件中着重强调要"增强脱贫地区和脱贫农户内生动力"。习近平总书记也多次指出,注重激发内生动力。扶贫要同扶志、扶智相结合……没有内在动力,仅靠外部帮扶,帮扶再多,你不愿意"飞",也不能从根本上解决问题①;要充分尊重广大农民意愿,调动广大农民积极性、主动性、创造性,把广大农民对美好生活的向往化为推动乡村振兴的动力。

激发农户内生动力要求明确农户的主体地位,并强调提升农户的自我发展能力,从而实现发展的可持续性。然而,尽管我国政策层面一直高度重视,并从产业扶持、专业组织培育和技能培训等多个维度采取积极措施,但农户内生动力不足仍然明显,如何激发和增强农户内生动力仍然是破解"三农"持续稳健发展所亟待解决的难题。而且,中国式现代化的底层逻辑是以人民为中心的、物质文明和精神文明相协调的现代化。因此,如何提升农户的自我发展能力,不断推动更多农户迈入中等收入行列,也是扎实推进共同富裕、早日实现中国式现代化的应有之义。

普惠金融是指以可负担的成本为有金融服务需求的社会各阶层和群体提供适当的、有效的金融服务。资本缺失会带来能力缺失,因而作为弥补市场失灵的一种制度创新,普惠金融能同时从资本和能力两个维度为农户赋能。一方面,现有文献大多认为,普惠金融能够降低贫困发生率和不平等程度;并能有效缓解贫困家庭面临的资本约束,帮助贫困家庭不断拓展收入来源、改善收入分配和优化消费结构,从而使农户拥有更多信心和动力为更加美好生活努力。另一方面,也有文献表明,普惠金融参与还可通过激发农户有抱负的希望并通过持续强化而形成可持续发展的内生动力。例如,Garcia 以希望作为农户内生动力的代理变量,利用塞拉利昂1295 名贷款农户的数据证实,小组联保贷款模式下的每周例会能促进农户间的社会互动和社会联结,进而激发农户的希望。Mohammad 也发现,孟加拉国的小组信贷模式能够激发参与农户的责任感和公正感,进而提升农户希望水平。但也有研究指出,普惠金融参与对农户希望的影响具

---

① 《习近平谈治国理政》第三卷,外文出版社 2020 年版,第 158 页。

有时滞性,短期内农户希望难以改变,且普惠金融对希望正向影响极易消散。

一、理论分析与研究假说

制度逻辑是经社会建构、具备历史权变性、有能力规范组织或个人行为的物质实践、价值和规则体系,能够解释制度如何既约束又促进行动者的行为选择。具体而言,制度逻辑可通过影响个体的注意力配置,激活其在特定情境下的身份和目标,进而改变个体的认知、态度与行动;并使个体之间通过信息交流、资源流动以及由此产生的相互依赖,形成各种社会实践和结构。普惠金融作为一种制度创新,可以通过制度逻辑塑造农户的行为逻辑,进而影响农户的希望水平。而根据自我决定论(Self-Determination Theory),个体的内生动力来源于自主性、能力感和关联性,当这三个心理需求得到满足时,个体的内生动力就会被激发并不断增强。希望作为一种积极的心理状态,强调个体对目标实现的积极预期和动机。怀有希望的个体会主动(自主性)寻找实现目标的方法和手段(能力感),并在遇到困难时积极寻求社会支持(关联性)。因此,希望水平的高低能够体现个体内生动力的强弱。

(一)普惠金融参与影响农户希望的机理

希望是一种积极的、以追求成功的路径和动力交互作用为基础的动机性状态,其核心三要素是渴望、途径思维、动力思维。普惠金融参与可通过强化希望的核心三要素提升农户希望水平。

渴望(Aspirations)是个体设定的关于收入、教育和社会地位等的目标和愿望,是希望的核心。普惠金融参与可以缓解农户面临的金融排斥,帮助农户通过系列金融手段实现当期的渴望。普惠金融的制度逻辑具有"弱势偏向性",强调对弱势群体金融需求的满足。因此,若农户关注到普惠金融的"弱势偏向性",就会意识到自身的投融资渠道以及可获得金融产品或服务的范围、边界得到极大拓宽,有更多机会根据家庭财产收入、风险偏好、金融诉求等自主选择多元化的金融产品和服务,也即外部资金约束缓解使农户更有可能树立更高的目标,渴望得以提升。

途径思维(Pathways thinking)是个体在追求目标的过程中能设想到的路径和方法。普惠金融参与能够破除农户面临的外部约束,进而提升农户的途径思维。具体来看,在"普惠性"和"可持续性"的制度逻辑下,一方面,农户更容易接触到信贷、保险和基金等金融工具,资金约束得到缓解,农户有更多的办法和方案实现预期目标;另一方面,为控制金融风险、提升盈利空间,金融机构通过加大金融科技投入提升数字化水平,农户通过普惠金融业务融入到金融机构的互联网生态圈中,更容易接触到诸如农村电商等多元化的增收平台和途径,其途径思维得以激发。

动力思维(Agencythinking)是执行路线的动力,即个体对自己是否有根据已有路径达到期望目标的能力的评估。普惠金融的"共享性"制度逻辑蕴含着"包容"和"公正"的理念和基因,与中华优秀传统文化中"公平公正"的内涵相契合,更容易被农户认同、接受并实践。另一方面,普惠金融也能通过制度、行动、认知嵌入等方式融入乡村治理之中,激发乡村内生秩序,改善乡村社会环境和信用体系。环境的改善和文化的引导让农户更加认可个人能力和自我努力的重要性,控制点类型向内控型转变,遇到障碍和困难也更有坚持的信念和意志力,自我效能感提升,动力思维增强。

H1:普惠金融参与能够提升农户希望,具体表现在普惠金融参与能够提升农户的渴望、途径思维和动力思维。

(二)普惠金融参与影响农户希望的机制

普惠金融参与如何影响农户的希望? 作为一种制度创新,普惠金融的基本制度逻辑是,让所有有金融需求的农户都能以可负担的成本获得金融服务。一旦农户注意到普惠金融的这一逻辑,认识到普惠金融对自身的"可获得性"和"可使用性"后,就有可能参与普惠金融业务,即激活自己作为"普惠金融客户"的身份。此时,一方面,个体对某一身份的承诺①会随着这一身份的激活而增强,且个体身份承诺的强弱将同时影响他们与其他相似个体之间的关系,以及与其他不同个体之间潜在的身份冲突和竞争;另一方面,尽管个体经常具有彼此冲突的目标,但当某一目标被注意力焦点激发时,个体也会相应地受注意力焦点的引导而进行决策和行动。因此,一旦农户参与普惠金融业务,就有可能在与其相似的或不相似的个体所形成的社会关系网络中,在目标的引领下,通过社会比较和社会互动而增强希望水平。

社会比较指的是个体将自己的社会心理和行为特征,特别是观念、能力等同他人作比较,并通过对比效应和同化效应对个体的自我评价产生影响的过程。农户参与普惠金融业务后,其社交网络会因业务往来和(或)共同话题等因素扩大,此时,农户通常会把目标投向比自身处境更优越的个体,若这些个体的成功经验被农户所认同,则这些个体的行为结果也将成为农户调整渴望的重要参照点。也即农户可以通过与比自己优秀的农户进行对比,拓展自身的渴望窗口②,提升农户的渴望,且农户也可以通过借鉴已有的成功经验,提升途径思维。农户也会和与自己情况相似的其他农户进行比较,农户的自信心会因自己参与了普惠金融业务的成功经历得到增强,主观上认为自己与其他农户的生活水平差距进一步缩小,甚至会超过其他农户的生活水平,农户的动力思维得以提升。

社会互动是指不受市场调节的、不同个体间的相互影响,本质是一种特殊形式的外部性。参与普惠金融业务后,随着新的社群和社会关系网络的形成,农户会更容易受到以下三方面的影响:一是受到部分农户(尤

---

①　由于每个个体经常都有多重身份。因而,这里的承诺是指个体对于自己作为"普惠金融客户"这一身份所应当承担的责任和义务的承诺。

②　渴望窗口指个体能够观察并感知的与自己背景相似的人群的集合。

其是具有重要地位的农户)的行为准则和希望水平产生的溢出效应和扩散效应的影响,不断提升农户的渴望;二是随着社会网络的拓展,农户能获得的信息和资源增多,当农户不断获得有关普惠金融参与对家庭收入等经济福利的积极影响的信息,或观察到其他农户成功利用普惠金融业务实现诸如脱贫、增收、创业等目标时,农户的途径思维和动力思维不断增强,对未来也会更有希望;三是正如格莱珉银行的成功所证明的,社会互动能在贫困群体之间、贫困群体与信贷员、贫困群体和金融机构之间建立信任,而这种信任所提供的情感支持,也有助于农户动力思维的提升。基于以上分析,提出假说 H2 和假说 H3:

H2:普惠金融参与能够通过社会比较提升农户的渴望、途径思维和动力思维,从而提升农户希望。

H3:普惠金融参与能够通过社会互动提升农户的渴望、途径思维和动力思维,进而提升农户希望。

综上所述,普惠金融参与影响农户希望的机制如图 4.1.1 所示。

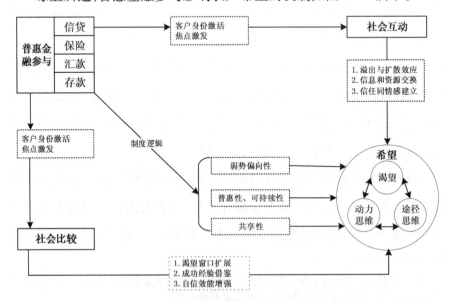

图 4.1.1 普惠金融参与影响农户希望的机理与路径

二、数据来源、变量选取与模型设定

(一)数据来源

数据来自于课题组 2021 年在宁夏回族自治区所做的调研。[①] 宁夏回族自治区曾经是我国金融扶贫攻坚的重要阵地,涌现出中国农业银行宁夏分行、黄河农村商业银行、宁夏东方惠民小额贷款股份有限公司等一批服务农户的领先型金融机构,农村普惠金融覆盖广度和覆盖深度处于较高水平,普惠金融对农户内生动力的影响更容易捕捉。同时,尽管宁夏农户收入不断增加,但相较于全国平均水平仍有很大差距,宁夏红寺堡区等 5 个地区(县)仍然是国家级乡村振兴重点帮扶县[②]。因而,研究普惠金融是否以及如何影响宁夏农户内生动力,对加快宁夏以及其他相对贫困地区乡村振兴进程,都具有重要的理论与现实意义。同时,新冠疫情作为重大公共卫生事件,对人们当前的心理及未来预期产生普遍影响。宁夏地处中国西北内陆地区,在调研前及调研期间,新冠疫情对宁夏产生的影响相对较小,调研结果更能反映金融参与对农户希望水平的真实影响。因此,选定宁夏作为调研地区。

2021 年 5 月 1 日至 5 日和 2021 年 7 月 10 日至 8 月 20 日,课题组先后在宁夏的银川市、吴忠市、固原市和中卫市的 9 个县(区)的 47 个村庄进行调研。[③] 两次均为随机便利入户问卷[④],共发放问卷 600 份,剔除残

---

① 问卷见附录四。
② 宁夏回族自治区 5 个国家级乡村振兴重点帮扶县为红寺堡区、同心县、原州区、西吉县和海原县。
③ 银川市有园艺村等 6 个村庄,共计样本 161 户;吴忠市有八方村等 18 个村庄,共计样本 159 户;固原市有陈庄村等 20 个村庄,共计样本 235 户;中卫市有双达村等 3 个村庄,共计样本 20 户。
④ 样本年龄在 18—65 岁之间。调研时,如果调研样本年龄不在此区间,则停止本样本的调研。调研时,优先选择户主或户主配偶作为问卷样本。

缺值、离群值、固定反应等异常值样本后,获得有效样本 575 个,有效率 95.83%。样本农户的基本特征如表 5.1.1 所示。表 1 结果显示,整体样本农户中,64.17% 的为男性;69.04% 的年龄在 18—45 岁之间;74.96% 的教育水平在初中及以下;73.39% 的健康状况为"好"或"很好"。72.35% 的家庭人口数在 4—6 人区间;2020 年,54.09% 的家庭年收入在 5 万元以下且 95.13% 的家庭年消费支出主要集中在 1 万—5 万元之间。户主或户主配偶占样本总量的 82.43%,家庭其他成员占比为 17.56%。

表 4.1.1 样本农户的基本特征

分组变量		样本量	比例(%)	分组变量		样本量(户)	比例(%)
性别	男	369	64.17	家庭年收入(万元)	[0,5)	311	54.09
	女	206	35.83		[5,10)	224	38.96
年龄(岁)	[18,45)	397	69.04		10 万元及以上	40	6.95
	[45,65)	178	30.96	家庭年消费(万元)	[0,5)	547	95.13
教育水平	初中及以下	431	74.96		[5,10)	27	4.70
	高中及以上	144	25.04		10 万元及以上	1	0.17
健康状况	很不好	3	0.52	与户主的关系	本人	352	61.22
	不好	16	3.30		配偶	122	21.22
	一般	134	23.31		其他家庭成员	101	17.56
	好	321	55.82	家庭人口数	1—3 人	76	13.22
	很好	101	17.57		4—6 人	416	72.35
					7 人及以上	83	14.43

(二)变量选取

(1)被解释变量。农户的希望水平为被解释变量。首先借鉴陈光等学者的做法,用"收入渴望"衡量农户渴望,问卷中相关问题为:"如果 2021 年年景较好,您家的收入大概会有多少万元",以及"如果 2021 年年景较差,您家的收入大概会有多少万元",取两个预期收入的平均值用以反映农户对未来收入的预期,并减去 2020 年农户的实际收入,得到的差值也即农户的"收入渴望"。其次,采用 Synder 的特质希望量表来衡量农户的途径思维和动力思维,该量表有 6 个问题。其中,3 个问题测度受访农户的途径思维,3 个问题测度受访农户的动力思维(如表 4.1.2)。测量选项用"非常不同意"至"非常同意"的李克特 5 级评分法赋值。

表 4.1.2　特质希望表

变量	含义	问题	赋值规则
渴望	个体设定的关于未来收入的目标	(1)如果 2021 年年景较好,您家的收入大概会有多少万元 (2)如果 2021 年年景较差,您家的收入大概会有多少万元	取两个预期收入的均值后,减去 2020 年农户实际收入
途径思维	个体能够想到的实现目标的路径	(1)遇到困难的时候,您是否能找到办法解决	可以找到很多办法 = 5;可以找到办法 = 4;不确定 = 3;基本没办法 = 2;完全没办法 = 1
		(2)处理生活中比较重要的事情时,您是否能想到办法解决	可以找到很多办法 = 5;可以找到办法 = 4;不确定 = 3;基本没办法 = 2;完全没办法 = 1
		(3)面对相同的问题,当其他人都没有办法的时候,您认为自己能否找到解决问题的办法	可以找到很多办法 = 5;可以找到办法 = 4;不确定 = 3;基本没办法 = 2;完全没办法 = 1
动力思维	个体执行路径、追求目标的动力	(1)您认为您未来的生活会	变得很好 = 5;变好 = 4;不确定 = 3;变差 = 2;变得很差 = 1;
		(2)您是否努力追求目标	非常努力 = 5;努力 = 4;不确定 = 3;不努力 = 2;完全不努力 = 1
		(3)大多数时候,您是否能实现自己设立的奋斗目标	一定能 = 5;能 = 4;不确定 = 3;不能 = 2;完全不能 = 1

(2)核心解释变量。普惠金融参与为核心解释变量。现有文献多以信贷参与作为普惠金融参与的代理变量,难以全面反映农户参与普惠金融的状况。因此,参考王小华等学者的研究,选取农户参与普惠金融业务

类型的数量作为普惠金融参与的代理变量。在问卷中,相关测量问题为"您家办理过以下哪些普惠金融业务?",相应的测量选项包括"从银行等金融机构申请并获得贷款""购买保险""购买理财产品"和"银行存款"。受访农户每参与一项普惠金融业务计 1 分,最多计 4 分,总分值在 0—4 分之间,得分越高,表明普惠金融参与范围越广。

(3)中介变量。社会比较和社会互动为中介变量。借鉴 Garcia 的研究思路,以"您家生活水平与本村富裕家庭相比"等三个问题的得分加总测度农户社会比较状况,以"您家参加村里的各项集体活动的情况"等三个问题的得分加总作为社会互动的代理变量,测量选项用李克特 5 级评分法赋值。具体测量题项如表 4.1.3 所示。

表 4.1.3　社会比较与社会互动测度

变量	问题	赋值规则
社会比较	(1)您家生活水平与本村富裕家庭相比	好很多 = 5;好些 = 4;差不多 = 3;差些 = 2;差很多 = 1
	(2)您家生活水平与您家亲戚相比	
	(3)您家生活水平与本村平均水平相比	
社会互动	(1)您家参加村里的各项集体活动的情况是	非常多 = 5;经常 = 4;较少 = 3;几乎不 = 2;从不 = 1
	(2)您家与本村其他村民来往的情况是	
	(3)您家与本村外的人群来往的情况是	

(4)控制变量。农户的希望往往是多因素共同作用的结果,为降低内生性问题的影响,参考王小华等学者的研究,选取年龄、性别、教育水平、健康状况作为个体特征控制变量;选取劳动力数量、家庭收入来源、是否移民户、曾经是否是建档立卡贫困户、民间借贷规模作为家庭特征控制变量;选取距县城距离作为村庄特征控制变量。同时,为了排除不可观测因素的影响,文中还加入县(区)级地区虚拟变量以控制地区特征。表 4.1.4 汇报了主要变量的含义与描述性统计结果。

表 4.1.4　变量含义和描述性统计

变量类型	变量	变量定义与赋值	平均值	标准差
被解释变量	渴望	农户设定预期收入目标与基期收入之间的差值(万元),取自然对数	0.264	1.753
	途径思维	根据特质希望量表中的 3 个相关问题测度,测量选项用"非常不同意"至"非常同意"的李克特 5 级评分法赋值	10.143	1.563
	动力思维	根据特质希望量表中的 3 个相关问题测度,测量选项用"非常不同意"至"非常同意"的李克特 5 级评分法赋值	11.480	1.472
核心解释变量	普惠金融参与	参与普惠金融业务类型的数量:存款、贷款、保险、汇款,每参与一项 1 分,最多计 4 分,都没参与计 0 分	1.979	0.772
中介变量	社会比较	由"您家生活水平与本村富裕家庭相比"等三个问题测度加总得到,每个问题测量选项用李克特 5 级评分法赋值	10.390	1.657
	社会互动	由"您家与其他村民的往来情况是"等三个问题测度加总得到,每个问题测量选项用李克特 5 级评分法赋值	8.266	1.553
个体特征控制变量	年龄	受访者实际年龄(岁)	38.480	11.616
	性别	男=1,女=0	0.642	0.480
	教育水平	受访农户受教育程度:大专及以上=5,高中或中专=4,初中=3,小学=2,文盲=1	2.757	1.270
	健康状况	受访农户自评健康:非常健康=5,健康=4,一般健康=3,不健康=2,非常不健康=1	3.871	0.743
家庭特征控制变量	劳动力数量	家庭劳动力人数(个)	2.402	0.993
	收入来源	个体经营或开店办厂=3,外出务工=2,务农=1	0.290	0.454
	是否移民户	是=1,不是=0	0.271	0.445
	是否脱贫户	是=1,不是=0	0.280	0.449
	民间借贷规模	通过非银行融资渠道借款的情况:20 万元以上=5;10 万—20 万元(含)=4;5 万—10 万元(含)=3;3 万—5 万元(含)=2;3 万以下=1	1.336	0.684

变量类型	变量	变量定义与赋值	平均值	标准差
村落特征控制变量	县城距离	农户距县政府的驾车距离(KM)	26.907	12.94
工具变量	当地农商行数量	距离农户所在村10公里范围内农村商业银行的数量	3.614	2.386

（三）模型设定

（1）普惠金融参与影响农户希望的基准模型。为了分析普惠金融参与对农户希望的影响，基于前文的理论分析，建立普惠金融参与和农户希望之间的回归模型：

$$Hope_{ij} = \lambda_0 + \lambda_1 inc - finance_{ij} + \lambda_2 X_{ij} + \mu_i + \varepsilon_{ij} \tag{1}$$

式（1）中，$Hope_{ij}$ 为被解释变量，代表第 i 个县（区）第 j 个农户的希望，具体为县（区）i 农户 j 的渴望、途径思维和动力思维；$inc - finance_{ij}$ 为核心解释变量，表示第 i 个县（区）第 j 个农户的普惠金融参与情况，X_{ij} 表示影响农户希望的一系列控制变量；μ_i 为县（区）级层面的地区固定效应；ε_{ij} 为随机扰动项。其中，λ_1 是主要关注的系数，用以判定普惠金融参与对农户希望是否有影响，以及影响的方向和程度。

（2）普惠金融参与影响农户希望的中介效应检验。用逐步法检验中介效应可能存在内生性偏误和部分渠道识别不清等问题，本书参考江艇（2022）对于中介效应检验的操作建议，在式（1）基础上进一步检验核心解释变量对中介变量的影响，模型设定如下：

$$Mediator_{ij} = \alpha_0 + \alpha_1 inc - finance_{ij} + \alpha_2 X_{ij} + \mu_i + \varepsilon_{ij} \tag{2}$$

式（2）中，$Meditor_{ij}$ 为中介变量，代表社会比较和社会互动；其他变量含义与式（1）相同。由于社会比较和社会互动对农户希望的正向影响直接而显然，因此，若 α_1 显著，则社会比较和社会互动在普惠金融参与影响农户希望中存在中介效应。

三、实证过程与结果分析

（一）普惠金融参与影响农户希望的回归结果

将希望的三个维度渴望、途径思维和动力思维分别带入模型(1)中进行回归,结果如表 4.1.5 所示。列(1)至列(6)数据显示,无论是否加入控制变量,普惠金融参与都显著正向影响农户的渴望、途径思维和动力思维。说明参与普惠金融业务类型越多,农户预期未来收入增长的目标越高,能够想到的实现预期目标的手段和途径也越多,或更加具体可行;而且,在面对困难和挫折时,农户也更有信心和毅力努力坚持,追逐目标。由于普惠金融参与能全面提升农户的渴望、途径思维和动力思维,可以得到普惠金融参与能显著影响农户希望的基本结论。假设H1 得证。

部分控制变量的结果也值得关注。相对于非移民户,移民户的渴望更高,但途径思维和动力思维更低。可能的原因在于:移民户搬入新环境后,想改变原有生活状态、提高生活水平的渴望更加强烈,因而设定了更高的收入增长目标。但面对新环境,移民户一段时间内既难以按照原有生计方式提高收入,又难以找到新的合适的增收路径,因而其途径思维和动力思维都相对更低。此外,相对于非建档立卡户,曾经是建档立卡户的渴望、途径思维、动力思维都更低。可能原因在于:建档立卡户虽然在政策帮扶等外部援助中摆脱了贫困,但没有明确责任担当的、长期的制度性帮扶可能助长部分农户的受益依赖心理,削弱其解决发展问题的主体意识和意愿;而且,人力资本和社会资本的匮乏也制约了这些农户多元化生计策略的选择,因此其途径思维和动力思维较弱,这也与薛刚的研究结论相一致。

表 4.1.5 普惠金融参与影响农户的基准回归结果

变量名称	（1）渴望	（2）渴望	（3）途径思维	（4）途径思维	（5）动力思维	（6）动力思维
普惠金融参与	0.177***	0.196***	0.309***	0.361***	0.125*	0.188**
	(0.039)	(0.035)	(0.089)	(0.104)	(0.075)	(0.086)
年龄		-0.000		0.012		0.014*
		(0.003)		(0.008)		(0.007)
性别		0.071		0.307**		0.285**
		(0.052)		(0.152)		(0.125)
教育水平		0.027		-0.003		0.068
		(0.022)		(0.070)		(0.054)
健康状况		0.132***		0.300***		0.270***
		(0.038)		(0.112)		(0.093)
劳动力数量		0.137***		-0.042		-0.065
		(0.026)		(0.071)		(0.059)
收入来源		0.188***		0.112		0.160
		(0.050)		(0.138)		(0.119)
是否移民户		0.194***		-0.434**		-0.296*
		(0.065)		(0.186)		(0.160)
是否脱贫户		-0.115**		-0.343**		-0.434***
		(0.055)		(0.142)		(0.133)
民间借贷规模		0.077***		-0.092		-0.009
		(0.027)		(0.086)		(0.062)
县城距离		0.005		-0.001		-0.005
		(0.004)		(0.010)		(0.007)
地区固定效应	否	是	否	是	否	是
常数项	10.486***	8.505***	9.530***	6.531***	11.232***	7.944***
	(0.083)	(0.368)	(0.197)	(1.046)	(0.160)	(0.925)
观测值数量	575	575	575	575	575	575
R^2	0.044	0.414	0.023	0.156	0.004	0.335

注:(1)括号内为稳健标准误。(2)"***""**""*"分别代表1%,5%和10%的显著性水平。下同。

（二）普惠金融参与影响农户希望的内生性讨论

农户希望与普惠金融参与可能存在内生性问题,导致 OLS 估计结果出现偏误。原因主要有二:一是农户的希望水平可能受到社会环境、家庭氛围、群体特质等难以观测因素的影响,出现遗漏变量问题;二是希望水平较高的农户参与普惠金融业务的可能性也更大,二者之间可能存在反向因果关系。因此,采用工具变量法进行处理,以缓解可能存在的内生性问题。借鉴张龙耀等学者的研究思路,选取"距离农户所在村 10 公里范围内正规金融机构网点的数量"(下文简称"金融机构网点数量")作为"普惠金融参与"的工具变量。首先,各类正规金融机构在国家政策的支持下积极进行农村普惠金融探索,不断优化农户授信、农户贷款以及贷款监管等措施,其服务农户的广度和深度大大提升,因此当地金融机构网点数量越多,农户参与普惠金融业务的可能性也就越大,满足工具变量相关性的假定;另一方面,金融机构网点的设立由市场规模、战略布局等因素决定,与个体农户希望水平并无直接关系,符合工具变量外生性的假定。

表 4.1.6　工具变量法回归结果

变量符号	两阶段最小二乘法(2SLS)				有限信息最大似然法(LIML)		
	第一阶段	第二阶段					
	普惠金融参与	渴望	途径思维	动力思维	渴望	途径思维	动力思维
普惠金融参与		0.598***	0.852**	0.533**	0.598***	0.852**	0.533**
		(0.140)	(0.404)	(0.267)	(0.140)	(0.404)	(0.267)
金融机构网点数量	0.111***						
	(0.016)						
控制变量	控制	控制	控制	控制	控制	控制	控制
地区固定效应	控制	控制	控制	控制	控制	控制	控制
常数项	0.426***	8.567***	6.748***	9.115***	8.567***	6.748***	9.115***
	(0.352)	(0.386)	(1.119)	(0.709)	(0.386)	(1.119)	(0.709)

续表

变量符号	两阶段最小二乘法（2SLS）				有限信息最大似然法（LIML）		
	第一阶段	第二阶段					
	普惠金融参与	渴望	途径思维	动力思维	渴望	途径思维	动力思维
观测值数量	575	575	575	575	575	575	575
F 统计量	13.26						
最小特征值统计量		36.773	36.773	53.816			
R^2	0.235	0.220	0.220	0.185	0.220	0.220	0.185

表 4.1.6 汇报了使用金融机构网点数量作为普惠金融参与工具变量的 2SLS 估计结果。第一阶段回归中，金融机构网点数量对普惠金融参与的影响系数在 1%的水平上显著为正，且 F 统计量大于 10，工具变量的相关性条件得到验证。第二阶段回归中，普惠金融参与对农户渴望、途径思维和动力思维的估计系数仍然在 1%或 5%的水平上显著，表明考虑内生性问题后，普惠金融参与仍然对农户的希望水平具有显著提升作用。同时，最小特征值统计量均大于 10，表明工具变量选择恰当，不存在弱工具变量问题。有限信息最大自然法（LIML）的估计结果与 2SLS 估计结果一致，也进一步证明不存在弱工具变量问题。

（三）普惠金融参与影响农户希望的稳健性检验

考虑到实际调查中个体选择行为具有非随机性，农户在生活中是否参与普惠金融业务也存在一定的自选择偏差，因此，采用以下方法进行稳健性检验：一是替换被解释变量。用"生活满意度"作为农户希望（即农户渴望、途径思维和动力思维）的替代变量。问卷中，测量题项为"您对目前的生活评价是？"，测量题项用"非常不满意"至"非常满意"的李克特量表计分法，分别赋值为 1—5 分。结果如表 7 列（1）所，可以看出，普惠金融参与变量仍然显著，证明了前文结论的稳健性。二是删除特殊样本。

考虑到银川市的经济发展水平和普惠金融发展现状与吴忠市、固原市和中卫市存在较大差距,可能影响实证结果,将银川市的样本剔除后重新回归,结果如表4.1.7列(2)—列(4)所示,普惠金融参与的系数仍然显著,再次证明了回归结果的稳健性。

表 4.1.7　稳健性检验结果

变量名称	替换被解释变量	剔除特殊样本		
	（1）	（2）	（3）	（4）
	生活满意度	渴望	途径思维	动力思维
普惠金融参与	0.206*** (0.052)	0.252*** (0.039)	0.187* (0.110)	0.220** (0.093)
控制变量	控制	控制	控制	控制
地区固定效应	控制	控制	控制	控制
观测值数量	575	414	414	414
R^2	0.273	0.526	0.183	0.408

（四）作用机制检验

为验证普惠金融参与是否能通过社会比较和社会互动两种作用机制影响农户希望,利用 OLS 和 2SLS 两种方法对模型(2)进行检验,结果如表4.1.8 所示。

（1）社会比较机制。列(1)与列(2)结果显示了普惠金融参与对社会比较的影响。结果表明,经过工具变量法检验后,普惠金融参与仍显著正向影响农户社会比较,说明参与普惠金融业务类型越多,农户的社交网络越大,农户之间的社会比较就越多。这表明,普惠金融参与可以通过社会比较机制影响农户渴望、途径思维和动力思维,假设 H2 得证。

（2）社会互动机制。列(3)与列(4)结果显示了普惠金融参与对社会互动的影响。可以看出,经过工具变量法检验后,普惠金融参与仍显著正向影响农户社会互动,说明参与普惠金融业务类型越多,农户之间的社会互动就越多。这表明,普惠金融参与可以通过增加农户间的社会互动,进而提升农户渴望,增强农户的途径思维和动力思维,也即普惠金融参与可以通过社会互动机制影响农户的希望。假设 H3 得证。

江艇认为,如果能证实自变量与因变量,以及自变量与中介变量存在因果关系,并能通过理论逻辑演绎中介变量对因变量的影响"是直接而显然的"且中介变量不是明显受到因变量的"反向影响",则中介效应存在。此处,模型(2)的结果表明,普惠金融参与能通过社会比较和社会互动机制影响农户的希望,也即实证结果与普惠金融参与影响农户希望的理论分析一致。模型(1)的结果又证实了普惠金融参与和希望的因果关系。由此得到结论,社会比较与社会互动在普惠金融参与影响农户希望的过程中起着中介效应。

表 4.1.8 社会比较与社会互动的中介效应检验结果

变量	社会比较		社会互动	
	(1)	(2)	(3)	(4)
	OLS	2SLS	OLS	2SLS
普惠金融参与	0.186 ** (0.085)	0.189 ** (0.070)	0.413 *** (0.095)	0.463 *** (0.121)
控制变量	控制	控制	控制	控制
常数项	9.791 *** (0.789)	9.470 *** (0.774)	4.294 *** (0.991)	5.096 *** (1.135)
观测值	575	575	575	575
R^2	0.279	0.241	0.258	0.261

四、普惠金融参与影响农户希望的异质性分析

(一)家庭收入水平和性别的异质性分析

收入水平不同的家庭,对社会资本的投资不同,社会网络因而也会不同,普惠金融参与对农户希望的影响可能不同。此外,相较于男性,

女性拥有更低的流动性和更高的信用水平,也会通过影响社会网络进而影响普惠金融参与对农户希望的影响。为此,按照 2020 年农户家庭年收入平均值和性别进行分组,分组回归以及组间差异系数检验结果如表 4.1.9 所示。

表 4.1.9　家庭收入水平和性别的异质性分析

Panel A:按家庭收入差异						
变量	渴望		途径思维		动力思维	
	高收入组	低收入组	高收入组	低收入组	高收入组	低收入组
普惠金融参与	0.131 *** (0.034)	0.103 *** (0.039)	0.486 *** (0.163)	0.292 ** (0.129)	0.345 ** (0.136)	0.172 ** (0.081)
组间系数差异	0.133 *** (p<0.01)		0.237 *** (p<0.01)		0.330 * (p<0.1)	
控制变量	控制	控制	控制	控制	控制	控制
观测值数量	237	338	237	338	237	338
Panel B:按性别差异						
变量	渴望		途径思维		动力思维	
	男性	女性	男性	女性	男性	女性
普惠金融参与	0.188 *** (0.061)	0.207 *** (0.044)	0.322 *** (0.122)	0.351 * (0.191)	0.101 * (0.102)	0.371 ** (0.163)
组间系数差异	0.129 * (p<0.1)		0.374 ** (p<0.05)		0.270(p>0.1)	
	控制	控制	控制	控制	控制	控制
观测值数量	369	206	369	206	369	206

表 4.1.9 的 Panel A 显示,普惠金融参与同时提升了高收入水平农户和低收入水平农户的渴望、途径思维和动力思维;但相对于低收入水平农户,普惠金融参与对高收入水平农户的影响更大。同样的结论也体现在性别分组中。Panel B 显示,普惠金融参与对男性农户和女性农户的渴望、途径思维、动力思维影响均显著为正,但对女性农户的影响更大,特别是对动力思维,普惠金融参与对女性的影响是对男性影响的 3 倍多。

如何看待普惠金融参与对高收入水平农户和女性农户希望的影响更大?从家庭收入水平来看,高收入水平农户有更多资本进行人力资本和社会资本投资,因而社会网络更广,一旦参与到普惠金融,能更充分利用原有社会网络去拓展途径思维和动力思维,放大普惠金融参与带来的正向影响。从性别角度来看,普惠金融参与一定程度上打破了"男主外,女主内"的传统家庭分工模式和性别观念,更有利于缓解女性面临的资本约束和信息约束,增强女性在家庭和社会中的经济决策权;同时,普惠金融参与还能激励女性参加各种社会活动,通过社会联结培育女性的社会资本,也有助于增强女性的希望。

(二)普惠金融业务类型的异质性分析

随着普惠金融的稳步发展和包容性发展理念的不断深入,普惠金融的多维性和综合性受到越来越多的重视。因此,对普惠金融的衡量,也应从着重强调贷款业务,转向尽可能同时覆盖存款、保险和理财等多个维度。下面,进一步探讨不同的普惠金融业务对农户希望影响的差异,结果如表 4.1.10 所示。

表 4.1.10　不同业务类型的异质性分析

	渴望	途径思维	动力思维
贷款	0.199^{***} (0.057)	0.893^{***} (0.190)	0.222^{**} (0.163)
控制变量	控制	控制	控制
R^2	0.159	0.159	0.183
存款	0.435^{***} (0.074)	0.052 (0.212)	0.220 (0.160)
控制变量	控制	控制	控制
R^2	0.417	0.132	0.330
保险	0.003 (0.069)	0.272 (0.166)	0.291^{*} (0.170)
控制变量	控制	控制	控制
R^2	0.373	0.331	0.136

续表

	渴望	途径思维	动力思维
理财	0.120 （0.064）	0.139 （0.150）	0.558*** （0.132）
控制变量	控制	控制	控制
R^2	0.378	0.526	0.349

　　结果显示,不同的普惠金融业务对农户希望的影响具有显著差异。其中,贷款对农户的渴望、途径思维和动力思维均有显著正向影响。存款、保险和理财对希望的三要素均有正向影响,但存款显著提升了农户渴望,对农户途径思维和动力思维的影响并不显著;保险和理财都能显著提升动力思维,对渴望和途径思维的影响则都不显著。上述结果的原因可能在于:贷款作为最受重视的普惠金融业务,有助于提升农户收入的制度逻辑已经为更多农户所认同和接受;事实也表明,贷款能够通过促进农户创业、增加非农就业机会以及提高生产效率等方式提升农户收入,因而能显著提升农户渴望和途径思维;同时,农户贷款所具有的包容性,也有助促进社会公平并提升社会信任水平,进而增强农户动力思维。存款是实现家庭财富增值的基本途径,是家庭扩大生产、提高收入的重要来源,也是家庭应对风险、降低家庭脆弱性的重要保障,因而有助于增强农户对未来收入增长的预期,渴望得以提升。而保险是家庭处置风险的有效工具,能够帮助农户提升风险管理能力,增强农户风险意识;理财是家庭进行资产配置的重要途径,能使农户具备更强的金融决策能力,更敢于承担风险,动力思维得到增强。

五、主要结论及启示

　　农户内生动力不足是当前制约我国三农发展的痛点和难点;增强农户内生动力是推动乡村振兴进程的必然要求。以希望作为农户内生动力的代理变量,基于制度逻辑视角,对普惠金融参与影响农户希望的机理、路径和异质性进行了探索性研究,得到以下结论:(1)普惠金融参与显著正向影响农户内生动力。也即农户参与普惠金融业务类型越多,农户的渴望、途径思维和动力思维提升越显著,越有可能对未来收入增长做出积极预期并主动实现预期,面对困难时也更有意志力。(2)普惠金融参与通过社会比较和社会互动影响农户内生动力。机制检验表明,农户参与普惠金融业务类型与农户的社会比较和社会互动显著正相关,而社会比较和社会互动又与农户的希望显著正相关。(3)普惠金融参与对农户内生动力的影响存在异质性。相对于低收入家庭和男性,普惠金融参与对高收入家庭和女性希望影响更大;此外,贷款能显著提升农户希望,而存款、保险和理财对希望的影响不显著或不稳定。

结论的政策启示在于:第一,要推动更多农户参与普惠金融业务。要在完善乡村振兴的普惠金融支持体系和加快推进数字金融基础设施建设的同时,加快推动农村信用体系建设。要构建政府相关部门牵头领导、重点金融机构引导推动、乡镇及有关部门配合参与、涉农金融机构具体实施的整体联动、整体推进的"大创建"的格局,真正将有金融服务需求的群体纳入普惠金融服务体系。同时,金融机构要坚守"金融向善、人民为中心"的新金融理念,将人民福祉和社会责任纳入经营目标,通过设立村口银行、开展流动金融服务、运用"科技+金融"等方式,不断提升客户触达能力和地理穿透性,吸引更多农户参与普惠金融业务。第二,积极拓展金融服务边界,主动帮农户搭建社会网络和社交平台。通过支持农民专业合作社、建设农村"三资"管理平台等综合化服务,不断提高农户组织化程度,提升农户社会交往互动的参与程度,更好提升农户的希望水平;通过积极宣传乡村致富能手,用"身边人""身边事"为农户树立积极榜样,激励农户持续自我成长。第三,有针对性地创新乡村振兴专属产品。如试点推出乡村振兴专属存款、贷款、理财、保险等特色产品和服务;试点推广女性专属信贷产品和服务,如女性专属创业信贷、女性专属理财产品等。在此过程中,需要加强对农户,特别是低收入家庭的相关金融知识宣传,帮助更多农户理解各类金融业务的功能。

第二节　信贷参与、希望水平与农户家庭
经济福利

稳定提升农户收入,坚持农业农村优先发展,不断缩小城乡发展差距,既是早日实现各族人民共同富裕的必然选择,也是走中国式现代化发展道路的应有之义。党的二十大报告指出,过去五年,我国居民人均可支配收入已达到 35100 元,人民群众获得感、幸福感、安全感更加充实、更有保障、更可持续,共同富裕取得新成效。但是,城乡区域发展和收入分配差距仍然较大,全面建设社会主义现代化国家,最艰巨最繁重的任务仍然在农村。并且明确提出,到 2035 年,居民人均可支配收入要再上新台阶,全体人民共同富裕取得更为明显的实质性进展。① 在此背景下,如何提升农户收入,让农民更加富裕,成为学术界关注的热点问题。

大力发展普惠金融,不断提高农户信贷参与,是我国促进农业农村发展、促进农户共同富裕的重要发展战略。2004 年,我国中央一号文件提出,继续扩大农户小额信用贷款和农户联保贷款,初步确立了金融支农的政策方向;此后,中央一号文件又先后提出"大力发展小额信贷和微型金融服务"(2009 年)、"加快构建多层次、广覆盖、可持续的农村金融服务体系,发展普惠金融"(2016 年)和"推动金融机构增加乡村振兴相关领域贷款投放"(2023 年),均体现了以信贷支持来促进农村发展、农民增收的政策意图。

---

① 资料来源:见中华人民共和国中央人民政府网,http://www.gov.cn。

政策的推动极大地促进了农村金融体系的完善和农户信贷参与,对提升农户收入、帮助贫困地区人口脱贫致富起到了不可或缺的作用。但与国际实践相一致,信贷参与对我国农户收入影响也存在显著差异。一方面,通过制度和技术创新,让传统上难以获得信贷的农户参与信贷,缓解了部分农户面临的外部资本约束,有助于这些农户不断扩大生产,拓展增收渠道、改善收入分配和优化消费结构,是提高农户收入、实现共同富裕的重要途径。但另一方面,也有研究指出,信贷参与也可能降低农户收入,加深农户贫困程度,甚至加剧农户收入不平等,产生较为明显的"马太效应";而且,信贷参与对贫困地区家庭消费的促进作用也并不明显。

如何解释信贷参与对农户收入影响的混杂效应?马克思的辩证法思想表明,外因只有通过内因才能真正发挥作用。因此,资本约束只是影响农户收入增加的外因,只有突破农户的内在约束并激发农户自我发展的内生动力,信贷参与才能切实提升农户收入。有学者将"希望"(Aspirational Hope)引入到信贷参与的分析框架,发现希望水平越高的农户,其信贷参与的概率也越高。此后,也有研究发现,作为一种内生动力,希望有助于引导个体为实现目标而投入更多资金并更加努力,从而增加收入并形成"收入增加—投入更多资金、更加努力—收入再增加"的良性循环。因而,信贷参与对家庭收入的影响可能会因农户希望水平的不同而不同。如果农户希望水平很低,那么信贷参与就很难达到预期的经济效果。并且有研究证实,信贷参与能够弱化贷款人的内部心理约束,激发其有抱负的希望并持续强化,从而带来家庭收入的增加。

信贷参与能通过影响农户内生动力进而影响农户收入吗?如果能,应该如何突破农户的内在约束?以希望水平作为农户内生动力的代理指标,建立信贷参与、希望水平和农户收入的联动模型,并利用宁夏回族自治区575位农户的调研数据对信贷参与和希望水平对农户收入的影响,以及信贷参与和农户希望水平之间的关系进行实证检验并进行异质性分析。

一、理论分析与研究假说

(一)信贷参与影响农户收入的机理

农户是否参与信贷取决于参与意识和参与机会。传统农村金融服务模式由于存在成本高、风险大、收益低等缺点,难以满足农户的实际需求。农户也往往因为自身金融知识和非认知能力等原因不愿意参与信贷。普惠金融作为一种制度安排,其宗旨是让所有有信贷需求的客户都能以可负担的成本获得信贷资本。因此,普惠金融制度的实施,在解决外部资本供给的同时,也打破了传统金融的地域和身份歧视,从而激励农户积极参与信贷。

积极推动农户参与信贷,促进农户投资资本的形成,是打破"贫困恶性循环",提高农户收入的必然选择。"贫困恶性循环"理论表明:一方面,低收入带来低储蓄,导致低资本形成;而低资本形成又制约生产率提高,进一步造成低收入。另一方面,低收入也会带来低购买力,进而使得投资引诱不足;投资引诱不足又制约生产率提高,进一步造成低收入。因此,农户资本投资不足是制约其家庭收入的重要因素,且农户投资不足具有内生性。如果农户可以获得信贷,就能增加资本投资和提高投资产出效率,进而提高农户收入;农户收入的增加又会带来"储蓄增加—资本形成增加—生产率增加—收入增加"的良性循环。

一般来说,农户获得的信贷资本可以转化为人力资本投资、物质资本投资和社会资本投资。研究表明,人力资本投资有利于提高教育水平,改善健康状况和增加子女教育水平,进而提高劳动生产率并降低健康冲击对农户家庭脆弱性的不利影响。物质资本投资则可通过生产性资产的增加和改善生产要素的配置及流通条件而直接促进农户收入增加。而对农户来说,社会资本是信息分享与资源配置的重要替代机制。社会资本投资增加能够促进资源有效配置,从而促进家庭收入增加。如有研究对农户信贷参与和家庭收入关系进行严谨评估后发现,获得格莱珉贷款的农户收入显著增加。而后有学者用 108 个国家 2005—2015 年的数据所作的实证分析也证实,信贷参与显著增加了样本家庭收入和家庭支出。

基于上述分析,提出假说 H1。

H1:信贷参与能够提升农户收入。

(二)希望水平影响农户收入的机理

20 世纪 50 年代,随着积极心理学运动的兴起,希望作为心理资本的一个重要维度受到学者们的极大关注。其中,心理学家 Snyder 提出的希望理论(Hope Theory)影响最为广泛。Snyder 认为,希望是个体积极寻找和使用与自身能力相匹配的方式去实现预期目标的积极心理状态。2006年,Ray 首次将希望理论引入到经济学领域。希望理论表明,希望也是影响个体经济行为和决策的关键因素。希望缺乏会使个体因"有限的愿望"而导致投资等前瞻性经济活动的不足,从而降低农户的家庭经济福利;而希望水平提升,不仅能使个体养成"努力就有回报"的乐观心态,还有助于个体形成"具有现实可达性的渴望",进而具备通过现实的路径实现这些目标的能力,由此激发个体内生发展动力并最终促进家庭收入的提升。具体来说,在不存在外在约束情景下,希望水平主要通过影响投资和就业两条路径影响农户收入。

一方面,希望水平的提高,能够提升农户物质资本投资力度和产出效率,进而改善农户收入。对印度尼西亚雅加达 2042 名小规模企业主的实证研究表明,近半数企业都只是保持现有规模甚至消失的原因,都是因为企业主自身缺乏扩大生产的渴望。只要这些企业主获得了渴望中的成功,他们会很快升级渴望,扩大投资并取得更好的绩效。对玻利维亚 531名奶农的随机对照实验结果表明,经过设定生产目标、观看励志纪录片以及参加小组研讨会等一系列干预措施后,实验组奶农的希望水平在3个月后显著提高,养殖技术得到明显改善,对奶牛的生产投入也不断增加,牛奶质量和市场接受率都得到明显提升。

另一方面,希望水平提升使农户更加注重人力资本投资从而促进了农户就业。低人力资本所导致的弱就业能力,是制约农户收入的关键因素。农户希望水平的提升,有助于形成更高的职业渴望和教育渴望,并意识到投资人力资本可能带来的未来收益,因此其职业培训参与程度、劳动力市场参与率以及对子女的教育支出都将显著增强,农户就业水平得以提高。这不仅能够直接增加农户的工资收入,同时还能通过对留守劳动力和土地资源的重新配置增加农业生产效率,进而提升农户家庭经济福利。

基于上述分析,提出假说 H2。

H2:希望水平的提升能够提升农户收入。

(三)信贷参与影响农户希望水平的机理

希望是复杂的且不断变化的个体因素和情景因素的结合,包括渴望(aspiration)、动力思维(agency thinking)和途径思维(pathway thinking)三个维度。其中,渴望指个体设定的关于未来收入、成就、社会地位等的目标。途径思维指实现目标的具体方法和计划。动力思维是个人执行路线、追求目标的动力,属于希望的动机成分。从希望理论视角,个体的希望水平是可以被干预和改变的(Batista,2019;Bernard,2014)。

希望水平既由个体自身禀赋和所在社会环境孕育,又能随着个体自身经历和所处的社会情景的变化而改变。一般来说,农户由于缺乏内在动力和外在机会,较少可能通过实践来积累可以改变自身希望水平的经验。改变理论(Theory of Change)认为,外在环境可以在一定程度上形塑个体的希望水平。参与公共项目、树立榜样等方式,都有助于帮助个体通过社会比较和社会互动来提升希望水平。农户获得信贷后,将有更多机会接触到更多信息、资源和榜样,因而信贷参与有助于提升农户希望水平。

　　具体来说,信贷参与能通过影响希望的三个维度提升农户希望水平。一是信贷参与通过社会比较机制拓展了农户的"渴望窗口"①,进而提高农户的渴望。社会比较是形成渴望的重要基础。农户获得信贷后,社会网络进一步扩大,此时,背景相似而又取得成就的其他个体往往能成为农户的榜样,该榜样被农户纳入"渴望窗口",其行为结果成为农户调整和提升渴望的"替代性经验"。二是信贷参与通过缓解农户面临的信贷约束进而增强农户的途径思维。在信贷约束下,即使农户有追求成功的渴望,但如果总是面临资金短缺、找不到实现渴望的途径和渠道,那么他对美好生活的渴望就慢慢消退了。然而,获得信贷后,农户不仅破除了资金上的限制,使其能按现有方案实现预期目标;而且农户有更多机会接触到存款、保险、汇款、基金等系列金融服务,也在一定程度上拓展了其实现预期目标的渠道和方法。三是信贷参与通过提高农户的自我效能感②进而提升其动力思维。获得信贷的成功经历通过自我反馈机制给农户带来获得感和成就感,农户自信心得到提升,更加认可努力的重要性,不断发掘自身潜在能力和正向力量,农户不断向内归因,自我效能感得到增强。此时,农户遇到障碍和困难时,通常有足够的毅力去战胜挫折,并将这种挫折看作成长的契机,农户的动力思维得以增强。因此,提出假说 H3。

　　H3:信贷参与能够提升农户的希望水平。

---

　　① 渴望窗口指个体能够观察并感知的与自己背景相似的人群的集合。
　　② 自我效能感是社会学习理论的创始人班杜拉(Albert Bandura)在 20 世纪 70 年代提出,指人们对自身能否利用所拥有的技能去完成某项工作行为的自信程度。

二、数据来源、变量选取与模型设定

（一）数据来源

数据来源于 2021 年 5 月课题组在宁夏回族自治区银川市、吴忠市、固原市和中卫市的 9 个县（区）47 个村庄进行的调研①。其中，银川市有园艺村等 6 个村庄，共计样本 161 户；吴忠市有八方村等 18 个村庄，共计样本 159 户；固原市有陈庄村等 20 个村庄，共计样本 235 户；中卫市有双达村等 3 个村庄，共计样本 45 户。选定宁夏回族自治区作为调研地区的原因在于：宁夏回族自治区曾经是我国金融扶贫攻坚的重要阵地，涌现出一批服务农户的领先型金融机构，农村信贷的覆盖广度和覆盖深度都处于较高水平，信贷参与对农户的影响更容易捕捉。本次调研由宁夏当地大学生假期返乡进行，调研方法为实地观察和访谈法，共发放问卷 600 份，剔除残缺值、离群值、固定反应等异常值样本后，获得有效样本 575 个，有效率 95.83%。

（二）变量选取与描述性统计

（1）农户收入。被解释变量为农户收入，选取样本农户 2020 年家庭年收入衡量农户收入状况。问卷中，相关测量题项为"您家 2020 年的收入大概是多少元？"为排除量纲影响，进一步对收入取对数处理。

（2）信贷参与。考虑到信贷参与对希望水平的影响具有一定时滞性，选取 127 户在 2020 年从正规融资渠道获得过贷款的农户作为处理组，其余 448 份在此期间未获得过正规贷款的农户为对照组。问卷中的测度题项为"您家在 2020 年是否从银行等正规金融机构获得过贷款"，若农户获得过贷款，则信贷参与变量赋值为 1，否则赋值为 0。

---

① 问卷见附录四。

（3）希望水平。在希望的三维度中，因为途径思维和动力思维本身就蕴含着渴望，实际测度希望水平时，往往只测度途径思维和动力思维。由于 Snyder 的特质希望量表在实践中具有良好效果，故拟用特质希望量表来测度希望水平。设计调研问卷时，结合调研对象的实际情况，对量表的部分问题进行优化。特质希望量表共有 6 个问题，3 个问题测度受访农户的途径思维，3 个问题测度受访农户的动力思维，测量选项用"非常不同意"至"非常同意"的李克特 5 级评分法赋值（如表 4.2.1）。信效度检验结果显示，特质希望量表具有良好的信度和效度，能较好反映样本农户的希望水平。同时，运用主成分分析法计算得出每位样本农户的希望水平指数。

表 4.2.1　特质希望量表

变量	含义	问题	赋值规则
途径思维	个体能够想到的实现渴望的路径	（1）遇到困难的时候，您是否能找到办法解决	可以找到很多办法 = 5；可以找到办法 = 4；不确定 = 3；基本没办法 = 2；完全没办法 = 1
		（2）处理生活中比较重要的事情时，您是否能想到办法解决	可以找到很多办法 = 5；可以找到办法 = 4；不确定 = 3；基本没办法 = 2；完全没办法 = 1
		（3）面对相同的问题，当其他人都没有办法的时候，您认为自己能否找到解决问题的办法	可以找到很多办法 = 5；可以找到办法 = 4；不确定 = 3；基本没办法 = 2；完全没办法 = 1
动力思维	个体执行路径、追求渴望的动力	（1）您认为您未来的生活会	变得很好 = 5；变好 = 4；不确定 = 3；变差 = 2；变得很差 = 1；
		（2）您是否努力追求目标	非常努力 = 5；努力 = 4；不确定 = 3；不努力 = 2；完全不努力 = 1
		（3）大多数时候，您是否能实现自己设立的奋斗目标	一定能 = 5；能 = 4；不确定 = 3；不能 = 2；完全不能 = 1

（4）控制变量。除以上关键解释变量外,还参考其他学者的研究,设置了个人特征、机构特征、家庭特征和村落特征等作为控制变量。其中,个人特征包括受访农户的年龄、性别、受教育水平、健康状况、金融素养;机构特征包括受访者对银行等正规金融机构整体服务的评价(简称服务评价);家庭特征包括家庭劳动力数量(简称劳动力数量)、是否移民户①,与本村平均生活水平的差距(简称生活差距),社交频率,收入来源;村落特征为村落距县城的驾车距离(简称县城距离)。表4.2.2汇报了主要变量的含义与描述性统计结果。

表4.2.2　变量含义和描述性统计

变量类型	变量名称	定义	平均值	标准差
被解释变量	农户收入	2020年农户家庭年收入(元),取自然对数	10.784	0.640
解释变量	信贷参与	是否从银行等正规金融机构获得贷款:是=1,否=0	0.221	0.415
中介变量	希望水平	由特质希望量表测度,进一步通过主成分分析法合成	3.759	0.472
控制变量	年龄	年龄(岁)	38.464	11.564
	性别	性别:男=1,女=0	0.642	0.480
	受教育水平	受教育水平:大专及以上=5,高中或中专=4,初中=3,小学=2,文盲=1	2.757	1.270
	健康状况	身体状况:非常健康=5,健康=4,一般健康=3,不健康=2,非常不健康=1	3.871	0.743
	金融素养	农户参与金融知识培训的情况:很多=5,多=4,不确定=3,少=2,很少=1	1.706	0.804
	服务评价	对银行等正规金融机构整体服务水平的评价:非常满意=5,满意=4,不确定=3,不满意=2,非常不满意=1	3.605	0.729
	劳动力数量	家庭劳动力人口总数(人)	3.337	1.306

---

①　移民户指由于个人、家庭、政策的自愿或非自愿原因,从家乡或原居地搬迁到调研地的农户。

变量类型	变量名称	定义	平均值	标准差
控制变量	耐用品总值	将农户所拥有的耐用品按市场价格折算(元),取自然对数	10.313	1.048
	是否移民户	家庭是不是移民户:是=1,不是=0	0.271	0.445
	生活差距	生活水平与本村平均生活水平相比:好很多=5,好些=4,差不多=3,差些=2,差很多=1	2.755	0.518
	社交频率	与其他村民往来情况:非常多=5,经常=4,较少=3,几乎不=2,从不=1	3.463	0.552
	收入来源	家庭主要收入来源是否为务农:是=1,不是=0	1.779	0.558
	县城距离	农户所在村距县政府的驾车距离(KM)	26.907	12.949

(三)模型设定

(1)信贷参与、希望水平对农户收入的影响。为检验信贷参与、希望水平对农户收入的影响,构建如下基准模型:

$$\ln income_{ij} = \gamma_0 + \gamma_1 loan\text{-}par_{ij} + \gamma_2 Hope_{ij} + \gamma_3 X_{ij} + \mu_i + \varepsilon_{ij} \quad (1)$$

上述表达式中,农户收入($\ln income_{ij}$)为被解释变量;信贷参与($loan\text{-}par_{ij}$)以及希望水平($Hope_{ij}$)为解释变量;X_{ij}为控制变量;μ_i为县(区)的地区固定效应;ε_{ij}为随机干扰项;i代表农户所在的县(区);j代表农户个体。其中,γ_1和γ_2是主要关注的系数,用以判定信贷参与、希望水平对农户收入是否有影响,以及影响的方向和程度。

(2)希望水平的中介效应检验。下面,进一步探究希望水平是否在信贷参与对农户收入的影响中起到中介作用。由于经济学中的中介效应检验往往存在内生性偏误和部分渠道识别不清等问题,参考江艇的研究,通过观测核心自变量(信贷参与)对中介变量(希望水平)的影响进行机制检验。

是否参与信贷是农户的"自选择"过程,可能受到某些不可观测因素的影响。因此,此处采用倾向得分匹配(PSM)方法,构建反事实分析框架并进行实证分析,以有效克服有偏估计与样本"自选择"导致的"选择偏差"。基本思想是通过对获得信贷的农户和未获得信贷的农户进行匹配,使得参与的和未参与的农户趋于均衡可比状态,再进一步比较其希望水平。具体步骤如下:

第一步,选择协变量进行匹配。此处选择对信贷参与及农户希望水平产生影响的变量作为协变量(即表3中的控制变量),具体可分为个人特征、家庭特征、机构特征和村落特征。

第二步,通过Logit回归计算倾向得分值。运用Logit回归计算既定条件下农户参与信贷的概率,也即倾向得分(PS)。Logit模型如下:

$$P(Z_i) = P(D_i = 1 \mid x_i) = \Lambda(x'_i\beta) = \exp(x'_i\beta)/(1 + \exp(x'_i\beta))$$

$$(2)$$

模型(2)中,$P(D_i = 1 \mid x_i)$为农户i参与信贷的倾向得分或概率,x_i为协变量。

第三步,进行倾向得分匹配。选用最近邻匹配、k近邻匹配(k=4)、卡尺内k近邻匹配、核匹配、样条匹配等五种方法进行匹配。同时,为使均方误差最小化,将k设定为4;将卡尺范围①设定为0.06。

第四步,计算平均处理效应(ATT)。此处采用平均处理效应(ATT)估计信贷参与对农户希望水平的影响程度。模型如下:

$$ATT = E(Y_1 \mid D = 1) - E(Y_0 \mid D = 1) = E(Y_1 - Y_0 \mid D = 1) \qquad (3)$$

模型(3)中,Y_1为农户参与信贷后的希望水平,Y_0为农户不参与信贷时的希望水平。

①　计算倾向得分的标准差,乘以0.25,得到卡尺范围,并将卡尺范围设定为0.06。

三、实证分析与结果解析

（一）基准回归结果及分析

表 4.2.3 汇报了信贷参与、希望水平对农户收入影响的基准回归结果。第（1）列为单独加入信贷参与的回归结果，第（2）列为单独加入希望水平的回归结果，第（3）列为同时加入信贷参与和希望水平的回归结果。结果显示，单独回归和共同进行检验，信贷参与、希望水平对农户收入影响系数的方向与显著性均相同。

具体来看，信贷参与在 1% 的水平显著正向影响农户收入，且相较于未参与信贷的农户，信贷参与会使农户收入正向增长 17.9%。该结果表明，信贷参与能够显著提升农户收入，假说 H1 得到了验证。希望水平在 1% 的水平显著正向影响农户收入，且农户希望水平每增加 1 个标准值，农户收入上升 16.6%。这表明，希望水平的提升能增加农户收入，假说 H2 也得到验证。

从个人特征看，农户健康水平系数显著为正，表明健康水平作为重要的人力资本，对农户收入具有显著的提升作用。金融素养越高的农户，家庭收入越高，这是因为农户参与金融知识培训后，更有机会接触到农业信贷、农业保险等金融业务，增收渠道得以扩展。从家庭特征看，家庭劳动力数量系数显著为正，表明家庭劳动力数量越多，收入水平越高。相较于当地农户，移民户的家庭收入水平更高。从收入来源看，家庭主要收入来源为务农的农户，收入水平要显著低于其他农户。

表 4.2.3　基准回归结果

变量名称	农户收入		
	（1）	（2）	（3）
信贷参与	0.200***		0.179***
	（0.054）		（0.055）

续表

变量名称	农户收入		
	（1）	（2）	（3）
希望水平		0.189***	0.166***
		（0.060）	（0.061）
年龄	0.001	0.002	0.001
	（0.003）	（0.003）	（0.003）
性别	0.074	0.056	0.058
	（0.048）	（0.048）	（0.048）
受教育水平	0.023	0.019	0.019
	（0.022）	（0.022）	（0.022）
健康水平	0.071**	0.068**	0.058*
	（0.034）	（0.034）	（0.034）
金融素养	0.077**	0.074**	0.076**
	（0.031）	（0.031）	（0.031）
服务评价	0.135***	0.117**	0.121***
	（0.047）	（0.046）	（0.045）
劳动力数量	0.079***	0.078***	0.078***
	（0.017）	（0.016）	（0.016）
耐用品总值	0.044	0.047	0.035
	（0.037）	（0.038）	（0.038）
是否移民户	0.192***	0.229***	0.217***
	（0.060）	（0.061）	（0.061）
生活差距	0.393***	0.374***	0.372***
	（0.046）	（0.047）	（0.047）
社交频率	0.072*	0.062	0.072*
	（0.041）	（0.041）	（0.041）
收入来源	−0.157***	−0.164***	−0.158***
	（0.054）	（0.053）	（0.053）
县城距离	−0.003	−0.004	−0.003
	（0.004）	（0.004）	（0.004）
地区固定效应	控制	控制	控制
常数项	7.233***	6.724***	6.974***
观测值数量	（05552）	（05565）	（05568）

续表

变量名称	农户收入		
	（1）	（2）	（3）
R^2	0.478	0.476	0.487

注：①括号内为稳健标准误，***、**、*分别代表 1%，5%和 10%的显著性水平。下同；②列（1）至列（3）的被解释变量均为农户收入。

（二）内生性处理

有研究发现，农户收入越高，获得信贷的概率也更大。而且，相对富裕个体的希望水平往往也更高。因此，信贷参与和农户收入，以及希望水平与农户收入之间都可能存在反向因果导致的内生性问题。使用工具变量法来解决可能存在的内生性问题。选取"距离农户所在村 10 公里范围内农村商业银行的数量"（简称"农商行数量"）作为信贷参与的工具变量，原因在于：当地农村商业银行的数量越多，农户获得信贷的可能性也就越大，满足工具变量相关性的假定；农村商业银行的设立需满足一系列的条件，相对于农户收入又具有外生性。同时，选取"生活满意度"①作为"希望水平"的工具变量，原因在于：农户生活满意度越高，农户希望水平越高，满足相关性要求；而农户的生活满意度对农户的家庭收入难以产生直接影响，也满足外生性的假定。

使用两阶段最小二乘法（2SLS）估计回归系数，结果如表 4.2.4 所示。结果表明，农商行数量与信贷参与呈显著正相关关系，且 F 统计量大于 10，说明农商行数量符合相关性要求，且通过了弱工具变量检验。列（2）结果表明在处理内生性问题后，信贷参与对农户收入具有正向的促进作用，与基准回归结果一致。列（3）与列（4）的结果也同样显示，在考虑内生性问题后，希望水平对农户收入仍存在显著的促进作用，验证了基准回归的可靠性。

---

① 问卷中，生活满意度的测量题项为："您对目前的生活评价是？"，测量选项用"非常满意＝5"至"非常不满意＝1"的李克特 5 级评分法赋值。

表 4.2.4　工具变量回归结果

变量	内生变量：信贷参与		变量	内生变量：希望水平	
	（1）	（2）		（3）	（4）
	信贷参与	农户收入		希望水平	农户收入
农商行数量	0.255***		生活满意度	0.640***	
	(0.014)			(0.008)	
信贷参与		0.337***	希望水平		0.137**
		(0.088)			(0.061)
F 统计量	169.121		F 统计量	1098.15	
控制变量	是	是	控制变量	是	是
观测值数量	575	575	观测值数量	575	575

（三）稳健性检验

为验证基准回归结果的可靠性，采取以下方法进行稳健性检验：

一是替换被解释变量。收入是消费的前提和基础，收入水平的高低决定着消费能力的高低。因此，用"农户家庭消费"作为农户收入的代理变量，进行稳健性检验。结果如表 4.2.5 列（1）所示，估计结果与基准回归结果保持一致，表明信贷参与、希望水平对农户家庭年消费均有显著正向影响。

二是替换解释变量。首先，重新界定"信贷参与"变量的含义，将2018 年至 2020 年间从银行等金融机构获得过贷款的农户定义为信贷参与农户。① 其次，用"渴望差距"作为"希望水平"的代理变量。渴望差距指农户目前的生活水平与渴望的生活水平之间的差距，相关研究证实，渴望差距能够影响农户希望水平的变化，渴望差距越大，农户希望水平就越低。相关结果如表 4.2.5 列（2）所示。数据显示，信贷参与对农户收入仍

---

① 问卷中，询问受访农户"您家最近一次从银行等金融机构贷款是哪一年?"，并根据其回答划定农户贷款年份。若农户回答的贷款年份为 2018 年、2019 年或 2020 年，则赋值为 1，否则赋值为 0。

有显著的促进作用,且"渴望差距"对农户收入的影响系数也在10%的水平上显著为正。两组结果均证明基准回归结果具有稳健性。

三是剔除特殊样本。考虑到银川市的经济发展水平和普惠金融发展现状与其他几个城市存在一定差距,将银川市样本剔除后再回归。结果如表4.2.5列(3)所示。信贷参与和希望水平的系数仍然显著为正,再次证明基准回归结果的稳健性。

表4.2.5 稳健性检验

变量名称	替换被解释变量	替换解释变量	删除特殊样本
	(1)	(2)	(3)
	家庭年消费	家庭年收入	家庭年收入
信贷参与	0.215*** (0.071)		0.274*** (0.074)
希望水平	0.202*** (0.064)		0.094* (0.074)
信贷参与(3年)		0.132** (0.057)	
渴望差距		0.043* (0.026)	
常数项	6.150*** (0.700)	7.034*** (0.549)	7.333*** (0.685)
观测值数量	575	575	414
R^2	0.419	0.473	0.534

注:(1)剔除银川市样本后,样本量为414。(2)省略控制变量的估计结果。

四、进一步讨论:希望水平的中介效应

(一)信贷参与对农户希望水平的影响效应测算

(1)共同支撑域与平衡性检验。信贷参与农户和未参与农户的倾向得分有一定的重叠区间,称为"共同支撑域"。共同支撑域的范围越大,匹配过程中样本损失的可能性就越小。为保证样本数据的匹配质

量,在获得倾向得分后进一步绘制了密度函数图(如图 4.2.1)以检验匹配后的共同支撑域。图 5.2.1 所示①,参与和未参与信贷的农户的倾向得分有较大范围重叠。五种匹配方法中,最多损失 14 个样本,表明匹配效果良好。

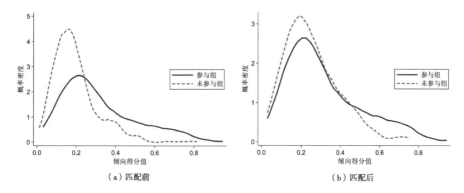

（a）匹配前　　　　　　　　　（b）匹配后

图 4.2.1　匹配前后信贷参与农户和未参与农户倾向得分的概率密度

为确保匹配结果的可靠性,还检验了协变量的平衡性。即经过匹配后,信贷参与农户和未参与农户在协变量方面不存在显著的系统差异。结果如表 4.2.6 所示。数据显示,Pseudo R^2 值由匹配前的 0.123 显著下降到匹配后的 0.007—0.034;LR 统计量由匹配前的 74.50 显著下降到匹配后的 0.78—11.51,解释变量的联合显著性检验由匹配前的高度显著(P 值=0.000)变成在 10% 的水平上总是被拒绝(P 值>0.100),解释变量的均值偏差由匹配前的 26.4% 减少到 3.1%—11.4%,中位数偏差由匹配前的 21.0% 减少到 2.9%—9.1%,总偏误大大降低。上述检验结果表明,运用倾向得分匹配法可有效减少对照组和处理组之间解释变量分布的差异,并消除样本自选择导致的估计偏误。

---

① 共用 5 种匹配方法匹配效果均良好。因篇幅所限,图 2(b)中仅显示了 k 近邻匹配(k=4)结果图。

表 4.2.6　倾向得分匹配前后协变量平衡性检验结果

匹配方法	Pseudo R^2	LR 统计量	P 值	均值偏差（%）	中位数偏差（%）
匹配前	0.123	74.50	0.000	26.4	21.0
最近邻匹配	0.034	11.51	0.402	11.4	9.1
k 近邻匹配	0.007	2.29	0.997	4.6	4.5
卡尺内 k 近邻匹配	0.007	2.29	0.997	4.6	4.5
核匹配	0.002	0.78	1.000	3.1	2.9
样条匹配	0.034	11.51	0.607	11.4	9.1

注:① k 近邻匹配中 k=4;②卡尺范围为 0.06;③核匹配使用默认的核函数和带宽。
　下同。

（2）信贷参与对农户希望水平的影响效应测算。利用 PSM 对模型（3）进行估计,结果见表 4.2.7。五种匹配方法所得结果基本一致且 ATT 均在 5% 的显著性水平上通过检验,表明样本数据的稳健性良好。为便于实证分析,选择其算术平均值表征影响效应。从平均值来看,农户若没有获得信贷,其希望水平为 3.779,但因获得信贷,农户希望水平增长到 3.907,增长了 0.128 个标准值,增长率为 3.39%。① 两组数据表明信贷参与对农户希望水平具有显著的促进作用,假说 H3 得证。

表 4.2.7　倾向得分匹配的平均处理效应（ATT）

匹配方法	希望水平				
	处理组均值	对照组均值	ATT	标准误	T 值
最近邻匹配	3.907	3.759	0.148**	0.074	2.01
k 近邻匹配	3.907	3.790	0.117**	0.059	1.98
卡尺内 k 近邻匹配	3.907	3.790	0.117**	0.059	1.98

---

①　增长率的计算公式:增长率=ATT 均值/对照组均值×100%。

匹配方法	希望水平				
	处理组均值	对照组均值	ATT	标准误	T 值
核匹配	3.907	3.772	0.136**	0.054	2.49
样条匹配	3.907	3.785	0.122**	0.050	—
平均值	3.907	3.779	0.128**	—	—

注:样条匹配需要使用 Bootstrap 法计算 P 值,以判断 ATT 的显著性,经计算,希望水平的 P 值为 0.015,在 5% 的统计水平上显著。

(二)信贷参与影响农户希望水平的异质性分析

即使在同一地区内部,信贷参与对不同类型农户的影响也可能存在较大差异。以样本农户的控制点、社交频率、收入水平、是否是脱贫户等作为标准进行分组,进一步检验信贷参与对农户希望水平影响的异质性,基于 k 近邻匹配的估计结果见表 4.2.8。

表 4.2.8　信贷参与影响农户希望水平的组群差异

变量	分类标准	希望水平				
		处理组均值	对照组均值	ATT	标准误	T 值
控制点	内控型	3.943	3.825	0.118**	0.057	2.07
	外控型	3.769	3.705	0.065	0.143	0.45
社交频率	低社交频率	3.855	3.836	0.019	0.092	0.21
	高社交频率	3.900	3.777	0.124*	0.073	1.69
贫困户	贫困户	3.681	3.435	0.246**	0.123	2.00
	非贫困户	3.977	3.878	0.098*	0.064	1.65

(1)控制点的影响。控制点理论认为个体对自己生活中发生的事情及其结果的控制源有不同的解释。内控型个体相信事情的发展和结果取决于努力程度等内部因素,因此内控者更有毅力和决心,外控型个体认为事情的结果由机遇和运气等不可控的外部因素决定,因而外控者遇到问题时更容易放弃努力。将农户划分为内控型人格农户和外控型人格农户

进行分组检验。① 结果表明,内控型人格农户参与信贷业务后,希望水平显著提升了 0.118 个标准值,增长率为 3.08%。对外控型人格农户,信贷参与对希望水平的影响为正但不显著。两组数据说明信贷参与对内控型人格农户希望水平的促进作用更强。

(2)社交互动的影响。社交频率创造的社会关系和社会资本的强弱会显著影响农户信贷参与的经济福利效应。为考察信贷参与对希望水平的影响在不同社交频率的农户间的差异,首先测度了样本农户的社交情况②,再以样本农户社交频率的平均值为依据,将样本划分为低社交频率组和高社交频率组。结果表明,获得信贷后,高社交频率农户的希望水平显著提升 0.124 个标准值,但低社交频率农户的希望水平无显著增长。

(3)是否是贫困户的影响。部分脱贫户由于自身发展意愿和能力不足,同时家庭资产积累较少,存在脆弱性脱贫情况,在外部帮扶弱化的情况下,便有可能再次返贫。根据"您家之前是否是建档立卡贫困户?"这一问题的回答,将样本划分为贫困户和非贫困户,分组检验的结果见表 5.2.8。结果显示,参与信贷后,贫困户的希望水平可从 3.435 增长到 3.681,增长幅度为 0.246 个标准值,增长率为 7.16%;而非贫困户的希望水平从 3.878 增长到 3.977,增长幅度为 0.098 个标准值,增长率为 2.55%。结果表明,信贷参与对贫困户和非贫困户都有正向促进作用,但对贫困户的影响更显著也更大。

---

① 在问卷中设置"对于成功,您觉得哪项更重要"这一问题以衡量农户的控制点类型,根据农户对该问题的回答,将选择"付出艰苦努力"的农户定义为内控型,将选择"机遇、运气"的农户定义为外控型。

② 此处用以下三个问题测度样本农户的社会互动情况:"您家参与村里的各项集体活动的情况是""您家与亲戚往来的情况是""您家与本村其他村民的往来情况是"。测度选项用"非常多=5"至"从不=1"的李克特 5 分制量表赋值。农户社会互动情况由这三个问题的总得分反映,最低分为 3 分,最高分为 15 分。

五、主要结论及启示

农户是乡村振兴的主体,提高农户收入和促进共同富裕不仅要重视解除制约农户发展的外部资本约束,还应从内部调动农户的自主性和能动性,从根本上激发农户发展的内生动力。在理论逻辑演绎的基础上,建立信贷参与、希望水平和农户收入的联动模型,并利用宁夏575位农户的调研数据,实证分析了信贷参与和希望水平对农户收入的影响,以及希望水平在其中的中介效应,得到以下结论:(1)促进农户参与信贷有助于提高农户收入。信贷参与有助于打破"贫困恶性循环",帮助农户增加投资进而提高生产率,从而带来家庭收入增加。(2)提升农户希望水平有助于提高农户收入。解除农户生产发展的外部资本约束并不意味着农户必然会增加投资,提升农户希望水平有助于增强其发展的内生动力,帮助农户通过增加物资资本投资和人力资本投资等途径,提升家庭收入。(3)信贷参与能提升农户希望水平,且信贷参与对更相信自身努力的农户、社会互动更频繁的农户、收入水平相对较高的农户以及贫困农户的影响更大。农户参与信贷后,将有更多机会接触到更多信息、资源和榜样,从而可以通过社会比较和社会互动来提升希望水平。

以上结论表明,不断提高农户收入,促进各民族共同富裕更早实现,需要从缓解农户面临的资本约束和增强农户内生发展动力两个层面同时着力。具体来说:

一方面,推动更多有需求的农户参与信贷。积极开展普惠金融产品和服务创新,尤其是乡村振兴专属信贷产品和首贷产品创新。比如,积极推广农村非抵押信贷模式,接受农村集体土地上的房产、大棚等资产作为"准抵押物",保障农户,特别是贫困户的信贷可得性。同时,通过各种非金融服务,增强农户对金融机构和金融产品的信任感来提升农户参与信贷的积极性。如探索"政府+金融机构+高等学校"合作开展金融健康和金融知识宣传活动,提升农户金融知识素养和金融数字技能,帮助农户真正能够"学金融、懂金融、用金融"。最后,要通过完善农村金融基础设施建设,大力支持农业数字经济和数字普惠金融发展,保障农户可以更便捷、更低成本参与信贷。

另一方面,要通过激发农户希望水平来提升农户内生发展动力。一是要树立榜样。可以增加信贷参与带动农户发家致富的正面事例宣传,用"身边人"和"身边事"为农户树立积极榜样,激发农户对更加美好生活的渴望。二是通过完善"银行+公司(基地/合作社)+农户"等服务模式,帮助农户建立与市场的利益联结机制,帮助其更好融入农业现代化,以增强其对未来发展的希望。三是要协调各类政策,持续激发农户对美好生活的希望。如通过对农广播等方式加大宣传普及,让更多农户理解、认同中国式现代化发展道路中的各项"利民""利农"政策,相信通过努力,一定能实现共同富裕。以"清洁乡村、生态乡村、宜居乡村、幸福乡村"为抓手,让农户切身感受到社会主义新农村建设的成果,从而憧憬乡村振兴的美好前景。

第五章 西部地区微型金融与 民族文化的协同发展

——信任视角

微型金融发展和微型金融效应提升陷入"机构—客户"双边信任不足的困境,提升金融机构与客户的双边信任是促进微型金融发展的重要路径。微型金融发展实践也表明,微型金融能创造信任,但信任又能通过影响融资偏好影响微型金融发展。信任是表征微观文化的一个维度,因此,微型金融与信任的相互关系表明微型金融需要与民族文化协同发展。

这一章,在定性分析微型金融创造的信任的类型、机制以及民族文化如何影响微型金融创造信任的基础上,再以数字普惠金融为例,进一步分析了金融机构可信任度对数字普惠金融建立信任的影响。并且,具体以亿联银行为例进行了案例分析。随后,利用CFPS数据库中西部12个省(区)数据,对信任对家庭融资偏好的影响及其异质性进行分析。最后,利用宁夏实地调研资料,对西部地区微型金融建立信任进行案例考察。

第一节 微型金融创造信任的机制及 民族文化的影响

微型金融中的信任是指金融机构与客户表现出来的,基于对对方行为的积极预期而愿意接受一定程度脆弱性的心理状态（Rousseau et al.，1998）。新制度经济学认为，在有限理性、有限信息和合约不完全等条件限制下，代理人行为可能偏离委托人最大利益。而信任嵌入到社会网络和社会关系之中，是经济行为互动的基础，可以有效解决委托代理关系中的效率损失问题（Uchida et al.，2008）。对比微型金融发展的国际实践可以发现，那些领先型微型金融机构发展有着共性经验，即充分挖掘初始信任并培育新的信任。

微型金融是助推我国人民更快实现美好生活愿望的制度安排，提升金融机构与客户的双边信任是促进我国微型金融发展的重要路径。自2003年中央一号文件首次提出"发展小额信贷"以来，中央相关部委先后发布了《国务院关于印发推进普惠金融发展规划（2016—2020年）的通知》和《金融服务乡村振兴的指导意见》等纲领性文件，发展微型金融成为推动农村经济工作的重要着力点。然而，从我国微型金融发展实践来看，随着农村经济市场化程度不断加深，有关金融诈骗和金融风险案件逐渐增多，再加上不断有银行陷入诸如理财产品的负面舆论之中，农户不再像过往一样天然地信任银行。微型金融发展和微型金融效应提升陷入"机构—客户"双边信任不足的困境。

虽然国内外学者已关注到信任对微型金融发展的重要影响，但现有文献多是将信任视为社会资本，强调信任在保障微型金融正常运转中的重要作用；少部分文献采用案例分析方法，证实微型金融可以创造信任。与现有文献相比，可能的边际贡献主要有两点：一是分析了微型金融如何建立信任并深入解构微型金融建立信任的机制。二是运用Doney的文化维度理论，结合社会情境因素，深入分析了民族文化如何影响微型金融创造信任。研究结论在进一步完善微型金融发展理论的同时，也能为我国微型金融在实践中如何创造和培育信任提供经验支持。

一、微型金融中信任的培育和创造

微型金融中的信任主要包括人际信任和机构信任。当信贷员相信客户会按时还款,而客户也相信会得到信贷员诚实公平的对待,表现的就是相互的人际信任;而潜在客户与金融机构通过双向选择,形成借贷关系,表现的就是机构信任。

(一)微型金融中面临的信任困境

信任的异质性在很大程度上决定了一个地区微型金融的发展。虽然信任对微型金融的发展具有特殊意义,但微型金融通常在信任水平较低的发展中国家运转,所以,低水平的信任对微型金融的发展构成了严峻挑战。由于信任与经济发展存在显著且积极的联系,信任的缺失会直接阻碍微型金融服务向经济停滞地区的扩张。此外,金融契约不恰当的执行方式也对信任的发展构成了一定的挑战。比如,基于联保的小组贷款形式中,为了确保契约执行,同一贷款小组的借款人可能会集体审查其他借款人,以确保其及时还款,但这些审查行为在一定程度上侵犯个人隐私,违反公平原则,并降低借款人之间的信任。由于我国微型金融发展起步较晚,贫困群体对微型金融理念缺乏认知,对微型金融产品和服务也缺乏了解,加之我国信用体系还不完善,贫困群体普遍存在对微型金融机构信任程度低、认同感不强等问题。

(二)微型金融如何创造信任

信任通常嵌入在牢固的社会关系中,这种社会关系允许信任随着时间的推移而形成(Granovetter,1985)。

从建立机构信任来看,微型金融机构可以采取以下措施:一是对当地的政治、社会和文化环境,如腐败、政治不稳定和性别偏见等因素进行评估。社会文化环境是决定能否建立信任的基础性因素。微型金融机构只有适应当地的环境,才可能更快地建立信任,并最大限度地将微型金融的服务扩展到低信任度地区。二是权衡好自身发展与对贫困群体关怀之间的关系。只有当贫困群体感受到微型金融机构的关怀时,才会对微型金融机构产生机构信任。相反,如果微型金融机构过度关注自身而忽视了对贫困群体应有的关注和关怀,贫困群体就不会继续信任微型金融机构。比如,微型金融机构为贫困群体定制灵活多样的信贷产品,这尽管会在一定程度上增加成本,但贫困群体对其的信任会显著提高。此外,微型金融机构还提供额外的培训和附加服务。如提供有关应对未知风险、营养、保健等方面的服务和培训,体现了对贫困群体的人文关怀;再如帮助贫困群体制订适当的储蓄计划,一方面可以帮助贫困群体更好地管理自己的资金,从而消除借贷的需要,另一方面也增加了微型金融机构留住客户的可能性,有助于两者建立更加稳固的信任关系。

从建立人际信任来看,微型金融机构可以采取以下措施:首先,制定良好的管理制度和激励机制。格莱珉银行的发展实践证实,合意的信贷制度和还款制度有助于提升农户还款意愿,而当微型金融机构把创造信任作为自身可持续发展的基础条件,通过绩效制度激励信贷员与客户建立良好的社会关系,既能直接提升贷款偿还意愿,也能创造更多的信任。其次,微型金融机构要确定适当的贷款小组规模,以保障小组成员间执行联保责任和在业务上相互合作的可能性,从而既最大程度地利用现有信任,又能在小组成员间建立新的信任。再次,微型金融机构要加强对信贷员职业技能和服务水平的培训,充分发挥信贷员的桥梁作用。信贷员需要专业的金融知识和技能来识别潜在客户、评估客户需求以及确定客户的偿还能力,这是通过转移机制建立信任的必要环节。通过提供专业的业务咨询和人性化的服务,信贷员能更容易与贫困群体建立牢固的信任关系。同时,信贷员与贫困群体之间的信任程度对借贷小组的形成和维持也至关重要。此外,他们还可以通过对贫困群体关键信息的收集,为微型金融改进未来的贷款政策提供参考。

（三）微型金融创造的信任类型

1. 客户之间的信任

客户之间信任的发展很大程度上受社会关系的影响。居住地域上的接近性一方面使客户群体形成相对紧密的社会关系，另一方面使该群体彼此之间频繁交换信息成为可能。在面对面互动中，解读彼此言行，了解彼此意图，是微型金融机构客户收集信息的重要途径。这些被收集并加以解读的信息对信任认知建立机制中的意图机制和预测机制具有重要影响。此外，农村地区集体主义和高不确定性规避的文化环境为通过转移机制建立信任提供了有利条件。

2. 微型金融机构对客户的信任

信任是微型金融取得成功的关键因素之一，微型金融通过计算机制、预测机制、意图机制、能力机制和转移机制五种信任认知建立机制建立对客户的信任。微型金融机构的大部分客户集中于农村地区，而农村地区大都奉行集体主义和高不确定性规避文化，这为微型金融建立对客户的信任提供了可能。此外，非正式金融组织充当社交平台，在提供信息交换平台的同时，为微型金融建立对贫困群体的信任提供了途径。格莱珉银行的成功证明只要在贫困群体中采用适当的激励机制和制度结构，就可以建立信任。

3. 客户对微型金融机构的信任

于1983年正式成立的格莱珉银行是当今世界规模最大、效益最好、运作最成功的微型金融机构，该机构通过适当的激励机制和制度结构，获得和维持了客户的信任，为微型金融的发展提供了借鉴。格莱珉银行在客户中建立信任主要采取了以下措施：（1）在员工招聘方面，格莱珉银行只雇佣值得信任的人，且新招聘的员工必须经过一系列的面试和测试，才可以正式入职。(2)在发生洪水等自然灾害后,格莱珉银行的员工会检查客户的受灾状况,采取适当措施减轻自然灾害对该群体的影响。此外,格莱珉银行还会向该群体提供必要的用于生存的粮食。(3)格莱珉银行通过召开公开的中心会议,建立金融交易透明的规范,杜绝以权谋私现象的发生。通过上述措施,格莱珉银行成功获得了客户的信任,当微型金融机构选择信任客户时,微型金融机构对客户的信任会使客户把偿还贷款当作义务,降低微型金融中的不良贷款率。

二、微型金融创造信任的机制

Doney(1998)认为,建立信任的五种机制是计算机制、预测机制、意图机制、能力机制和转移机制。

(一)计算机制与微型金融创造信任

威尔—利安姆森(1985)认为,只要有机会,大多数人会出于追求自身利益最大化而实施机会主义行为。因此,通过计算机制创造信任就是指追求利益最大化的委托人,在估算受托人预期行为的成本与收益后,发现其实施投机的成本超过预期收益,因此会放弃投机,从而对其形成信任。

微型金融中通过计算机制建立信任是指微型金融机构通过信贷机制(如递增贷款和停贷威胁)、法律机制和社会机制(如社会声誉和社会制裁)等手段,增加贷款者违约的经济和社会成本,从而使贷款者实施机会主义行为(贷款挪作他用或策略性违约)的预期成本大于预期收益,迫使其放弃采取机会主义行为。此时,金融机构相信贷款者会遵守承诺,合理使用资金并按期还款,从而愿意为其提供贷款。

(二)预测机制与微型金融创造信任

通过预测机制建立信任是指委托人依据先前经验,认为受托人行为具有可预测性,并以此判断受托人是可信的。通过预测机制建立信任的前提是受托人的行为是一致且可预测的。并且,委托人与受托人共同经历的信息越多,可供预测的行为数据也就越全面,对受托人行为预测就越准确。

微型金融中要通过预测机制建立信任,微型金融机构必须能够预测贷款者未来偿还贷款的概率。因此,贷款者过去的信用记录就可以增加微型金融对贷款者未来履约行为的可预测性,从而触发预测机制。

（三）意图机制与微型金融创造信任

通过意图机制创造信任是指委托人与受托人在交换信息的过程中,委托人通过对受托人语言和行为的观察,分析其潜在含义并确定受托人的意图。如果委托人认为受托人具有以自我为中心的意图时,就难以建立信任。动机是意图机制的基础,要通过意图机制建立信任,首先要存在动机。

要在微型金融中通过意图机制建立信任,微型金融机构必须确定贷款者具有诚实守信的意图。当贷款者产生贷款的动机并向微型金融机构表达自己将守信还款的意图时,微型金融机构会判断贷款者所传递意图的可信度,并决定是否选择信任该贷款者。

（四）能力机制与微型金融创造信任

能力机制建立信任是指委托人基于对受托人履行其义务的能力评估并由此期望受托人将履行其义务而产生的信任。要通过能力机制创造信任,委托人必须确定受托人有能力"履行其义务并产生期望"。当受托人拥有为委托人办理相应业务的能力并选择信任委托人,而委托人认为虽然受托人在履行承诺方面存在能力上的差异,但确实具有履行承诺的能力,此时委托人将信任受托人并对受托人产生期望。

微型金融中要通过能力机制建立信任,微型金融机构必须首先通过能力机制和转移机制的交织来解决和贷款者间存在的信息不对称问题。其次,通过对贷款者偿还能力的考察,给予贷款者一个确定的可以偿还的额度。当贷款者确定微型金融机构有能力为其办理贷款业务时将产生贷款期望,而微型金融机构经过一系列评估,认为贷款者符合贷款资质并具有还款能力,将为贷款者办理贷款业务并产生还款期望。显然,微型金融机构与贷款者双方履行契约、满足彼此未来预期的过程正是信任建立的过程。

(五)转移机制与微型金融创造信任

通过转移机制建立信任是指信任从一个可信任的"证明来源"转移到另一个个人或团体,即委托人将信任从一个已知的实体转移到一个未知的实体。要通过转移机制建立信任,必须假定作为证据来源的个人或机构本身是值得信赖的。在具有高度信任的社会中,这种转移过程会更快。

在微型金融中通过转移机制建立信任,潜在客户必须能够识别信任源,并在已知信任源与微型金融机构之间建立联系。在微型金融发展初期,潜在客户对微型金融机构不甚了解,难以做出客观全面的判断,因而也难以建立信任。此时需要一个对微型金融机构较为了解且在目标群体中具有较高威望的个体作为信任转移机制的信任中介,先于微型金融机构获得潜在客户的信任。当信任中介与微型金融机构之间存在相关关系或相似特征时,潜在客户对信任中介的信任可能会转移至微型金融机构,微型金融机构由此建立起与潜在客户的信任关系。

三、民族文化对微型金融创造信任的影响

信任很大程度上由文化因素所决定,文化和信任之间相互影响、相互作用(Doney et al.,1998)。虽然信任可以以多种方式形成,但是否建立信

任以及如何建立信任取决于社会规范和价值,这些社会规范和价值决定了人们的生活习惯和信仰(霍夫斯泰德,1980)。微型金融机构在其经营过程中能否建立信任,是其身处的社会因素和文化情景共同作用的结果。

(一)非正式借贷关系与信任建立

社会关系中的非正式借贷关系是影响微型金融机构建立信任的关键因素。居住地域上的空间接近性有利于催生微型金融机构潜在客户之间的非正式借贷关系,这可以创造信任并延长相关群体的信用历史,增强其可信度,从而有助于微型金融机构通过意图机制和预测机制创造信任。同时,非正式借贷关系在信任的形成过程中也起着中介作用。非正式借贷可以让微型金融机构了解潜在客户的借贷动机、借贷历史以及偿还情况等方面的信息,从而影响信任建立的意图机制和预测机制,并通过转移机制形成新的信任。

(二)非正式金融组织与信任建立

非正式金融组织在信任建立过程中发挥着社交平台的作用。非正式金融组织成员通过频繁的互动促进信息的交换和收集,并利用收集到的信息预测其他成员的行为和信用度,确定其潜在的可信性,以此推动通过转移机制建立信任。

空间的临近性为非正式金融组织的建立和组织成员通过面对面互动交换信息提供了便利,这也为组织成员间通过彼此的语言和行为,了解各成员的动机和意图奠定了基础。这种伴随社会关系形成的信任会随着时间的推移而逐渐增强。

(三)权力距离与信任建立

权力距离是由霍夫斯泰德提出的四种价值观维度之一,用来表示人们对组织中权力分配不平等情况的接受程度。在权力距离较低的国家中,潜在客户对行为的可变性容忍度较低,非常重视人际关系的可预测性,很少采取机会主义行为。同时,这些国家上级与下级彼此平等,更倾向于相互依赖的关系,也更加注重诚实守信。所以,微型金融更容易通过转移机制建立信任。

在权力距离较高的文化中,微型金融机构潜在客户的规范提高了其行为的可预测性,相较于低权力距离社会,微型金融在高权力距离社会更可能通过预测机制形成信任。此外,高权力距离国家管理制度更为严格,更便于核算采取机会主义行为的成本和收益,从而更容易使微型金融机构通过计算机制建立目标内部的信任。

(四)不确定性规避与信任建立

在高不确定性规避的文化中,潜在客户倾向于维持现状,对改变表现出强烈的抵制,而且人们也希望建立明确的规则,表现出强烈的规则导向。为了减少不确定性,潜在客户更倾向于基于目标的专业知识、能力等建立信任。因此,不确定性规避高的文化中,微型金融更容易通过预测和能力机制建立信任。

在低不确定性规避的文化中,微型金融机构很难预测潜在客户的行为,要通过预测机制建立信任极其困难。此外,潜在客户可以灵活处理各种问题,不太重视目标的专业知识、能力,因而微型金融很难通过预测和能力机制建立信任。

(五)集体主义或个人主义观念与信任建立

集体主义者持有集体价值观和信仰,受群体性因素的影响较大,采取机会主义行为的可能性较低。因此,微型金融可以通过威慑性信任,如法律制裁和社会制裁来提高采取机会主义行为的成本,以降低潜在客户采取机会主义行为的可能性。此外,集体主义者对群体内和群体外边界很敏感,将信任视为成为贷款团体成员资格的必要条件。

个人主义者不参加或很少参加社交活动,他们认为人们应该追求自身利益的最大化,最大程度地利用任何机会获得利益,因而支持利己行为,也更倾向于采取机会主义行为。因而倘若贷款小组成员的身份阻碍了潜在客户利益的实现,他们就会退出贷款小组。所以,在个人主义社会中,微型金融机构较难建立起牢固的信任关系。

(六)男性特质或女性特质观念与信任建立

女性特质秉持团结和合作的准则,厌恶自私自利的行为,并具有较少攻击性、较多合作性的倾向,因而女性社会中采取机会主义行为面临高昂的成本,所以对于微型金融机构来说,女性贷款者更值得信任,女性特质也更有利于微型金融中信任的形成。

反之,男性特质更看重机会主义行为带来的利益,当机会主义行为的潜在利益超过机会成本,微型金融机构中拥有男性特质的成员会更倾向于采取机会主义行为,因此不利于信任的形成。

第二节　数字普惠金融中信任的建立及机构可信任度的影响

数字普惠金融是指一切通过使用数字金融服务以促进普惠金融发展的行动(G20 普惠金融全球合作伙伴,2016)。借助计算机信息处理、数据通信、大数据分析、云计算等一系列技术,数字普惠金融能有效降低交易成本和金融服务门槛,从而为广大中低收入者和弱势群体提供覆盖更广、使用深度更大的金融服务,并为自身可持续发展奠定基础;同时,也为经济落后地区实现普惠金融赶超提供可能(郭峰等,2020)。

数字普惠金融中的信任则是指客户因为相信或期望数字金融供应方会自觉履行其义务而愿意接受数字金融服务(Yuetal,2015)。稳定的信任能够提高数字金融服务的可获得性(胡卿汉、何娟,2021)、降低融资的风险性(柳建坤,2021)和交易费用以及下游产品与服务的推广成本(翟啸林,2018)。但数字金融交易中,空间上的距离和非个性化服务降低了数字金融供应方与客户关系的亲密度;而且,缺乏控制和个人联系的感觉,进一步加剧了客户对金融交易安全性和可靠性的担忧。而网络环境的非人性化特质以及使用全球网络基础设施进行交易所隐含的不确定性,更会导致客户对黑客攻击和财务信息泄露的恐惧。技术因素作为互联网交易的媒介,是决定数字普惠金融发展的关键。但只有信任,客户才愿意使用数字金融服务(Alsajjan 和 Dennis,2010)。数字时代亟须信任和道德(Keskar 和 Pandey,2018)。一项数据表明,信任不足正成为制约数字普惠金融发展的一种现实障碍。

值得庆幸的是,越来越多的研究表明,数字普惠金融的发展过程本身也是建立信任的过程。Marcella(1999)认为数字普惠金融发展中,信任将随着时间的推移和数字金融供应方对互联网环境的维护而加深。Hamidreza(2012)也提出,加强对不了解数字普惠金融的客户进行集中宣传和培训,正确管理声誉,保持积极正向的风评,都可以帮助客户建立信任。Viktorija Skvarcianyetal(2018)和黄海涛等(2021)还证实,信息和通信技术的发展有助于增进客户对数字普惠金融的信任。此外,刘迎(2020)认为,提升客户系统、可用、易用的服务体验有助于建立稳固的信任。

普惠金融是乡村振兴的重要参与主体,数字普惠金融则是打通乡村振兴金融服务"最后一公里"的有力武器。在持续推进乡村振新战略背景下,大力发展数字普惠金融业已成为我国既定选择。因此,深入研究数字普惠金融如何建立信任以及相应影响因素,对于推动我国普惠金融快速健康发展以及加快乡村振兴进程都具有重要的现实意义。此处的边际贡献主要有两点:一是现有文献多研究信任对于金融发展的作用而较少研究提供金融服务过程中如何创造信任,此处则深入探讨了数字普惠金融建立信任的渠道;二是与现有文献主要从信息理论和技术因素来探讨数字普惠金融的发展,项目则从认知和情感维度,研究了数字普惠金融发展中的信任的建立以及机构可信任度对建立信任的影响。

一、数字普惠金融发展中建立信任的渠道

(一)减少客户对安全和隐私的担忧

面对不断暴露出来的诈骗和不确定性事件,数字金融供应方迫切需要减少客户对于安全和隐私问题的担忧。除使用诸如加密密码、电子签名、数字证书和防火墙之类的方法来增强网络金融交易的安全性外,数字金融供应方还可以采取以下措施:一是通过提供无条件担保、隐私政策的详细说明以及利用地域品牌的声誉来增强客户的信任。二是通过保证数字金融供应方网站的结构安全来增强与客户间的信任。网站的"结构安全"传达了数字金融供应方秉持规定的保护性法律结构或更好的技术结构(例如加密系统)的信念。三是通过制定保护客户登录信息的安全性条款保护客户隐私,并通过使用退款担保等为数字金融供应方提供损失赔偿或退款的辩护。

(二)减少客户与数字金融供应方之间的情感隔阂

与银行传统上提供的有形的、人性化的服务不同,数字普惠金融是通过网上银行提供的无形的、流程化服务。这种非接触性的服务割裂了客户与数字金融供应方的情感交流,可能导致客户与数字金融供应方之间形成情感隔阂。而且,数字金融供应多以网上银行方式提供,而网上银行同时具有开放性与虚拟性,以及智能化和创新化的特点,也可能在一定程度上让客户因"不熟悉"而产生疏离。但网上银行业务并非独立于传统的线下业务,数字金融供应方可以通过加强线下服务来弥合与客户间情

感交流的不足。此外,对于网上银行新客户来说,他们首次操作往往需要依靠银行工作人员的引导和帮助来熟悉建立网上银行账户和密码,解决网上银行网站使用等问题。此时,通过提升线下客户体验来加强银行与客户之间的联系,从而建立客户对网上银行的信任具有重要作用。

(三)降低客户的感知风险

感知风险是客户对购买产品、服务的不确定性和潜在不利后果的看法(Littler 和 Melanthiou,2006)。客户对风险的认识不同,对总风险和风险行为的感知也不同。与数字普惠金融相关的最重要的感知风险是与财务风险和与潜在损失相关的安全风险。这些风险可能由于操作系统的漏洞或通过非法外部访问及挪用资金引发。通过持续完善网站设计,数字金融供应方可以通过加密连接管理站点、保护客户登录信息以及采取兼容性加密来降低交易风险发生的概率。同时,数字金融供应方还可通过及时兑现服务承诺和增加金融资质的认证和机构背书来降低客户的风险感知而增加信任。

(四)降低客户与数字金融供应方的信息不对称

如果确信数字金融供应方能支持某些服务,客户会更愿意承担所感知到的风险。因此,对数字金融产品和服务的宣传至关重要。以网上银行为例,银行的广告和银行的其他推广应在其信息中强调网上银行的可信任性,突出显示网上银行网站的安全功能,使客户可以放心使用它。此外,银行还应考虑将网上银行作为主推方向推荐给客户。银行应保证网上银行的服务质量,即如果客户对传统银行的服务感到满意,那么他们可以从网上银行获得相同水平的高质量服务。

二、数字金融供应方的可信任度对信任建立的影响

与信任相关的是可信任度。可信任度是数字金融供应方的能力和特

征激发客户使用其数字金融服务进行交易的信心和可靠性的程度。要建立信任,必须值得信赖(Hardin,2002;Yu etal.,2014)。McKnight 和 Chervany(2002)提出,可信度包括三个维度:能力,正直和仁慈。Kharouf et al.(2014)的研究表明,关注客户的利益、表达善意、与客户分享共同的价值观、诚实守信是在网络环境下建立信任的关键。下面,拟从诚信、能力、仁慈和共同的价值观四个维度剖析可信性度对建立信任的影响。

(一)诚信

诚信是指客户对数字普惠金融交易的信任以及数字金融供应方为客户提供及时准确的信息,信守承诺,遵守道德规范,不利用漏洞并保护客户隐私。诚信将提高客户对数字普惠金融供应方的信任。诚实地进行交易,信守承诺和兑现诺言,会对个人使用数字普惠金融的信任产生重大影响。数字金融供应方良好的职业道德操守,如保证客户因素的完整性和机密性等也会对数字普惠金融中的信任产生积极影响。此外,诚信不仅提高了数字金融供应方和客户行为的可预测性,而且有利于树立数字金融供应方和客户诚实、客观的形象,并有助于为数字金融供应方建立良好的声誉。而对数字普惠金融保持高度诚信的客户更有可能形成信任并对银行产生积极评价。

(二)能力

"能力"是指数字金融供应方采用适当的技术保障措施以保护客户免受隐私和财务损失侵害的专业知识和经验的信念。能力会影响客户对数字供应方的看法。

在虚拟的高风险环境中,数字普惠金融供应方的能力可以降低客户的风险感知并增强他们对数字普惠金融服务的信心,因此,数字普惠金融的广告和其他推广应强调数字普惠金融的能力和安全功能,增强客户对供应方的形象认知,并促进客户对商品和服务的消费。而倘若客户相信数字普惠金融有能力提供给他们理想的服务,就可能对其产生信任。

(三)仁慈

"仁慈"即数字普惠金融供应方对客户福利的关注超出其以自我为中心的利润动机,它根植于双方的关系,而且减轻了与机会主义行为相关的不确定性和风险。具体来说,仁慈体现了双方为实现共同目标而做出努力的意愿。事实上,在出现不可预见的情况时,人们总是期望善意的态度能够影响另一方的行为。因此,仁慈提高了数字普惠金融服务保障客户利益的意愿。客户一旦感受到数字普惠金融对其利益的关注,他们可能会更愿意承担所感知到的风险。由此可见,数字普惠金融供应方对于客户利益的关注至关重要,其相关服务也要以客户为中心。

(四)共同价值观

Morgan 和 Hunt(1994)将"共同价值观"定义为合作伙伴在何种程度上对哪些目标和政策重要或不重要,适当或不适当以及对与错有共同的看法。① 这里的共同价值观指的是客户在行为和目标上对数字普惠金融的感知与他们自身相似的程度。共同的价值观通过双方的互动和沟通促进相互信任的诞生,是在网络环境中建立信任的关键因素之一,它决定了客户对数字普惠金融供应方的了解程度,有助于提高客户对数字普惠金融供应方的信心和期望,进而增强对数字普惠金融供应方的信任。因此,数字普惠金融供应方应加大宣传力度与深度,实现信息充分交换,并将数字普惠金融作为主打产品推荐给客户。

三、数字普惠金融建立信任的新实践:亿联银行

亿联银行成立于 2017 年 5 月,是国内获得线上信贷业务资格的四家

---

① Morgan,R.M.and Hunt,S.D.(1994),"The commitment-trust theory of relationship marketing",*The Journal of Marketing*,Vol.58,No.3,pp.20-38.

互联网银行之一,曾荣获"科技发展三等奖""第五届金融315论坛"金融行业优秀创新案例等荣誉。截至2020年第三季度,亿联银行累计为980万客户投放消费贷款1500亿元,在贷余额达225亿元。其中,累计为8284户农户发放贷款3.64亿元,为269775户小微企业发放贷款111.64亿元。2020年,亿联银行净利润达到2.56亿元,同比增长40%。① 亿联银行社会绩效和财务绩效的可持续发展,源于其高可信任度所带来的客户的信任。

(一)数字化理念强化亿联银行服务"能力"

自成立以来,亿联银行将产品的"更新换代"作为自身发展的核心策略,其主要IT系统更新周期仅为3—6天。产品更新速度的提高保证了后台对接系统的有效供应。以亿联易贷美团项目为例,其后台对接的IT系统高达21个,除线上贷款平台外,还包括与渠道输出相关的共享平台、金融超市;与账务处理相关的统一支付、核心系统;与风险控制相关的"风险数据集市"、基于数据与模型驱动构建的大数据核心风控体系;与监管报送相关的大数据平台等。高效高质的技术更新使亿联银行拥有足够的技术保护客户免受隐私和财务损失的侵害,从而带来"能力"认同和品牌形象的不断提升。

(二)缜密的反欺诈系统促养诚信习惯

亿联银行通过缜密的业务渗透和策略布控防范反欺诈风险,并以此促进诚信建设。亿联银行的反欺诈系统有"两个严格":一是对客户身份严格把关。亿联银行将人脸识别认证系统引至线上业务办理中,要求客户在完成实名认证时实时拍摄身份证正反面及人脸照片上传,并通过实时调取客户在公安部公民身份认证系统的预留照片进行比对校验。同

---

① 数据来源:亿联银行2020年前三季度报表。

时,通过活体检测系统和翻拍、复印件识别等智能识别技术,对用户身份进行更为智能化的识别。二是严格防范投机风险。深入挖掘数据资源,参考行业相似业务的风险特征和同业成熟、成功的模型开发经验,通过量化分析建模和专家建议相结合的方式来防止投机行为。此外,亿联银行还通过接入人行征信、百行征信,并引入同业使用成熟、数据安全合规、黑名单数据覆盖规模较大的三方征信公司数据源,对客户信用进行评估。

(三)精细化战略彰显亿联银行的"仁慈"

亿联银行成立之初便制定了精细化、特色化的发展策略。首先,亿联银行确立了"数字银行,智慧生活"的战略定位和"打造普惠大众,赋能生活的智慧银行"的发展愿景,并努力践行"微存、易贷"的普惠金融理念①。在依托大数据、人工智能、云计算等科技创新手段的基础上,与美团、京东、百度等多家平台建立广泛合作,在消费金融、农村金融等领域进行了积极的创新实践,让客户充分享受数字普惠金融发展带来的便捷与高效。其次,紧跟国家政策方针,持续提升线上服务能力。在依法合规的前提下,加强推广"亿联易贷"和"亿贷"等业务,与合作方共同优化业务流程,提升客户体验。最后,对客户福祉高度关注,实时更新客户的"软信息",轻"押品"重人品,确保贷款用途真实性。

(四)行之有效的宣传熔铸共同价值观

亿联银行秉承"以客户为中心,以奋斗者为本"的价值观,并着眼于当代年轻人的生活,力图将金融服务与社交、生活服务等场景无缝融合,积极向公众宣传表达自己的价值观。2020年5月,亿联银行承包长春1号线的视频采用充满时尚活力的色彩,以"小时候总是骗爸妈自己没钱了,现在总是骗爸妈自己还有钱""有梦为马,随处可歇"等契合当代年轻

---

① 资料来源于亿联银行官网(https://www.yillionbank.com/page/about.html)。

人生活诉求的宣传语。这些宣传标语,既能巧妙反映潜在客户的渴望与心声,让他们感受到温暖、关心与鼓励,又能凸显亿联银行立足现实,竭诚服务客户的诚意,从而引发大众的共鸣。

四、主要结论及启示

与现有文献主要从信息理论和技术因素来探讨数字普惠金融的发展不同,项目从认知和情感维度,研究了数字普惠金融发展中的信任的建立以及可信任度对建立信任的影响。研究结果表明,数字普惠金融的发展可以建立信任,并且能力、诚信、仁慈和共同价值观对建立信任具有重要影响。因而,如何在数字普惠金融发展过程中建立信任,还需要多方配合,协同发力。

从政府层面,需要充分发挥政策的支持和引导功能,为信任的建立营造良好的外部环境。首先,要积极运用再贷款、再贴现、差别化存款准备金等货币政策工具,降低社会融资成本,增强数字普惠金融服务弱势群体的能力。其次,要建立合意的监管组织架构和运营模式,不断丰富监管方式和监管手段,从而增强金融机构合规经营、诚信经营的意识。再次,要积极健全相关法律法规,特别是针对网络犯罪、电子交易设计相应的法律法规。要不断强化对客户信息安全的保护,深化客户对数字普惠金融发展的信心。最后,还要持续推进信息安全标准化体系建设,制定数字普惠金融行业标准和规范,加强信息安全复合型人才培养。

从数字普惠金融供应方层面,要高度重视信任的核心作用,致力于提升自身可信任度来增强客户的信任。一是要秉持为客户提供高质量的金融产品和服务的宗旨,通过推进数字普惠金融的技术和产品创新,不断提升对“三农”、小微企业融资与智慧城市建设等领域的服务质效,践行“以可负担的成本为有金融服务需求的社会各阶层和群体提供适当、有效金融服务”的承诺。二是要通过产品和服务的设计向潜在客户传达实施承诺服务、实现共同价值的能力。要高度重视网站设计和实施策略,在通过网站交易安全架构、信息和服务的传递、网站美学设计等方面展示自身能力的同时,向客户传递机构共同价值观、政策和服务理念的一致性,从而增强自身可信赖度。三是提升服务质量,增强客户对数字普惠金融服务的满意度。要完善线上线下业务联动机制。通过线下服务与客户建立,将线下客户对服务的满意度和信任延伸至线上业务。同时,加强对数字普惠金融服务群体的培训,提高其业务水平和服务质量。四是进行积极的宣传营销,扩大数字普惠金融的影响力。要对接客户的真实需求以及加大掌上银行、电子医保账户、电子社保账户等数字普惠金融产品的综合营销,全面扩大各大中小型客户、农村集体经济组织、产业链上下游客户规模,带动相关业务办理。此外,还需要增强舆情危机意识,建立和完善网络舆情监测预警与引导处置机制,防止负面的舆情对网上银行业务及数字普惠金融发展的不利影响。

第三节　信任对西部地区家庭融资渠道偏好的影响

随着家庭金融学的发展,家庭融资作为家庭金融行为的核心内容,受到越来越多的学者的关注。钱水土等人认为家庭融资可以通过以银行等正规金融机构为代表的正规融资和以父母、邻居等为代表的非正规融资渠道进行。相对而言,正规融资具有借贷成本较低、资金更充裕等优势;而非正规融资则在克服信息不对称、解决担保不足,以及降低交易成本和违约成本等方面具有比较优势。

2013 年,我国首次将发展普惠金融上升为国家战略,传统金融逐渐走向"普惠"的价值取向,家庭融资的门槛和成本不断降低。中国人民银行发布的统计数据表明,2021 年家庭贷款占境内总贷款的比重已达到36.73%。虽然融资总量有了较大程度上升,但 2018 年中国家庭追踪调查数据(China Family Panel Studies,CFPS)显示,对表征家庭融资渠道偏好"如果您家需要借金额较大的一笔钱(例如用于买房、经营周转等),对首选的借钱对象会是谁"这一问题,只有35.58%的调研对象选择正规融资,另外64.42%的调研对象都选择了非正规融资,表明我国家庭偏好非正规融资的状况并未发生根本改变。

Luhmann 认为,信任是"通过提升自我对于外部世界的信心和内心的安全感而补偿由于信息缺失带来的不确定感觉,减少在包含风险情况下做出决策的复杂程度"。作为重要的社会文化变量,信任是影响家庭融资决策的重要因素。信任包括对自我的信任和对他人的信任。自我信任是每个人内在的"信任值",是个人信任行为的主观特征,不仅决定了个人在多大程度上相信他人,也决定了个人自身的可信度。"无信心借款人"理论认为,如果潜在借款人存在认知偏误,不具备相应的借款信心而高估借贷门槛,就会约束自身融资行为。王聪、廖婧琳的研究也表明,居民的自信程度显著影响其融资意愿。

对他人的信任如何影响家庭融资渠道偏好则存在两种观点。一种观点认为,对他人信任程度越高,家庭选择正规融资渠道的概率越大。周广肃等证实,对他人的信任能通过提高家庭从事投资、生产经营活动的预期收益,改善家庭经济状况,从而增大家庭获得正规融资的概率。另一种观点则认为,对他人的信任程度越高,家庭选择非正规融资的概率越大。周荣华、孙永苑等人的研究都证实,对他人的信任可以通过降低道德风险和逆向选择风险、提高履约效率、扩大社会网络、积累人脉关系等机制,显著增强家庭获得非正规融资的概率。

下面,利用2018年中国家庭追踪调查(CFPS)数据,实证分析了信任对家庭融资渠道偏好的影响,并对信任的异质性影响进行探索性分析。

一、数据说明及模型设定

（一）数据来源

中国家庭追踪调查（CFPS）是由北京大学中国社会科学调查中心负责实施的一项全国性调查。2010 年开始进行全国基线调查，目前共调查 7 次。此处使用的是 2018 年的调查数据。

对家庭融资渠道选择具有决定性影响的是一个家庭中最清楚家庭财务基本情况、在家庭融资方面最具有话语权的家庭成员。因此，选取"问卷最适合回答人"作为户主识别变量。同时，为保持数据质量，将测试题答案为"不适用""拒绝回答"和"不知道"的数据予以剔除；基于研究目的，将选择"任何情况下都不会去借钱"的样本予以剔除；基于年龄对融资决策的影响，将年龄小于 16 岁及年龄大于 65 岁的样本予以剔除，最后，只保留西部地区 12 省（区）数据，最终获得有效样本 3252 个。

（二）变量设置和描述性统计

此处的被解释变量是家庭融资渠道偏好，样本覆盖了已实际发生融资的家庭和未能成功融资以及暂时未有融资计划的家庭。问卷中，与此问题相关的是"如果您家需要借金额较大的一笔钱（例如用于买房、经营周转等），首选的借钱对象会是谁?"，对应的测量选项包括"银行""非银行正规金融机构""父母或子女""亲戚""朋友""民间借贷机构和个人"。参考吴卫星等学者的研究，将选择前两项的样本视为偏好正规融资渠道，而将选择后四项的样本视为偏好非正规融资渠道。

核心解释变量是不同维度的信任。参考宋启林、柴时军等学者的研究，将"对自己未来信心程度"作为自信的代理指标，将"喜欢信任还是怀疑别人"作为对他人的信任的代理指标。2018 年 CFPS 数据库中，"对自己未来信心程度"可以衡量对自己的信任程度；而"喜欢信任还是怀疑别人"可以衡量对他人的信任程度。为全面考察信任对融资渠道偏好的影响,将自信和对他人的信任经标准化后加总合成的变量作为总体信任的衡量指标。其中,自信标准化后取值范围为[-3.226,0.918],对他人的信任标准化后取值范围为[-1.081,0.924]。

根据被信任方的层次关系,对他人的信任又可细分为"纵向"的制度信任(Institutionaltrust)和"横向"的人际信任(Interpersonaltrust)。参考柴时军、聂建亮等学者的研究,将"对本地政府官员的信任"和"对医生的信任"的方差贡献率(依次为0.748、0.252)作为权重构造制度信任数集,即制度信任=对官员的信任×0.748+对医生的信任×0.252。同样方法,将"对父母的信任"和"对邻居的信任"的方差贡献率(依次为0.670、0.330)作为权重构造人际信任数集,即人际信任=对父母的信任×0.670+对邻居的信任×0.330。

参照柴时军等学者的研究,选取户主的性别、年龄、收入、婚姻及健康状况作为一般控制变量;参考陈银娥等(2018)、刘丸源等(2020)等学者的研究,选取生活满意度及政府公信力作为主观态度变量,并选取测试题项"对自己生活满意度""您认为政府腐败问题在我国有多严重"分别作为生活满意度及政府公信力的代理指标。此外,随着互联网技术及数字普惠金融的发展,越来越多的家庭通过手机银行或者网上银行办理业务,继而形成融资偏好。因此,选取测试题项"是否移动上网"和"是否电脑上网"分别作为手机银行和网上银行的代理指标。主要变量定义及描述性统计见表5.3.1。

表5.3.1　变量的描述性统计

变量	变量定义	赋值说明	均值	标准差
被解释变量	融资偏好(Fic)	非正规融资=1,正规融资=0	0.552	0.497

变量	变量定义	赋值说明	均值	标准差
解释变量	自信(Sec)	对自己未来有信心(1—5分;5分代表信心最高)	4.113	0.965
	制度信任(Int)	对官员的信任度(1—10分;10分代表信心最高)	5.062	2.721
		对医生的信任度(1—10分;10分代表信心最高)	6.830	2.391
	人际信任(Pet)	对父母的信任度(1—10分;10分代表信心最高)	9.216	1.536
		对邻居的信任度(1—10分;10分代表信心最高)	6.554	2.158
个体特征变量	年龄(Age)	按实际年龄取值	43.782	12.729
	性别(Sex)	是否为男性:是=1,否=0	0.552	0.497
	收入(Inc)	过去一年总收入的自然对数值	10.363	1.362
	婚姻(Mar)	是否已婚:是=1,否=0	0.798	0.401
	健康(Hea)	身体健康状况(1—5分;5分代表不健康)	3.046	4.634
主观态度变量	生活满意度(Lif)	对自己生活满意度(1—5分;5分代表非常满意)	3.914	0.998
	政府公信力(Gov)	政府腐败程度(0—10分,10分代表非常严重)	6.557	2.820
数字金融变量	手机银行(Mob)	是=1,否=0	0.531	0.499
	网上银行(Com)	是=1,否=0	0.159	0.366

表5.3.1数据显示,西部地区家庭融资渠道偏好均值为0.552,标准差为0.479,表明虽然样本整体更偏好非正规融资渠道,但选择正规融资渠道和非正规融资渠道的比例差异不大。自信均值为4.113,标准差为0.965,说明样本整体很自信且个体的自信程度差异较小。此外,对父母的信任均值达到9.372且标准为1.536,说明样本整体都对父母非常信任且个体对父母信任的差异不大。对邻居和医生的信任均值也都在

6.654 以上且标准差都大于 2.721,表明样本整体较为信任邻居和医生但个体对邻居和医生的信任差异较大。对官员的信任均值为 5.062,标准差为 2.685,表明样本整体对官员较不信任且个体对官员信任存在较大差异。以上数据表明,"在我国信任是建立在血缘共同体或者宗族纽带关系基础上的乡亲族党式的信任,而对熟人圈子之外的其他人,大多是缺乏信任的"基本状况没有改变。对制度信任和人际信任数集进行描述性统计分析,制度信任均值为 5.062 且标准差为 2.721,表明制度信任整体水平不高且个体存在较大差异;人际信任均值为 8.420 且标准差为1.315,表明人际信任整体水平很高且个体差异不大。

年龄、性别的相应指标表明,样本较好地控制为"户主"且男女比例协调;婚姻状况的均值为 0.798,标准差为 0.401,表明大多数样本为已婚;家庭收入状况均值为 5.222 万,标准差为 6.170 万,表明样本的家庭具有一定的收入,且收入水平存在较大差异。健康状况的均值为 3.046,标准差为 4.634,表明样本健康状况不够理想且样本间差异较大。生活满意度、政府公信力均值分别为 3.914、6.557,标准差分别为 0.998、2.820,表明样本生活满意度和对政府的信任度整体较高,且政府公信力个体差异大于生活满意度。手机银行、网上银行均值分别为 0.531、0.159,标注差分别为 0.499、0.366,表明西部地区手机银行普及度高,网上银行用户较少,且个体间差异不大。

二、实证分析过程及结果解释

家庭融资渠道偏好是一个二分值离散变量,故采用 Logit 模型进行回归分析。基于前述文献,建立如下基准回归方程:

$$\mathrm{Ln}\left(\frac{p_i}{1-p_i}\right) = \beta_0 + \beta_1 Ttu_i + \beta_2 Com_i + \beta_3 Att_i + \beta_4 Dig_i + \mu_i \quad (1)$$

其中,P_i 和 $1-P_i$ 分别代表第 i 个样本选择非正规融资与正规融资的概率。因而，$P_i / (1 - P_i)$ 表示第 i 个样本选择两种融资渠道的概率之比。Ttu_i 代表第 i 个样本的信任，包括第 i 个样本自信（Sec）和对他人的信任（Tio），或第 i 个样本的自信（Sec）、制度信任（Int）和人际信任（Pec）。Com_v 代表第 i 个样本的个人特征变量，包括年龄（Age）、性别（Sex）、收入（Inc）、婚姻（Mar）及健康（Hea）；Att_i 代表第 i 个样本的主观态度变量，包括生活满意度（Lif）、政府公信力（Gov）；Dig_i 代表第 i 个样本的数字金融变量，文中指手机银行（Mob）、网上银行（Com）。β_0 代表常数，β_1、β_2、β_3、β_4 则是相应变量的影响系数。μ_i 代表随机误差。

（一）不同维度信任影响融资渠道偏好

模型 1 检验自信对融资渠道偏好的影响。模型 2 和模型 3 分别研究自信与对他人的信任，以及自信、人际信任与制度信任对家庭融资渠道偏好的影响。为消除可能存在的异方差问题，所有回归结果经过稳健标准误差调整，结果如表 5.3.2 所示。

表 5.3.2　不同维度信任对融资偏好的影响

变量	模型 1	模型 2	模型 3
Sec	−0. 158 *** （0. 046）	−0. 157 *** （0. 046）	−0. 161 *** （0. 047）
Tio		−0. 068 （0. 080）	
Int			−0. 034 * （0. 018）
Pet			0. 053 * （0. 030）
Age	−0. 010 *** （0. 004）	−0. 010 ** （0. 004）	−0. 010 ** （0. 004）
Sex	−0. 243 *** （0. 081）	−0. 241 *** （0. 081）	−0. 247 *** （0. 081）

续表

变量	模型 1	模型 2	模型 3
Inc	−0.160 *** （0.046）	−0.157 *** （0.046）	−0.166 *** （0.047）
Mar	−0.151 （0.109）	−0.160 （0.109）	−0.161 （0.109）
Hea	0.054 （0.035）	0.054 （0.035）	0.054 （0.035）
Mob	−0.181 * （0.094）	−0.181 * （0.094）	−0.194 ** （0.094）
Com	−0.478 *** （0.120）	−0.460 *** （0.121）	−0.475 *** （0.121）
Lif	0.127 *** （0.045）	0.129 *** （0.045）	0.130 *** （0.046）
Gov	−0.008 （0.014）	−0.009 （0.014）	−0.016 （0.015）
N	2758	2755	2753
pseudo R2	0.027	0.027	0.028

注：*、** 和 *** 表示 10%、5% 和 1% 的显著性水平，下同。

根据表 5.3.2 数据，可以得到以下结论：

自信显著负向影响融资渠道偏好。自信系数均为负且在 1% 的水平上显著，说明自信程度越高，家庭越偏好正规融资渠道。可能的解释是，正规融资比非正规融资对贷款偿还有更严格的约束。而自信程度越高，对按时偿还贷款越有把握，因而选择正规融资渠道的概率越大。而对他人的信任虽然对样本家庭融资渠道偏好有正向影响但并不显著。

进一步研究发现，制度信任在 10% 的显著水平负向影响融资渠道偏好，人际信任在 10% 的显著水平正向影响家庭融资渠道偏好。也即制度信任水平越高，家庭选择正规融资概率越大；人际信任水平越高，家庭选择非正规融资概率越大。可能的解释是，制度信任水平越高，表明样本越相信金融机构能够公平对待借款人并保障借款人权益，因而越有可能选择正规融资;而人际信任水平越高,表明对熟人圈子的信任也越高,也就越大概率选择非正规融资这种"圈内"交易方式进行融资。

此外,年龄在三个模型中的系数都为负且都在5%的水平上显著,表明年龄越大,家庭选择正规融资的概率越大。性别系数在三个模型中都为负且都在1%的水平上显著,表明男性更偏好正规融资,女性更偏好非正规融资。收入对样本家庭选择正规融资具有显著正向作用,且在1%的水平上显著,即收入更高的家庭选择正规融资的概率更大。可能的解释是,正规金融机构更偏好男性、家庭更富裕的借款人,因而这些群体相对更容易从正规金融机构获得贷款。是否开通手机银行在5%的水平上与正规融资偏好呈正相关性,即开通手机银行的样本家庭选择正规融资的概率更大。网上银行在1%的水平上与正规融资偏好具有显著正相关性,即使用网上银行的样本家庭选择正规融资的概率更大。生活满意度对样本家庭选择非正规融资具有正向作用,且在1%的水平上显著,即使用网上银行的样本家庭选择非正规融资的概率更大。

(二)不同维度信任影响融资渠道偏好的边际效应

边际效应的含义是当其他变量保持不变时,解释变量变化1单位导致被解释变量的概率变化。为分析不同维度的信任发生变化时,西部地区样本家庭融资渠道偏好的概率将如何变化,运用上述 Logit 模型,进一步计算各解释变量处于均值时对被解释变量的边际效应,结果如表 5.3.3 所示。

表 5.3.3 信任对家庭融资渠道偏好的边际效应

变量	模型 1	模型 2	模型 3
Sec	-0.038*** (0.011)	-0.037*** (0.011)	-0.038*** (0.011)
Tio		-0.016 (0.019)	

续表

变量	模型 1	模型 2	模型 3
Int			-0.008^* (0.004)
Pet			0.013^* (0.007)
Age	-0.002^{***} (0.001)	-0.002^{**} (0.001)	-0.002^{**} (0.001)
Sex	-0.058^{***} (0.019)	-0.058^{***} (0.019)	-0.059^{***} (0.019)
Inc	-0.038^{***} (0.011)	-0.037^{***} (0.011)	-0.040^{***} (0.011)
Mar	-0.036 (0.026)	-0.038 (0.026)	-0.038 (0.026)
Hea	0.013 (0.008)	0.013 (0.008)	0.013 (0.008)
Mob	-0.043^* (0.022)	-0.043^* (0.022)	-0.046^{**} (0.022)
Com	-0.114^{***} (0.028)	-0.110^{***} (0.029)	-0.113^{***} (0.028)
Lif	0.030^{***} (0.011)	0.031^{***} (0.011)	0.031^{***} (0.011)
Gov	-0.002 (0.003)	-0.002 (0.003)	-0.004 (0.004)
N	2758	2755	2753

根据表 5.3.3 数据,可得到如下结果:

模型 1 中,自信的边际效应系数为 -0.038,表明自信每变化 1 单位,家庭选择正规融资渠道的概率变化 3.8 个百分点。模型 2 中,当自信与对他人的信任一起发挥作用时,对样本家庭选择正规融资具有显著正向作用,且在 1% 的水平上显著,但自信的边际效应略有下降,自信每变化 1 单位,样本家庭选择正规融资的概率变化 3.7 个百分点;而对他人的信任的边际效应系数为 -0.016,表明对他人的信任每变化 1 单位,家庭选择正规融资渠道的概率变化 1.6 个百分点。自信既影响家庭的融资决策,也影响家庭融资渠道选择,而对他人的信任更多影响的是家庭融资渠道选择。模型 3 中,当自信、制度信任及人际信任一起发挥作用时,自信仍然在 1% 的水平上与正规融资渠道偏好显著正相关,且自信每变化 1 单位,样本家庭选择正规融资的概率变化 3.8 个百分点。制度信任在 10% 的水平上对样本家庭选择正规融资具有显著正向作用,且制度信任每变化 1 单位,样本家庭选择正规融资的概率变化 0.8 个百分点;人际信任在 10% 的水平上对样本家庭选择非正规融资具有显著正向作用,且人际信任每变化 1 单位,样本家庭选择非正规融资的概率变化 1.3 个百分点。三组数据表明,自信和制度信任越高,样本家庭选择正规融资的概率越大;人际信任越高,样本家庭选择非正规融资的概率越大。

三、稳健性检验

由于被解释变量为二元离散变量,也可以采用 Probit 模型进行实证分析。因此,此处采用 Probit 模型对包含主要解释变量的模型 2 及模型 3 进行稳健性检验,结果如表 5.3.4 所示。

表 5.3.4　稳健性检验结果

检验结果	模型 1	模型 2	模型 3
Tru	-0.105 *** (0.037)		
Sec		-0.098 *** (0.029)	-0.101 *** (0.029)
Tio		-0.041 (0.050)	
Int			-0.021 * (0.011)
Pet			0.033 * (0.019)

续表

检验结果	模型 1	模型 2	模型 3
Age	−0.006 ** (0.003)	−0.006 ** (0.003)	−0.006 ** (0.003)
Sex	−0.146 *** (0.050)	−0.150 *** (0.050)	−0.153 *** (0.050)
Inc	−0.089 *** (0.025)	−0.090 *** (0.025)	−0.095 *** (0.025)
Mar	−0.112 * (0.067)	−0.105 (0.067)	−0.106 (0.067)
Hea	0.038 * (0.022)	0.035 (0.022)	0.035 (0.022)
Mob	−0.117 ** (0.058)	−0.117 ** (0.058)	−0.124 ** (0.058)
Com	−0.280 *** (0.074)	−0.291 *** (0.075)	−0.301 *** (0.074)
Lif	0.063 ** (0.027)	0.080 *** (0.028)	0.081 *** (0.028)
Gov	−0.007 (0.009)	−0.006 (0.009)	−0.010 (0.009)
N	2755	2755	2753
pseudo R^2	0.026	0.027	0.028

与表 5.3.2 中的模型 2 和模型 3 的结果相比,表 5.3.4 中两个模型的显著性水平、影响方向并未发生明显改变,验证了基准回归结果的稳健性。

四、异质性检验

信任对家庭融资偏好的影响可能存在户籍差异。根据"现在的户口状况",将样本分为农村户口和城市户口两组,再次对模型 2 及模型 3 进行回归,进一步检验信任对家庭融资渠道偏好的影响在农村和城市家庭中是否存在异质性。检验结果如表 5.3.5 所示。

表 5.3.5　信任对家庭融资渠道偏好影响的异质性检验

变量	模型 2		模型 3	
	农村	城市	农村	城市
自信(Sec)	−0.013 ** (0.006)	−0.027 ** (0.011)	−0.013 ** (0.006)	−0.029 ** (0.011)
对他人的信任(Tio)	−0.022 * (0.011)	−0.006 (0.021)		
制度信任(Int)			−0.007 *** (0.002)	−0.003 (0.005)
人际信任(Pet)			0.012 *** (0.004)	0.011 (0.009)
年龄(Age)	0.003 *** (0.001)	0.004 *** (0.001)	0.003 *** (0.001)	0.004 *** (0.001)
性别(Sex)	−0.058 *** (0.011)	−0.094 *** (0.020)	−0.061 *** (0.011)	−0.096 *** (0.020)
婚姻(Mar)	−0.027 * (0.016)	−0.031 (0.027)	−0.031 ** (0.016)	−0.032 (0.027)
现金存款(Cad)	−0.007 *** (0.001)	−0.007 *** (0.002)	−0.007 *** (0.001)	−0.007 *** (0.002)
金融发展(Fid)	−0.137 *** (0.012)	−0.107 *** (0.022)	−0.137 *** (0.012)	−0.104 *** (0.023)
样本量	6804	2385	6777	2383

表 5.3.5 结果表明,自信能显著影响利他家庭的正规融资偏好,且对无利他倾向家庭的影响系数更大。增加制度信任能显著有利他倾向家庭的正规融资渠道偏好,但无利他倾向家庭的融资渠道偏好影响不显著。提升人际信任能显著增加有利他倾向家庭的非正规融资渠道偏好但对无利他倾向家庭的影响也不显著。以上结果表明,信任对融资渠道偏好的影响在不同利他水平家庭中存在异质性。

五、主要结论及启示

信任是经济交易的道德基石,是一种重要的社会资本,其在经济交易中扮演着重要角色,并对家庭融资渠道的选择产生了深远的影响。此处利用CFPS数据进行实证分析,探讨了信任对家庭融资偏好之间的影响,归纳总结出以下结论:一是自信与对他人信任的提高,将促进西部地区家庭融资偏好正规融资渠道,从而提升正规金融机构的经济社会效益。二是居民不同偏向的信任水平影响西部地区家庭融资渠道选择。研究发现居民的制度信任水平越高,家庭融资越偏好选择正规融资渠道,而居民的人际信任水平越高,家庭融资越偏好非正规融资渠道。西部地区居民的信任偏向总体呈现"对父母的信任>对医生的信任>对邻居的信任>对官员的信任"的特点,促使西部地区家庭更偏好非正规融资渠道。三是信任对融资渠道偏好的影响在城乡家庭中存在异质性。其中,对于西部地区农村家庭样本而言,自信、制度信任对其选择正规融资具有显著积极作用,而人际信任对其选择非正规融资具有显著促进作用;对于西部地区城市家庭样本,自信对其选择正规融资具有显著正向作用,但人际信任、制度信任的影响却并不显著。同时,除了城乡差异外,性别、年龄、婚姻状况等个体特征以及家庭现金存款和地区金融发展等控制变量也对家庭融资渠道偏好产生显著影响。以上结论可以帮助人们更好地理解中国家庭金融行为的特征和规律,为推动普惠金融发展和提高家庭融资效率提供有益的启示。

从金融机构层面来看,应深入认识到信任在家庭融资渠道选择中的核心地位。一方面,金融机构需要积极提升自身的可信任度,通过诚信经营、不断提升金融服务的质量、注重客户利益的维护以及加强与客户的良好沟通和互动等多种方式,以增强客户对金融机构的信任,或通过广告和推广等方式展现其服务能力和意愿,从而增强客户对自身的信任,吸引更多的客户选择正规金融机构进行融资。另一方面,金融机构还需要通过加强金融宣传和教育来提升客户的金融素养和自信水平。如通过开展金融知识下乡普及活动、提供方便快捷的金融信息咨询服务以及提供相关的技能培训等非金融服务,帮助家庭更好地理解和利用正规融资渠道来满足生产经营的融资需求,以促使金融机构拓展新的客户群体,实现更加稳健、可持续的发展。

从政府层面来看,为了提升我国的信任水平,特别是农村地区的信任水平,政府需要充分发挥支持和引导作用。由于我国目前是一个信任水平相对较低的国家(张维迎,2002),这在一定程度上制约了信任对家庭融资渠道选择的影响效应。因此,政府不仅需要积极推动建立健全相关法律法规和监管机制以及风险管理机制,加强对金融机构和市场的监管力度以及信息披露的透明度和规范性等多种措施来支持和引导公众信任的提升,还需积极出台各项金融政策,大力扶持西部地区金融机构快速发展,以提高西部地区的金融服务覆盖面和服务质量,满足西部家庭的金融需求并增强他们的信任感,从而促进我国普惠金融的发展和提高家庭融资的效率和质量。

第四节 西部地区微型金融与客户建立信任的实践案例

近年来作者在调研过程中感受最深刻的是,微型金融机构正从政策要求服务"三农"向积极主动服务"三农"转变。为什么会有这种转变?2020年11月,对中国农业银行宁夏分行某县支行,以及宁夏永宁县农村信用合作社的调研解开了部分谜底。调研发现,信任作为经济交易的道德基础,不仅对家庭融资渠道选择具有重要影响,也会对微型金融的经营绩效产生重要影响,激发微型金融机构积极服务"三农"。

一、案例一:中国农业银行某县支行经验

访谈对象:中国农业银行某县支行信贷部韩主任和王经理

访谈时间:2020年11月6日上午

访谈地点:中国农业银行某县支行网点

韩主任在该支行工作有20多年了。谈及农业银行现在为什么这么重视服务"三农",韩主任觉得首先是市场竞争的结果,因为城市不仅竞争趋于饱和,经营风险也逐步大起来。而农村有很大的市场潜力。这些年随着经济的发展,农户的信贷需求不断增大,目前,农业银行某县支行20万元以下(贷款利率4.5%)的农户贷款都可以直接线上申请信用贷款,大大增加了贷款成本,提升了贷款效率。平均一个信贷员可以服务200多个农户,累加起来,信贷量也很客观。其次,经过十多年的服务,农业银行与客户已经建立起了深厚的感情,双方之间都很信任,这大大增加了信贷效率,降低了信贷成本。韩主任说,他和农场中农户的关系就像朋友一样,平时下去"跑村",农户见了他,都要请他到家里喝个酒(尽管行里有要求,不允许)。而这种关系的建立归因于他在当地长时间的积累。比如今年秋收时,他和信贷员在"场院"帮助农户收粮,卖粮,时间长达一个月之久,最后农场绝大多数农户都直接将卖粮款经由他存到了,为他增加了业务量。而平时如果贷款快到期了,他也只需打个电话,客户就马上还了(韩经理介绍,他所服务的农户的不良贷款率只有0.4%—0.5%)。韩主任还介绍,现在银行都在推行整村推进,但在具体实施过程中,只有信贷员和农户之间经过较长时间的接触,相互能信任,整村推进才能实现。并且,如果信贷员服务到一个村50%—60%的家庭,因为邻里的口口相传,那这个村的其他农户有信贷需求都会直接找这位信贷员,其他银行的信贷员肯定是进不来了。此外,农户的忠诚度非常高,一旦农户与信贷员建立良好信任关系后,农户就会跟随信贷员。言谈间,韩主任非常有成就感。他说现在和客户之间相处得就像"兄弟",现在客户家里有什么问题,比如,家里要不要添置大件,买什么好,也经常会打电话咨询他。

王经理在该支行工作也有 10 多年了，也一直从事"三农"信贷工作。他介绍，以前是银行说什么，农户就信什么。现在由于金融知识宣传和互联网的普及，农户积累了较多金融知识。而且在村里办理业务时，有些农户还会主动向业务员主动了解金融政策、理财产品等信息。这种由被动接受向主动了解的过程，一定程度上减轻了银行职员的负担。另外，现在农户征信机制也在建设中，可以利用信用卡、手机银行等方式，通过银行结算系统和人行征信系统采集农户的资产、负债等数据。农户一旦失信，将直接影响其子女上学、参军、当公务员和到事业单位工作，农户开始特别关注自身信用，大幅度提高了客户的信用意识。但王经理也介绍，各类金融诈骗案例的传播，导致客户对银行的信任度降低，有些客户对把钱存到银行的安全性产生怀疑，对银行的依赖程度也在降低。

二、案例二：某县农村信用合作社的经验

访谈对象：某县农村信用合作社毛姓社长

访谈时间：2020 年 11 月 6 日下午

访谈地点：某县李俊镇、王团村、团结村

在李俊镇农村信用合作社，毛社长向我们介绍，该县农村信用合作社 100 万元以下的贷款都是通过线上申请的纯信用贷款（贷款利率 8%—10.5%），平均每个信贷员负责 500 多个客户！我们很难想象，一个信贷员服务这么多客户。毛社长介绍，他们主要是服务大的客户（这些客户都是养殖大户），再由大客户管理小客户；信贷员一般并不直接服务小客户。其实就是"信用合作社+农村专业合作社+合作社会员"的模式。

毛社长还带我们到王团村，对部分养殖户进行了访谈。访谈过程中发现，养殖户的精神状态都非常积极，乐观。即使有位养牛的农户因为合作伙伴的原因，之前没有按时偿还贷款，毛社长问他什么时候能偿还，他也很爽快地回复，这批牛一出栏就马上还上。而且，所有养殖户都与毛社

长非常熟络,用方言说着他们的贷款、合作伙伴,以及生活或生意中的一些问题,他们都向毛社长和盘托出。后来毛社长介绍,这些养殖户都是他们社长期服务的客户,相对他们也更富裕;并且,那位不能按时偿还贷款的养殖户是上当受骗了,他们通过信用恢复,又给他贷上新款。这种情况,每年都会有。所以,养殖户与他们关系都很好。有钱了,他们也会及时偿还。

项目组还到王团村的邻村进行了访谈。这个村是因为环保问题,不能发展养殖业而整体搬迁到这里的。这个村村委会主任介绍,因为语言问题,村里的人就只能到邻近的城里打工,临近城里找不到工作的就闲在家里,农忙的时候忙一下农活。因为人均耕地少,其实大部分都是闲着。村集体没有什么收入,目前村两委的主要工作就是移风易俗。① 访谈时,看到很多人聚集在村委会的广场上晒太阳。毛社长介绍,这个村主要种植传统农作物,很少人贷款。而相比王团村村民积极热情的态度,我们也明显感觉到这里的人们之间的冷淡落寞。

---

① 主要是红白喜事简办,不能搞封建迷信。

第六章　西部地区微型金融与民族文化协同发展的典型经验

　　微型金融与民族文化存在着互利共生的关系。民族文化不仅是民族精神的承载，也是当地经济潜力的体现。微型金融作为连接资本供给与需求的桥梁，在为西部地区带来金融活水的同时，还可以通过激发和利用民族文化的这一潜力，成为推动民族文化创新发展的动力源泉。而西部地区文化的独特性和多样性又能为微型金融发展提供特色化的市场定位与服务创新的机会，从而帮助微型金融通过金融服务的差异化竞争优势来实现财务绩效和社会绩效甚至环境绩效（绿色发展）的多重目标。

　　这一章试图通过中国农业银行、鄂温克蒙商村镇银行，以及中和农信等三个案例，揭示微型金融与民族文化协同发展的有效路径：一方面微型金融机构通过资金支持、产品创新、金融教育及促进就业等方式，为民族文化的创新发展提供动力；另一方面民族文化也能为微型金融机构带来品牌差异化、市场拓展、社会责任提升及财务绩效的增长机会。这种互利共生的模式为微型金融与民族文化的协同发展提供了新的视角和实践路径。

第一节 中国农业银行助力民族文化
发展的实践

秀山土家族苗族自治县(以下简称"秀山县")位于武陵山集中连片特困地区,是重庆市少数民族①聚居之地,1986 年被认定为国家级贫困县。2015 年,为加快推进秀山县脱贫进程,中国农业银行(以下简称"农行")对秀山县展开点对点帮扶,此后,秀山县开始进入发展通道。2017 年 11 月,秀山县正式"脱贫摘帽",退出国家扶贫开发序列;2019 年,秀山县地区生产总值突破 283 亿元,跃居渝东南地区第一位②;2021 年,秀山县电商作为全国消费帮扶助力乡村振兴典型案例,先后两次被纳入"全国电子商务进农村综合示范县"。下面,以秀山县为例,分析微型金融与民族文化协同发展的实践路径。

一、助力产业发展

产业发展与民族文化相互联系、相互影响并塑造彼此。一方面,民族文化包括价值观、信仰体系、社会习俗等,会影响个体的创新能力、合作意愿以及对风险的容忍度,进而影响到产业发展的速度和发展方式。比如,有些文化鼓励个体创新和冒险,就可能会促进产业的快速发展。另一方面,产业发展带来的经济增长也可以改变人们的生活方式、价值观和社会结构,从而塑造民族文化。比如,良好的产业发展有助于提升民族文化的自信心和认同感,促进民族文化的传承和发展。此外,产业发展还可以促

---

① 秀山县少数民族以土家族、苗族为主,涵盖瑶族、侗族、白族、布依族等 30 个少数民族。

② 新华网:《农行定点扶贫秀山第 5 年:直击"决战决胜"关键处》,2020 年 7 月 19 日,见 http://m.xinhuanet.com/cq/2020-07/19/c_1126258055.htm。

进民族文化的交流和融合,促进不同民族之间的相互理解和共享,从而塑造多元化的文化特征。因而,微型金融可以通过促进产业发展而与民族文化协同发展。

(一)助力特色农业发展

农行对秀山县全方位帮扶主要围绕做大做强农业产业,推动第一、二、三产业融合,培育民族品牌等几个方面展开。通过一系列措施,目前,秀山县已发展建成了以特色作物为核心的农业产业基地,并成功打造了独具地方特色的民族农业品牌。

秀山县土地肥沃、四季湿润、降水充沛、无霜期长,非常适合茶叶生长,但受限于技术团队和集体抱团意识,多年来,秀山县茶叶一直不温不火。针对这一问题,农行对秀山县展开了多项茶叶产业相关帮扶行动:一是投资 250 万帮扶资金建设秀山县洪安镇平码猛董联合加工厂,用于厂房建设和设备购进。如今,该加工厂可实现干茶年产量 100 吨以上,辐射带动周边 16000 亩茶产业发展。① 二是,着力扶持茶产业龙头企业——鼎元茶叶有限公司,通过信贷帮助其全面打通"一二三"产业链,实现干茶加工年产量 15 吨,为 300 余名农民提供就业岗位。② 此外,农行以信贷支持方式,联合县政府在秀山县建设茶叶交易市场和茶业电商孵化园茶文化展示馆,在助推产业发展的同时,也通过举办茶文化活动促进茶产业文化的传承和发展。农行的全方位帮扶使得茶产业成为秀山县五大特色效益农业之一,也成为促农增收的"一号产业"。除支持茶产业外,农

---

① 秀山土家族苗族自治县农业农村委员会:《秀山:农行点点帮扶乡村建设,助力山乡巨变》,2022 年 8 月 17 日,见 https://nyncw.cq.gov.cn/zwxx_161/qxlb/202208/t20220822_11026382.html。

② 秀山土家族苗族自治县人民政府:《农行定点帮扶秀山茶产业"绿叶"变"金叶"》,2022 年 5 月 9 日,见 http://www.cqxs.gov.cn/zwxx_207/xsyw/202205/t20220509_10693611_wap.html。

行还在秀山县投入资金扶持中药材天冬、黄精等特色产业基地建设。如投入200万元用于建设涌洞镇古田村千亩天冬产业基地,而基地再通过"土地流转+务工"模式,实现农民增收。①

（二）助力电商产业链发展

秀山县地处大山深处,受地理条件限制,农产品销售一直是秀山县面临的一大难题。农行自定点帮扶秀山县以来,不仅在助贷产品上着力创新,在秀山县农产品销售方面也给予了大力支持,有效地促进了秀山县农业产品销售和电商产业的发展。如农行连续6年支持秀山县"农行杯"电商大赛,在宣传秀山县蓬勃发展的影响力,吸引了众多优秀的电商企业前来秀山投资。截至2022年底,全县电商从业人员数量已达到3万人,电商主体达到3000家,网络店铺数量超过25000个,销售的农产品及加工品总价值高达64亿元,并发送了11220万个快递包裹。通过发展农村电商,秀山县已经培养了超过6500名的营销、美工和客服等方面的专业技能人才,创造了22种全新的就业岗位。电商的发展还带动了3500余名脱贫群众实现创业和就业。值得一提的是,许多创业者在电商领域实现了巨大的成功,他们的年销售额甚至达到了数千万元甚至过亿元,从待业青年蜕变成了成功的致富能人。②

（三）助力非遗产业发展

土家织锦,土家族语又称"西兰卡普",是土家族的传统手工艺,也是秀山县非物质文化遗产产品的名片。2006年被列入第一批国家级非物质文化遗产名录。由于产业动力不足,秀山县土家织锦近年来面临着后

---

① 秀山电子报:《秀山:农行点点帮扶乡村建设,助力山乡巨变》,2022年8月17日,见 https://nyncw.cq.gov.cn/zwxx_161/qxlb/202208/t20220822_11026382.html。

② 秀山网:《"农行杯"电商大赛:赋能双创,助推共富》,2022年8月10日,见 ht-tps://wap.bjd.com.cn/news/2022/12/21/10271747.shtml。

继无人的问题。

为了解决非物质文化遗产传承和产业振兴问题,自 2020 年 6 月以来,秀山县借助农行的援助,在多个乡镇举办土家织锦培训班,至今已培训 460 余人。作为秀山县的定点帮扶单位,农行还投入专项帮扶资金,在洪安、隘口、龙池等乡镇建立了 5 个土家织锦非遗就业工坊,帮助当地农村妇女实现在家门口就业。农行还在秀山县创新推出"惠农 e 贷·非遗贷",旨在为经营困难的非遗传承人、企业负责人、专业技能人才提供信贷支持。目前,已为一批从事土家织锦、苗绣、秀山花灯等非遗产业的优秀非遗传承人和经营者提供了资金援助。与此同时,为助力非遗产品销售,秀山县还探索市场化"非遗+电商"模式,在农行掌银"兴农商城"等线上平台推出相关产品销售。

(四)助力旅游产业发展

秀山县的发展离不开旅游业的繁荣,随着农行定点帮扶工作的推进,农行秀山支行利用秀山县独特的地理位置,帮助秀山县成立了独具特色的农业园区。农行专门为农业园区设立了帮扶资金,帮助园区修建停车场、医务室、公厕、廊道等,有效改善了园区旅游接待功能,提高了园区游客接待率。农业园区的设施完善使得附近村民通过就业实现增收,很多村民"搭上了旅游顺风车、吃上了乡村旅游饭"。

如今,在农行定点帮扶等各方支持下,农业园区取得了显著的成果。如梅江镇兴隆坳农业园区已获评为国家农村产业融合发展示范园,入选全国茶乡旅游精品线路之一,所在的兴隆坳村获批第四批全国乡村旅游重点村等。

二、提升居民收入

物质财富增加会激发对精神财富的需求。因为居民收入提升、变得富裕后,会更有意愿参与传统节日、艺术表演、文化教育等活动,从而促进民族文化的传承和发展。同时,民族文化所具有独特的吸引力和市场价值,也可以成为旅游业、文化创意产业等领域的重要资源,吸引更多的游客和投资并带动相关产业的发展,从而提高居民的收入水平。因而,微型金融可以通过提升居民收入与民族文化协同发展。

(一)创新助贷产品

2015年,在对秀山县进村入户走访调研中,农行秀山县支行工作人员深深感受到各类主体对金融需求的迫切性,发现影响金融服务供需有效对接的因素主要有三个方面:一是金融机构的金融服务成本较高。由于秀山县境内地形复杂,大部分农村居民居住相对分散,导致当地金融机构上门开展金融服务所需成本过高。二是相关金融创新产品"待字闺中"。为更好提升点对点帮扶效应,农行推出了一系列针对农村地区的金融新产品。但由于宣传途径的单一性,出现了很多闲置性金融创新产品。三是金融机构和市场主体金融供需有效对接存在"梗阻"。农户难以获得所需要的金融服务,金融机构则是难以寻找到潜在客户。

针对秀山县乡村振兴金融服务存在的局限性,农行积极在产品创新、信贷投入方面持续发力。2022年5月12日,农行正式推出秀山县乡村振兴金融综合服务平台,被当地居民亲切地称为"秀兴通"。"秀兴通"平台具备融资需求发布、信息报告、产品发布对接、贷款联审等四大核心功能。除此之外,"秀兴通"还配套了小程序、App、微信公众号等服务功能。"秀兴通"数字金融服务,一方面满足了各类客户实现线上操作即可获得金融服务,切实为秀山县老百姓带来了方便和实惠;另一方面,也实现了信贷产品的多样化。如针对经营主体推出了增信产业贷,针对致贫风险建立了防返贫基金,创新性推出"乡村振兴·消费帮扶贷"和"智慧畜牧贷"专属产品,成为助力乡村振兴建设重要金融支撑。截至2023年4月

25 日,"秀兴通"平台在开通不到一年的时间里,就已经帮助客户发布融资需求 4.94 亿元,对接成功金额 4.68 亿元①,极大改善了农民和小微企业主的融资境遇。

此外,农行针对秀山县的实际情况推出了许多利民、惠民的金融信贷和金融服务产品。如针对农户群体推出了创新"富民贷"业务,"富民贷"具有服务对象宽、免担保、利率低等优点,并建立有县乡村三级服务体系,大大提高了办贷效率,为农户带来了更好的服务体验。截至 2023 年 4 月,全县"富民贷"已投放 1.19 亿元,贷款余额 7354 万元,惠及 75 个行政村,共计 523 户农户受益。②

(二)持续提供信贷支持

农行在秀山县定点扶贫的工作中,提供贷款、担保等金融服务,帮助农民解决资金难问题,为巩固脱贫攻坚成果,预防返贫工作提供资金支持。2021 年,秀山县累计发放脱贫人口小额贷款总计 41736 万元,贷款户数达到了 11393 户,脱贫人口获贷率达 67.66%。与此同时,农行加大产业帮扶力度与农业产业发展扶贫模式研究,初步探索形成了"34510"产业帮扶联农带农模式,实现了扶贫项目直接带动农民增收的作用。同时,2021 年,农行还联合秀山县人民政府,已完成建立农业项目 323 个,注入资金 17912 万元,帮扶农业养殖大户 38 个、建成农业合作社 33 个、建设农业企业 49 个,带动了 10987 户次、38776 人次低收入人群增加收益,共计 360.9 万元。③ 这些举措都有效增加了秀山县农村居民收入。

---

① 秀山全媒体:《情亲帮扶结硕果,乡村振兴谱新篇》,2023 年 4 月 25 日,见 ht-tp://www.zgcqxs.net/show/news/84715.html。

② 渝见新重庆:《游走在重庆:金融活水+组合拳,"秀山样板"这样"绣出来"》,2023 年 4 月 11 日,见 https://baijiahao.baidu.com/s? id = 1762863448622382650&wfr = spider&for = pc。

③ 赵云鹏:《金融支持脱贫地区防返贫的实践与思考——基于重庆秀山县的调研》,《农银学刊》2022 年第 1 期。

三、改善乡村治理

乡村治理的改善,比如通过建立文化活动中心、传统手工艺品展示中心等设施,可以为民族文化发展提供更好的环境和支持,从而为民族文化提供更广阔的发展空间。而且,有效的乡村治理体系可以提供稳定的社会环境和公共服务,为民族文化的创新发展创造条件。当然,民族文化也可以对乡村治理的改善起到积极作用。民族文化通常具有凝聚力和社会认同感,可以促进社区成员之间的合作和信任,从而有助于改善乡村治理。例如,一些民族文化重视集体主义和互助精神,这为社区居民之间建立良好的合作关系提供了基础。因而,微型金融也能通过改善乡村治理与民族文化协同发展。

(一)保障医教民生

1. 医疗帮扶

医疗一直是民生问题的关键所在,也是人们生活幸福度的真实体验。农行在国家和党的政策部署前提下,针对秀山县所面临医疗短缺的情况,实施一系列的措施创新医疗帮扶。如建立秀山县医疗救助基金。截至2022年,共发放救助基金365万元,累计完成救助753人。再如,设立医疗救助"资金池",对因大病产生大额自付医疗费用超过0.3万元的返贫致贫人口、脱贫不稳定户、边缘易致贫户、突发严重困难户进行分段救助。另外,还创新设立秀山县农村妇女"四癌"关爱保险基金,旨在关注农村妇女的健康问题;建立"守护夕阳红"关爱保险基金,帮助老年人应对突发的医疗费用、意外事故等问题。此外,在农行帮助下,秀山县建立起智慧医疗平台,实现了基层乡镇卫生院预约挂号、门诊缴费、报告查询、咨询服务等线上办;同时,农行秀山支行向县域诊所、医生群体发放贷款1235万元,向秀山县人民医院发放设备更新改造贷款 5000 万元。① 在农户的支持下，秀山县老百姓的就医需求得到更好满足，县人民医院学科都得到发展。

2. 教育帮扶

教育是人们关心的又一重大方面。教育方面的提高对于当地经济社会发展起着至关重要的作用。近年来，农行在对秀山县精准扶贫的基础上，重点加强教育帮扶。引进建设清华大学乡村振兴秀山远程教学站和北京师范大学教育资源，加大乡村振兴干部、致富带头人、农村专业技术提升和秀山县乡村教师进行教育技能和心理健康技能的培训。农行助力秀山县开展教育帮扶过程中，投入了大量的帮扶资金，启动了乡村中小学心理健康服务体系建设。通过引进专业的心理咨询机构，对全县 1.7 万名中小学生进行了心理健康普测，并建立了一生一档的心理健康平台。同时，农行还持续开展乡村小学信息化建设，为龙凤坝镇、隘口镇、涌洞镇等乡村中小学配备智能黑板、建设计算机教室，助力乡村中小学生从"有学上"到"上好学"。

（二）提升人居环境

1. 保障住房、饮水环境

安全住房有保障，美丽乡村如画卷，这是对秀山县近几年乡村建设改造的最大肯定。农行作为秀山县最有力的帮扶单位着力加强住房和饮水安全保障力度。为此，农行秀山支行已投放了 2 亿元的贷款，用于支持保障性住房的安居工程建设；同时还向农户发放了 2.9 亿元的个人住房按揭贷款，以支持农户进城安居乐业。此外，农行秀山支行还对雅江镇的乡村饮水设施建设和管护工程及涌洞镇的产业灌溉提升工程予以支持。这些举措对于改善农民的生活条件，提高他们的生活质量具有重要意义。

---

① 秀山网：《农行：实施"十大行动"打造定点帮扶"秀山样板"》，2022 年 12 月 29 日，见 http://www.cqxs.gov.cn/zwxx_207/xsyw/202212/t20221229_11433997_wap.html。

2. 改善基础设施建设

农行秀山支行针对秀山县基础设施改善方面做了大量工作,帮助建设了宋农镇新和平村榨油厂、洪安镇猛董村茶叶加工厂、平凯街道矮坳村绿色果蔬分拣车间等一系列基础设施项目,大大提升了秀山县整个产业的基础设施配套水平和能力。针对乡村综合服务站,农行开展智慧乡村综合服务试点,首批在隘口镇等 6 个乡镇(街道)试点"三资"管理、贷款推荐等功能场景;在雅江镇、龙池镇等上线乡镇治理场景,在龙池镇实现智慧畜牧场景落地;创新设立"爱心超市"基金,在 27 个乡镇(街道)打造"积分银行",服务乡村治理。

3. 加强生态振兴

农行秀山县支行在洪安镇、龙池镇、雅江镇投入 163 万元定点帮扶资金深入开展农村人居环境整治提升,投入帮扶资金 113 万元帮助完善农村生活设施,助力 3 个村实施生活垃圾和污水治理,共建蓝天白云。农行秀山支行发放生态振兴领域贷款 2 亿元①,助力农村生态保护,治理生态水土流失,提高居民居住环境。此外,为了改善秀山县乡村厕所脏、乱、臭的现状,农行率先在秀山县建立了农村"厕所革命"基金,给予定额补助,确保改一个、成一个、用一个、群众满意一个,已支持隘口镇、涌洞镇、洪安镇试点建设 325 个高标准农村卫生厕所。

第二节　鄂温克蒙商村镇银行践行
金融文化的实践

鄂温克蒙商村镇银行②位于大兴安岭西麓巴尔虎草原,是 2009 年 4

---

① 秀山网:《农行:实施"十大行动"打造定点帮扶"秀山样板"》,2022 年 12 月 29 日,见 http://www.cqxs.gov.cn/zwxx_207/xsyw/202212/t20221229_11433997_wap.html。

② 曾用名:鄂温克包商村镇银行;2020 年 11 月,鄂温克包商村镇银行受母公司包商银行被接管的影响,更名为鄂温克蒙商村镇银行。

月由包商银行①发起设立的全国首家进驻少数民族自治县域的新型农村金融机构,也是全国首家专注牧区服务的村镇银行。鄂温克蒙商村镇银行遵循"以人为本、客户至上、团队协作、创新发展、诚信经营、追求卓越"的价值观,致力于为草原基层牧区的经济和社会发展提供微型金融服务和人文关怀,坚持走向基层、走向牧区,打造出全国范围独具特色的"马背银行"。成立10年间,鄂温克蒙商村镇银行累计放贷40多亿元,北河、新区等5个支行网点均坐落在经济不发达的偏远乡镇,业务覆盖到9个苏木及74个嘎查(村),受益农牧民6万多户,在一定程度上填补了鄂温克族自治旗当地的金融服务空白,先后荣获内蒙古自治区、呼伦贝尔市等机关、行业和社会组织授予的"微型金融机构奖""最佳村镇银行""中国服务县域经济十佳村镇银行""金融支持县域经济发展突出贡献奖"等荣誉称号60多项。

作为一家只有100余名员工的小型农村金融机构,鄂温克蒙商村镇银行在村镇银行整体发展形势严峻的背景下,经受住母公司包商村镇银行被接管风波,且呈现出稳健发展态势,与其在经营中高度强调信用体系建设和文化建设息息相关。

一、以信用体系建设奠定银行风控之基

鄂温克旗是鄂温克族自治旗的简称,是中国三个少数民族自治旗之一,也是鄂温克民族实行民族区域自治的地方,位于大兴安岭山地西北坡,属于高原型地貌区。鄂温克旗居民以鄂温克族为主体,另有汉、蒙古、达斡尔等3个世居民族和回、满、朝鲜等21个常住民族。在民族大团结的环境中,这些民族在语言、民俗、服装、建筑、生活习惯等方面都形成良

---

① 包商银行是2000年成立于内蒙古自治区的一家城市商业银行,曾经是我国最大的民营银行之一。2019年5月,该行暴露出严重的信贷风险。2020年4月,新成立的蒙商银行收购承接了包商银行的相关业务。

好融合。然而,由于金融机构稀少,农牧民能接触到的信用、征信方面的信息较少,而且,受根深蒂固的非正式信用的影响,大部分鄂温克旗居民对现代信用的重要性没有基本认识。因此,从开业初期起,鄂温克蒙商银行即致力于信用体系建设,以减少借款人的逆向选择、提高借款人的违约成本以及避免过度授信。

(一)呼和温都尔整村授信模式

银行的授信评级体系要与品牌定位、产品定位以及客户群体定位紧密相关。针对鄂温克旗地理条件和生产条件,鄂温克旗蒙商银行建立了独具特色的牧区业务授信体系。其中,呼和温都的整村授信具有代表性。

呼和温都尔嘎查位于陈巴尔虎旗巴彦库仁镇东北60公里,全村总户数为51户,人口数130人,主要为蒙古族,以经营畜牧业和旅游点为主。最初,该地区的农牧民对银行信贷人员并不信任,甚至都不愿意与银行信贷人员交流。鄂温克旗蒙商银行利用少数民族员工精通蒙汉双语的先天优势,通过村党支部委员和村民委员班子的带队,4名信贷员轮番下户宣传,并在办理业务时同步进行金融知识宣传、收集农牧民意见并改进自身不足。经过整整3个月的大力推进,鄂温克巴彦库仁支行的信贷才实现破冰。

呼和温都尔这种整村授信模式不仅帮助银行降低了信用风险,对于嘎查管理和牧民个人诚信意识也有很好的促进作用,推进乡村治理环境向好发展。

(二)永丰嘎查联保模式

永丰嘎查坐落于伊敏河镇,占地面积110平方公里。总户数280户,总人口800人,是以鄂温克旗为主体的纯牧业嘎查。一直以来,永丰嘎查都非常重视嘎查党支部、嘎查"两委"委员在嘎查集体经济中的带头作用,着力实现"产业发展有看头、集体经济有说头、农牧民群众有赚头"的发展理念。基于此,鄂温克旗蒙商银行伊敏支行创新推出"牧民联保+嘎查两委委员保证"的金融服务模式,通过"达日嘎"贷款产品将永丰嘎查的信用建设和嘎查"两委"联系起来,借助嘎查"两委"的影响力和权威性,以及"两委"在嘎查的号召力和组织能力开展信贷业务,给予由嘎查两委委员保证的农牧民贷款利率和贷款额度的双重支持。

永丰嘎查联保模式的践行,通过整体信用来实现牧民间的相互监督,把金融服务与"文明诚信牧区模范户"建设相结合,在银行、嘎查"两委"及农牧民三者之间建立一种和谐信任的关系,不仅有利于鄂温克蒙商村镇银行的可持续发展,还能促进嘎查村务管理走向善治、走向德治,提高牧区的乡村文明程度。

(三)"吉日格勒"帮扶计划

伊敏苏木毕鲁图嘎查位于鄂温克旗南部,距离伊敏河镇25公里。总户数为216户,其中建档立卡贫困户25户,也是以鄂温克族为主体的纯牧业嘎查。

2017年,呼伦贝尔遭遇百年一遇的特大干旱,牧民的生活出现急剧变化,很多牧民不得不通过借高利贷来维持基本生活,根本无法偿还银行贷款。针对这种情况,鄂温克旗伊敏支行设计了专项产品"吉日格勒"(意为幸福美满),通过为大户提供贷款、由大户带动贫困户发展的方式,降低牧民还款压力;并专门设立"哈拉木吉"贷款互助储金方案,帮助牧民逐步建立储蓄资金。

除伊敏支行外,鄂温克蒙商村镇银行其他支行也都积极实施差别化的逾期容忍和风险控制措施,对因自然灾害或遭遇重大变故等原因导致的真实不能偿还贷款,管户信贷员都会在第一时间主动上门与客户共同"会诊",根据客户实际情况,一方面通过软信息提升客户的信用认识来化解风险;一方面会通过贷款重组、减免罚息或调整还款计划等方式帮助客户渡过经营难关。通过帮扶计划和差异化逾期容忍，不断加深客户对银行的信任。很多客户最后主动成为银行的信任使者，用切身经验宣传信用的重要性。鄂温克蒙商银行用实际行动诠释了"马背银行"扎根牧区、服务牧区的理念。

二、以文化建设筑牢银行发展之基

鄂温克蒙商村镇银行秉承"诚信、专业、创新、高效"的经营理念和服务理念，注重银行文化建设。通过全面的文化建设，为银行发展打下扎实的微观基础。

（一）以银行形象文化建设传播草原民族文化

鄂温克蒙商村镇银行将金融、民族、草原三因素有机融合，通过行标、行歌、文化衫、文化墙和文化展示区等方式，随时随地展示该行"马背银行　筑梦草原"的经营使命和"服务三农三牧，促进民族团结"的社会责任担当。比如，行标中圆形方孔的形状和草原的颜色，精准地刻画了银行"草原上的银行、牧民的银行"这一形象，是马背银行的标志性存在。再如，为消除少数民族牧民客户与银行之间的心理隔阂，银行专设蒙语窗口和配备精通蒙语的大堂经理，消除不懂汉语的少数民族客户使用银行服务的障碍；同时，银行还在广播电台蒙语频道向牧民宣传金融知识和银行业务，以及定期组织业务人员深入基层，开展牧区金融知识的普及和宣传工作。总之，鄂温克蒙商村镇银行通过全方位的文化形象建设，切实将自身融入到牧民的生活之中，在展示深厚的民族文化底蕴和宽广豪迈的草原胸怀中，在潜移默化中感染员工，感动客户。

（二）以行为和制度文化建设凝心聚力

鄂温克蒙商村镇银行以服务牧区为初心，以兼顾社会绩效与财务绩效为目标。为保障企业文化能够引导银行的日常运营，银行持续通过员工行为文化、领导行为文化和制度文化建设,不断提升全体员工对企业文化的认同,激发员工献身牧区普惠金融的情怀。同时,还通过"内部竞聘"等机制,将认同银行文化的人才提拔到合适的岗位,确保银行文化能够不断延续和传承。

比如,银行为了匹配鄂温克旗牧民普遍具有的"收入随机性强、经营不确定性大而且相对较为贫困"的特点,制定了"务实与灵活"相结合的企业制度文化。也即在内部制度文化方面,鼓励员工踏踏实实做事;在业务制度上,则鼓励员工围绕"服务牧区牧民、履行社会责任"这一原则而灵活变通。在这样的制度文化下,银行创新推出了一系列针对不同客户、不同需求的信贷产品。如"塔拉四宝""塔拉微贷""呼斯楞"和"圈链业务"等产品,都体现出很强的灵活性和地区适应性。

(三)以精神文化建设引领发展方向

鄂温克地广人稀,冬季异常寒冷;再加上经济相对落后,多因素交织叠加使得当地居民金融需求的规模、层次、结构都有较大特殊性。鄂温克蒙商银行建立之初,即以"做全国最好的牧业信贷机构"为愿景,积极探索符合自身特色的文化建设方式,培育了独特的草原企业精神,并将其贯穿到银行理念、战略、定位、团队、产品、服务等各方面,创新推出符合当地牧民需求的金融服务模式,促进牧业繁荣,引导牧民致富。

比如,由于偏远地区牧民的金融知识相对缺乏,客户容易过度负债。为此,银行将提升牧户金融素养作为常态化工作,定期组织金融知识下牧区活动,并在业务窗口及网络上以蒙汉双语的方式宣传金融服务与征信知识。再如,每到冬季大雪封山,车辆无法通行导致信贷员不能和客户联络。为此,银行成立了自己的马队,在冬天银行马队就会骑马进入牧区深处为客户服务,真正体现"服务牧区最后一公里"的经营理念。此外,银行高度重视品牌建设,聚焦设计适合牧区群众的金融产品,创新推出"第一牧贷""马背银行""塔拉金融"三大品牌,不仅牧民享受到更实用的金融服务,也使银行取得了明显的财务绩效和社会绩效。

三、以切实践行宗旨使命扬银行发展之帆

(一)坚守支持三农三牧理念

鄂温克蒙商村镇银行始终坚持为农牧业、农牧民和农牧区经济发展的服务宗旨,紧紧围绕地区经济发展思路,竭力满足地区农牧业经济发展的各项金融服务需求,为当地农牧业的发展注入生机和活力。如奶牛作为生物资产,不是合格的抵押品,传统上奶牛养殖场很难获得贷款。但鄂温克蒙商村镇银行放弃对抵押品的"执念",把贷款考核重点放在了当前经营和未来发展上,与团结村奶牛养殖场合作,推出"牛羊在—贷款安"贷款项目,为团结村的奶牛养殖户提供低息、长期限的贷款支持。同时,利用自身在金融领域的专业知识和经验,为团结村的奶牛养殖户提供全方位的金融服务。

"牛羊在—贷款安"作为一个银企合作项目,不仅帮助当地养殖户解决了发展资金难题,促进了企业和地区经济的发展。而且,通过这种方式,银行也与该村建立了一种良好的合作关系,该村整体信用状况一直保持良好。不仅如此,通过示范,该村奶牛养殖户已经形成"传、帮、带"的积极效应,极大地提升了整村的奶牛养殖水平和信用建设。

(二)设立基层服务站促便民

由于草原地广人稀,营业网点又只能建立在村户聚集度较高的区域,导致相当多客户距离银行网点较远,获取金融服务较不方便。鄂温克蒙商村镇银行为了弥补网点覆盖不足,扩大服务范围,在社区和嘎查设立了"都兰·乌若"基层服务站,以更好服务农牧民。

"都兰·乌若"基层服务站主要具有四项功能:一是提供基本金融服

务。如存款、取款、转账、查询账户信息等。这使得牧民客户可以在家中或附近的嘎查完成基本的金融操作,而无须前往较远的银行网点。二是扩展银行服务范围。通过在社区和嘎查设立服务站,鄂温克蒙商村镇银行可以将其服务范围扩展到更广泛的地区,覆盖更多的牧民客户。这有助于提高银行的业务量和影响力,同时满足牧民客户的需求。三是增强牧民对银行的信任。通过在社区和嘎查设立服务站,鄂温克蒙商村镇银行可以更直接地与牧民客户接触,增强他们对银行的信任和忠诚度。这种信任关系有助于提高银行的市场份额和客户满意度。四是提升牧民金融素养:服务站还可以通过开展金融知识宣传和培训活动,提升牧民客户的金融素养。这有助于提高他们的金融意识和能力,使其更好地利用金融服务来改善自己的生活。

(三)秉承"办牧民信赖的好银行"提信任

鄂温克蒙商村镇银行作为一家具有强烈社会责任感的银行,始终践行为边疆人民服务的理念。银行遵循"关注两个维度,开展两种创新,坚持一个保护"的普惠金融模式,在高度重视金融服务的广度和深度的同时,还不断通过产品和服务创新,以及坚持开展牧区金融消费者权益保护,打造牧区普惠金融文化。表6.2.1是鄂温克蒙商村镇银行推出的部分金融活动和金融产品的清单。

表6.2.1　鄂温克蒙商村镇银行部分金融活动、金融产品清单

时间	活动主题、金融产品	目的意义
2011年7月	推出"吉祥三宝""那日牧场""呼和牧场""乌苏牧场"等系列产品	帮助解决牧区客户抵押难、担保难的实际
2014年5月	推出"呼日牧场",原"吉祥三宝"变为"吉祥四宝"	较好地解决了当地牧民贷款"无抵押、风险大"难题
2016年9月	帮助受灾牧民解决"差钱"难题	帮助解决受灾牧民群众贷款问题

续表

时间	活动主题、金融产品	目的意义
2017 年 7 月	"普及金融知识万里行"活动	扩大金融知识普及面,增强个人信用风险防范能力
2017 年 8 月	"服务小微,立足三农"主题活动	下沉服务重心,打通金融服务最后一公里
2019 年 1 月	哈克镇开展金融服务进农村活动	拓宽群众金融服务渠道,助力精准扶贫、产业脱贫
2020 年 11 月	"不忘初心担使命,凝心聚力再出发"——发展成果展	通过银行成果展示,增强农牧民信任度,继续支持牧区建设
2021 年 6 月	"我为群众办实事,送温暖、送教育"进社区活动	履行社会责任、关爱居民
2022 年 4 月	优化营商环境	防范金融风险,促进优化法制化营商环境
2022 年 8 月	"我为群众办实事"共建活动	维护消费者合法权益,及时化解矛盾纠纷
2023 年 2 月	成立"防范金融风险法官工作站"	法院与银行联动,提升农牧民金融风险意识
2023 年 4 月	"送法进企业解民忧纾企困"活动	帮助企业树立法律意识,增强风险防范化解能力

数据来源:根据鄂温克蒙商村镇银行、内蒙古新闻网、鄂温克融媒、呼伦贝尔新闻、鄂温克司法局、《呼伦贝尔日报》等相关内容进行整理。

表 6.2.1 中相关项目可以清晰地反映出,鄂温克蒙商村镇银行始终立足牧区实际,在切实解决农牧民贷款难的基础上,不断提升金融服务的便利度,并通过各类金融知识宣传,提升广大农牧民的金融知识素养,在帮助农牧民提升自我发展能力中提升农牧民对银行的信赖、信任。

第三节　中和农信融入民族文化的实践

中和农信项目管理有限公司(简称"中和农信")源自 1996 年国务院扶贫办与世界银行创设的秦巴山区扶贫项目小额信贷分项目,旨在为农村贫困地区的低收入农户提供信用贷款。2008年,中和农信转制为公司化运营,开始探索市场化道路,已发展成为一家为农村地区小农户及小微经营者群体提供小额信贷、农业生产、乡村生活及公益赋能等服务的三农综合服务机构。

中和农信以"服务农村最后一百米"为使命,经营宗旨是"通过提供金融、生产、生活与公益援助等服务,帮助目标客户跨越城乡、贫富、性别和数字等发展鸿沟,融入农业农村现代化进程,助力乡村振兴和共同富裕"。截至2023年9月底,中和农信在全国设有近500家分支机构,在职员工6400余名,村级合作伙伴超过11.8万人,业务覆盖全国21个省(自治区、直辖市)的500个县(旗)近10万个乡村,辐射近2亿农村人口;累计放款达到1300亿,直接受益农户超过800万。其中,在贷客户中88.7%为农户,70.1%为女性,18.1%是少数民族,分布在48个少数民族中,45岁以上的占37.6%,初中及以下文化水平占比68%。而且,中和农信旗下小额保险业务已经累计服务客户超过250万,件均保费不到300元,累计理赔超过1.8亿;农业服务、农业投入品累计超过16亿元,服务土地超过300万亩,同时还建立起专注小农户的一站式种植托管服务平台。①

一、中和农信经营理念

(一)兼顾双重绩效,坚持义利并举的经营理念

一直以来,中和农信的发展目标都是长期可持续地为农村地区中低收入农户提供所需的金融服务。因此,中和农信在经营中致力于兼顾财务绩效和社会绩效双重目标。在财务目标上,中和农信致力于在不借助政府补贴和社会捐赠的情况下,通过更高效的管理方式、运营能力提高盈

---

① 数据来源于中和农信内部数据。

利能力;同时,在贷前和贷后两个阶段对风险进行把控,降低不良贷款率以保证企业的经济效益,实现机构的财务可持续。从社会绩效目标来看,中和农信倡导"负责任的金融"理念,主张为弱势群体提供金融服务的同时,通过公益服务、助农培训等多样化的非金融服务为弱势群体赋能,提升他们的自我发展能力。

(二)考量文化因素,坚持文化融入的经营理念

微型金融适应并嵌入民族文化对微型金融可持续发展具有重要作用。为更好地服务中低收入群体、实现商业可持续,中和农信在运营过程中也积极考量文化因子的影响,坚持文化融入原则。在宏观上,按照霍夫斯泰德文化维度的划分,我国民族文化具有权力距离高、不确定性规避强、集体主义和男性特质氛围浓厚等特征,影响着个体的机会主义行为和信任的建立,影响着微型金融机构的运营。中和农信充分考量以上文化特征,从贷款模式、风险管控模式等方面做出本土化调整,适应并嵌入我国民族文化。

从微观上看,我国幅员辽阔,不同区域的文化更具民族性和地方性,中和农信要求每位员工充分尊重和认同每个民族和信仰下的文化特征,并对由此产生的文化差异持平等、宽容、理解的态度,倡导员工"积极学习、主动了解可能面对的民族、宗教风俗习惯,以行动来表达对不同文化的尊重";对于民族文化特征凸显的地区和群体,中和农信积极倡导认真学习这些地区和群体的文化特征,研究分析公司业务在这些地区和对这些群体的适用性,设计开发适合这些地区和群体的产品、服务和流程。

(三)践行低碳实践,打造绿色经营的经营理念

随着公众环保意识的提升,低碳绿色发展成为全球共识。2020年9月,我国明确提出2030年"碳达峰"与2060年"碳中和"目标,碳达峰碳

中和成为我国长期发展的重要框架。农业农村与生态环境有着直接而紧密的联系,其生态保护和绿色发展问题任重道远,如何在巩固扶贫成果与乡村发展过程中充分考虑生态环境因素,通过绿色发展推动农业升级、促进农村进步、实现农民富裕,成为社会关注的议题。

作为一家长期服务于中国农村地区,具有社会导向的企业,中和农信积极响应国家号召,落实"绿水青山就是金山银山"的生态文明理念,将ESG框架引入公司治理体系并持续完善可持续发展管理体系。在业务开展过程中,中和农信积极引导促进农村绿色、低碳产业发展,致力于为农村带来积极的环境影响;同时,也不断尝试将"绿色"融入生活服务,助力农村人居环境改善,提升百姓环保意识。

二、中和农信经营模式

在义利并举、文化融入、绿色经营的经营理念引导下,中和农信形成了独具特色的经营模式,即以格莱珉模式为主体,在充分考虑我国民族文化特点和乡土文化特征的情况下,通过向贫困群体、女性提供无须抵押、上门服务的微型金融业务,来帮助欠发达地区的贫困家庭开展创收创业活动。经过20余年的创新发展,中和农信已然成为我国金融体系中的重要力量。

(一)兼顾双重绩效的经营模式

为实现财务绩效目标,中和农信在贷款模式、还款模式、风险管控模式上进行了创新。首先,在贷款模式上,中和农信借鉴了格莱珉银行,形成个人贷款和小组贷款两种经营模式,通过接入央行征信中心和运用德国IPC微贷技术,评估客户信用,以信用代替抵押品进行贷款发放,从而规范农户的借贷习惯,避免借款人的机会主义行为。其次,在还款模式上,充分考虑农户的收入特点,制定整贷零还政策,按月等额本息的偿还方式,不仅有益于农户培养信用意识,还能加强农户理财能力。最后,在风险管控方式上,中和农信主要集中在贷前和贷后两个阶段进行风险控制,贷款前,信贷员通过当地社会网络搜集客户的还款能力、意愿等软信息,从而缓解了信息不对称问题;贷款后,则通过征信记录、社会制裁以及信贷员追踪与大数据的双层风控等方式实现风险控制,信贷员一方面通过实地走访调查贷款农户是否将贷款金额用于申请时填写的农业项目,降低农户将信贷资金用于非生产性活动而无法创造收入还款的风险,另一方面则通过金融科技收集客户的风险数据,将硬数据与软信息相结合,有效排除不良贷款客户,达到风险管理的目的。

在社会绩效目标方面,中和农信主要通过包容性的金融服务和公益性的非金融服务两种方式赋能弱势群体。在金融服务方面,中和农信在目标客户的选择上,关注到了被传统金融排斥的长尾群体,通过上门服务等方式提供信贷、保险等金融服务,缓解了这部分群体的融资约束。在非金融服务方面,中和农信始终将客户能力建设与业务发展放在同等重要的位置;在提供资金支持的同时,还免费提供知识普及和技能培训等能力建设活动,持续提升客户自立和自我发展能力,如:开展金融、法律、财务和健康等多种免费培训;通过"创之道"等小微企业扶持项目帮助农户经营的小微企业成长;通过"她能量"小镇妇女创业培训课程和"她计划"慢病管理等项目持续为农村女性赋能;通过"中和公益""中和基金"等公益组织为项目区内遇到疾病、意外、灾害等临时性困难的家庭提供资金捐助;通过"碧海蓝天""禾计划"等公益活动践行绿色发展理念,保护环境;通过资金支持和技能培训等方式,保护和支持少数民族非遗文化(例如黎锦制作与黎锦文化、阜城剪纸等),推动了民族文化的传承发展。

表 6.3.1　中和农信部分非金融服务项目

年份	项目	目的
2010 年	中和基金	帮助因突发事件出现经济困难的公司员工和客户,形成互帮互助氛围
2016 年	"万场金融教育活动"	借助公司一线员工,把农民需要的征信、保险、法律、金融及农技知识送到田间地头,涵养农户的综合实力
2018 年	"她计划"	关注农村女性健康问题,通过深入基层农村的免费健康义诊活动,普及健康知识,宣传健康生活理念,助力提升农户对慢病管理的认知
2019 年	"创之道"小微企业扶持	推动农民的组织化,促进农民合作社可持续发展
2019 年	"贫困/进城微型女企业主经营能力培训"项目	通过探索为从务农转向多种经营的妇女小微企业主提供培训的模式,提升创业女性的发展能力,巩固金融扶贫成果
2020 年	"她能量"小镇妇女创业培训课程	以线上学习+线下沟通的方式,提升女性经营者的运营管理才能和创业成功率,助力她们解决创业过程中遭遇的瓶颈
2022 年	"守护乡爱"公益项目	帮助因责任免除条款无法获得理赔的乡村中低收入被保险人,帮助他们度过生产、生活困难,重树对生活的信心和勇气
2022 年	"中和志愿者行动"	走正规化、专业化的志愿服务道路,打造可在自然灾害来临之际提供专业紧急救援的"先锋队"

数据来源:中和农信官网。

(二)文化融入的经营模式

中和农信在经营过程中,充分考虑到文化因素,并对其运营模式做出调整。从宏观来看,我国属于不确定性回避程度较高的国家,在高不确定性规避的文化中,潜在客户倾向于维持现状,对改变表现出强烈的抵制,而且人们也希望建立明确的规则,表现出强烈的规则导向,农村居民的风险偏好多倾向于风险厌恶,对不确定性和风险的规避意识较强。

基于此,中和农信运用客户保护模式降低不确定性,打造国内信贷的最高标准,积极进入安信永(ACCION)的 Smart 客户保护认证,通过金融知识普及和推动小额保险覆盖的方式,涵养客户保险意识,帮助客户提高抗风险的能力,实现风险分担。办理贷款时,为保护客户的知情权、缓解信息不对称,中和农信要求每个信贷员必须评估客户还款能力与负债额度,不允许信贷员只顾自己业绩,而使得客户的贷款额度超出最大负债额,并向客户充分解读贷款协议条款。高标准的客户保护模式与中和农信风险管控模式相契合,降低了中和农信的不良贷款率,保证了其可持续发展。

一方面,考虑到我国民族文化中具有集体主义的特点,中和农信充分利用我国农村的家族或宗族文化,通过家族关系、宗族关系、亲戚关系等社交网络形成无需抵押物的3—5户联保小组,农户在相互担保的基础上形成集体利益,产生的连带责任具有选择和监督作用,能从资金使用、组员努力程度、还款意愿等方面减少道德风险;另一方面,集体主义文化氛围浓厚的社会环境中,贷款成员更愿意遵守还款制度,同伴监督机制也更强,微型金融的绩效表现会更加成功,因此中和农信通过设定借款制度、还款制度、强化小组监督机制等方式,提高贷款可得性和安全性。

在微观上,考虑到我国不同区域和民族的文化具有显著的民族性和地方性。中和农信特别颁布了《中和农信宗教及民族文化融入原则》,在该原则中,明确要求信贷员时刻谨记以下三点:(1)文化无优劣。每一种文化都有它的闪光点,严格禁止任何因为文化不同,议论、歧视甚至侮辱对方的行为。(2)信仰自由、人人平等。我们绝不能因为民族背景、宗教信仰、风俗习惯等存在差异而俯视中和农信的任何一名客户和员工。(3)差异化特色服务。对于拥有不同宗教、民族身份的客户,要努力运用符合他们文化的方式提供服务。

(三)低碳绿色的经营模式

为更好地发挥组织影响力,为绿色发展作贡献,中和农信专门下发了《关于践行节能减排、启动绿色办公倡导系列活动的通知》,明确提出将持续从业务发展、客户赋能、风险管理和日常运营等多方面践行节能减排。

首先,在业务开展过程中,中和农信坚持低碳运营,打造企业绿色经营文化,积极借助数字化技术,通过电子合同、数字云服务等一系列改革,切实减少经营过程中的碳排放;同时,倡导员工绿色办公,提升员工低碳意识。

其次,中和农信坚持通过农业生产"减肥""改土"等措施,推动绿色农业高质、高效、可持续发展:在"减肥"上,与一线农资企业及相关技术研发单位合作,推进化肥农药减量、选取缓释肥等高利用率产品,从源头上减少碳排放;在"改土"上,给合作的客户提供免费土壤检测服务和改良方案,有效解决农村土质恶化问题。

再次,在开展信贷业务时,中和农信始终将环境风险管理纳入授信准入标准,严格限制向高耗能、高污染和过剩产能行业授信,引导农村市场中的众多业务板块资金投向绿色、低碳和循环经济领域。

最后,在日常业务运营过程中,中和农信结合农村地区特殊的传播环境,通过多种方式宣导碳减排,引导农户从高污染、高风险行业转移至低碳环保行业,实现"低碳化"。

三、中和农信经营成效

(一)中和农信财务绩效

中和农信在经营理念的引导和经营模式的创新过程中,经过多年的积累,取得了良好的财务绩效,实现了财务可持续发展。首先,其业务覆

盖面、贷款总量稳步增长,截至 2022 年 12 月 31 日中和农信总贷款余额
152 亿元,在面向中国农村市场的非传统金融机构中排名第一。其次,风
控处理良好,多年来中和农信的 30 天以上的风险贷款率一直控制在 2%
以下,运营十分稳健。最后,中和农信在贷款总量高速增长的同时,风险
贷款率也得到控制,增长速率远低于贷款增速。截至 2023 年 9 月底,中
和农信的 30 天以上违约率、90 天以上违约率分别为 1.83%、1.38%,明显
优于农商行的同期表现——2023 年三季度,我国农村商业银行不良贷款
率为 3.18%。

表 6.3.2　中和农信财务绩效表现

年份	发放贷款量(亿元)	总贷款余额(亿元)	风险贷款率(30 天)
2015	41.3	26	0.83%
2016	66.5	43.6	0.77%
2017	86.2	59.4	0.94%
2018	129	89.97	1.04%
2019	164.4	112	1.58%
2020	171.5	112.3	1.98%

数据来源:2015—2020 中和农信年度报。

(二)中和农信社会绩效

在实现财务可持续的同时,中和农信也积极开展公益活动,取得了一
定的社会绩效,截至 2022 年底,中和基金累计募捐金额 819.9 万元,捐出
金额 469.6 万元,为 2842 个家庭带去希望。

1. 助力小微企业成长,推动农村农业现代化发展

乡村振兴的活力来自于乡村中的本土人才,而乡村企业家们则是乡
村本土人才的核心。中和农信致力于乡村企业的成长和发展,以"创之
道"项目为例,该项目聚集了国内外一批拥有丰富理论与实践经验的创

业导师团队,同时也逐渐打磨出一整套紧跟时代步伐、紧密联系县域实际的赋能体系和成熟有效的运行管理机制,累计帮助全国 12 个省区的 102 位农村小微企业主实现了企业管理能力提升。

中和农信紧跟农业科技脚步,将物联网、人工智能等技术应用到农业生产领域,加快推进农业科技应用,实现精准化种植和农产品全程追溯、人才建设培养等,致力于协助农民提升生产效率,促进产业升级,带动农民增收。一方面,中和农信通过"作物+土壤"医院、无人机飞防服务等技术手段改变传统农业的生产方式,打造真正的绿色农业生态环境;另一方面,也通过农资电商打造农资购销新模式、通过订单农业提高土地生产效率和农产品品质,降低种植风险,进而打造数字农业新模式。此外,中和农信还通过乡助平台,为农户提供技术线上指导、问答、连线等,让他们足不出户就能够远程学习农业知识,获取各种科技和农产品供求信息;专家系统和信息化终端将为新型农人提供帮助,改变过去依靠经验、靠天吃饭的生产模式,助力农村农业现代化发展。

2. 助力女性赋权,性别平等意识不断增强

中和农信 20 多年间,始终致力于妇女赋权的社会目标,通过小额信贷等服务,有效填补了针对中低收入女性贷款服务缺失的状况,许多妇女客户从中和农信获得贷款,不仅成为家庭的经济支柱,更成为村里的致富典型。截至 2022 年底,中和农信的女性客户占比超过 70%,贷款余额占比 86.5%;2023 年,中和农信拟发 10 亿元社会债券,并获得世界银行集团成员机构国际金融公司 5 亿元的基石投资,这笔社会债券募集的资金将投放于乡村,为乡村女性或女性小微创业者提供生产经营活动资金,助力其更好地发展。

在金融服务之外,中和农信借助数字技术与覆盖全国 500 多个县域数万个乡村的服务网络,通过"她能量"和"她计划"项目等多种形式的能力建设服务增强对女性客户的支持。其中,"她能量"小镇妇女创业培训

课程,以线上学习+线下沟通的方式,提升女性经营者的运营管理才能和创业成功率,助力她们解决创业过程中遭遇的瓶颈;2018 年成立的"她计划"项目则关注农村女性健康问题,通过深入基层农村的免费健康义诊活动,普及健康知识,宣传健康生活理念,助力提升农户对慢病管理的认知。

案例:今年 48 岁的马更尕吉居住在甘肃省天祝藏族自治县抓喜秀龙草原,是一个地道的藏族妇女,家里养着 200 多头牦牛和 100 多只羊。抓喜秀龙草原平均海拔 3000 多米,秋季结束后,气温骤降,尤其这几年,天气比较异常,很难按照以往的经验去判断放养时间,因此牧民们大多 9 月开始囤积饲料,圈养牛羊,喂饲料度过寒冬,导致 9 月份饲料价格上涨且供不应求。因此,马更尕吉为家里牛羊的饲料问题劳心伤神。为节约成本,马更尕吉和丈夫牛脑武打算 7 月份购入饲料。但 7 月,牛羊尚未出栏,马更尕吉家的资金无法周转。在熟人的介绍下,马更尕吉找到了中和农信的信贷员柴永峰。柴永峰经过考察和评估,贷款给马更尕吉家 2 万元,并帮助她注册了"乡助"App,经过这次上门考察,只要她可以保持按时还款,就随时可以线上支用这笔"备用金",十分方便。这次贷款后,马更尕吉还有了"意外收获",她的"人脉"得到了丈夫的高度认可,也改变了他心里女人"只能伺候孩子和放羊"的观念。

3. 助力民族文化传承发展,推动民族团结进步

中和农信的业务经营在对文化因素进行考量的同时,也通过资金支持和技能培训等方式,保护和支持少数民族非遗文化(例如黎锦制作与黎锦文化、阜城剪纸等),推动了民族文化的传承发展;另一方面,中和农信也指导少数民族农民利用小额资金更好地发展生产,依据当地特色发展产业,如旅游业、养殖业、特色种植业等,激活农民增收致富的内生能力。中和农信在一定程度上清除了西部地区农村经济发展的阻碍,对助力当地乡村振兴、提高当地金融供给以及助力少数民族同胞发展起到很

好的补充作用。

案例:张潮瑛 1986 年出生在海南白沙黎族自治县的小山村。她从小就对黎锦文化充满热爱。大学毕业后,张潮瑛毅然回到白沙,成立了白沙灿然黎锦手工艺专业合作社,专门从事黎锦制作与传播。创业初期,她面临交通不便、资金短缺、销路不畅等困难,但她通过参加创业比赛和展览,以及利用社交媒体开拓市场,逐渐取得了一定的成功。然而,疫情的暴发给她的合作社带来困难,销售量大幅下降。困境中,张潮瑛加入中和农信"创之道"小微企业管理高级研修班,通过学习和交流,她调整经营思路,保持手工编织高端产品的同时,增加了低价机织产品来提高利润。这一调整取得显著的效果,订单量大大增加。张潮瑛也继续拍摄短视频,介绍手工黎锦技艺和传统黎族文化,以保持文化传承的初心。

4. 践行可持续发展理念,绿色发展初见成效

中和农信在绿色办公和绿色生活等方面做出典范,鼓励和支持客户开展低碳绿色生产,为早日实现"碳达峰""碳中和"目标贡献了力量,据测算,2022 年度中和农信在业务开展过程中实现直接减碳 7000 余吨。

一方面,中和农信推进农业减肥增效以来,为农户提供化肥共计 12万吨,预计实现农业减肥达 1.1 万吨以上,提供土壤调理剂 3500 吨,覆盖土地亩数达到 10 万亩以上,大力推广有机肥料和土壤改良产品应用,为 3 万亩以上的土地"减肥"800 吨以上;另一方面,中和农信旗下新能源子公司乡居已和当地政府、电网企业、国央企能源开发企业合作探索出一整套成熟的合作共建的开发模式,已在辽宁、天津完成首期项目试点,完成装机容量 10MW,实现并网 200 多户,平均能为每个家庭带来新增年收入4800 元。

此外,在亚投行绿色融资支持下,中和农信乡居新能源预计在未来两年内底完成 100MW 装机容量(约 5000 农户规模)目标,实现年均节约标准煤 4.68 万吨,以运行 25 年计算,累计可减少二氧化碳排放量近 80 万吨。

（三）中和农信取得的荣誉

专注农村市场20余年，从成立之初专注小额信贷业务，到现在多个业务线齐头并进，中和农信在不改为农村中低收入群体服务初衷的同时，不断根据农户需求调整服务内容，努力向综合助农机构转型，为农户提供包含小额信贷、小额保险、农资销售、农产品上行在内的多元化服务。中和农信也因此取得了许多荣誉，如"年度慈善总榜""农业社会化服务企业20强""最佳服务女性企业主银行奖"等。表6.3.3展示了中和农信获得的部分重点奖项。

表6.3.3　中和农信部分荣誉奖项

获奖年度	奖项	颁奖机构	奖项简介
2023年	年度慈善榜样	公益时报	"中国慈善榜"是由《公益时报》社于2004年创立的全国性权威慈善榜单，旨在寻找并致敬慈善榜样、用榜样的力量激发社会向上向善
2022年	全国农业社会化服务典型	农业农村部	2019年以来，农业农村部连续三年在全国范围内遴选推荐农业社会化服务的典型，这些案例聚焦当前农业社会化服务发展的重点领域和关键环节，特色鲜明，类型多样，富有创新，成效明显，具有很好的代表性和示范价值，值得各地借鉴和推广
2022年	全国乡村振兴优秀案例	中国小康建设研究会	全国乡村振兴优秀案例旨在总结归纳各地在实施乡村振兴战略过程中涌现出的一系列有特色、有亮点、有成效的做法，为全国提供可借鉴、可复制、可推广的经验，助推乡村振兴战略更为科学有效地实施，促进农业农村各项事业高质量发展
2021年	"碳中和典型案例"	人民网、中华环保联合会、生态环境部宣传教育中心	活动由人民网、中华环保联合会、生态环境部宣传教育中心共同主办，经专家集体审议、公示后，产生25个"碳中和典型案例"
2021年	最佳服务女性企业主银行奖	国际金融公司与全球中小企业金融论坛	"全球中小企业金融奖"于2018年启动，奖项的设立是了为表彰金融机构和金融科技公司向中小企业客户提供优秀产品和服务以帮助他们成长的努力和成就。其中，最佳服务女性企业主银行奖主要关注金融机构在助力女性小微企业主产业发展和能力提升方面的成就

续表

获奖年度	奖项	颁奖机构	奖项简介
2016 年	中国慈展会社会企业认证金牌社企	中国公益慈善项目交流展示会	旨在通过社会企业认证,迈出营造中国社会企业生态体系的第一步。后续通过专业化与全方位的支持与服务,吸引影响力投资、公益创投等公益金融资源,从而完善中国社会企业乃至公益金融领域的生态系统建设

数据来源:中和农信官网。

第七章　西部地区微型金融与民族文化协同发展的政策创新

民族文化能通过影响制度创新和民族产业和企业家精神进而影响微型金融的发展,而微型金融也能通过影响信任、希望以及人力资本等因素而影响民族文化的创新发展。西部地区由于历史原因,金融资本相对贫乏,民族文化发展也面临发展主体和发展动力不足的难题。因此,新时代背景下,以社会主义核心价值观为引领,构建西部地区微型金融与民族文化协同发展的政策框架,对破解西部地区微型金融与民族文化发展动力难题,进而提升微型金融发展效应,促进西部地区文化创新发展,都有重要的现实意义。

第一节　基本结论

在爬梳国内外文献的基础上,对微型金融与民族文化相互影响的经验研究进行了归纳和总结。同时,结合国内经济社会发展背景以及国家有关微型金融发展的重大政策文件,提出微型金融与民族文化能够并且应该协同发展的基本观点。在此基础上,以金融社会学等理论为依据,结合西部地区金融供给总体状况,以及家庭金融参与和民族文化发展现状,提出西部地区微型金融和民族文化亟待创新发展;并且,西部地区丰厚的资源禀赋、微型金融发展目标,以及西部地区政策取向共同推动微型金融与民族文化的协同发展。在此基础上,利用 CGSS、CFPS、CHFS 等大型权威数据库中的数据,以及项目组实地调研获得的一手数据,对西部地区微型金融与民族文化的相互影响、机制及异质性进行了实证分析。最后,以农业银行、鄂温克蒙商村镇银行以及中和农信三家金融机构为例,总结了微型金融与民族文化协同发展的措施及成效,并探讨微型金融与民族文化协同发展的一般经验。根据以上研究,本项目得到以下结论:

一、微型金融与民族文化能够并且应当协同发展

(一)金融发展既受到价值规范等文化因素的影响,金融力量也正成为重塑经济与社会结构变迁的重要动力

从行为金融学、演化金融学、新制度经济学、金融社会学和制度逻辑等理论与视角展开研究,发现:一方面,金融行为嵌入在具体的社会关系和社会网络中,民族文化中的价值观、信仰和习俗可以通过影响个体的心理来塑造个体的金融决策和金融行为进而影响金融发展。另一方面,金融力量也正成为重塑经济与社会结构变迁的重要动力。金融社会是现代社会的核心特征,金融逻辑和金融思维也逐渐成为日常生活和社会交往的底层逻辑,因此,金融也成为驱动社会文化变革的重要动力。

(二)民族文化影响微型金融发展的机制是制度创新、民族产业和风险感知;微型金融影响民族文化演进的机制是宗教、希望、信任和人力资本

民族文化主要通过三条路径影响微型金融发展:一是民族文化通过影响金融制度的创新而影响微型金融发展。作为一种制度创新,因而民族文化将通过影响潜在客户对微型金融这种新事物的认知和决策而影响微型金融在地方社区中的"可行性"。二是受民族文化影响,微型金融可

能更偏好某些民族产业,或更偏好特定的职业或特定行业的客户,从而影响民族产业和民族企业家精神的培育。三是民族文化通过塑造个体对风险的感知,间接地影响微型金融产品的需求和供给。风险文化理论强调个体对风险的感知并强化个体对社会组织结构形式或文化生活方式的偏好,因此,金融机构和政策制定者需要深入理解和尊重当地的文化特性,设计出符合当地文化和风险偏好的金融产品和服务。

微型金融主要通过四条路径影响民族文化:一是宗教信仰。宗教信仰不仅能增强个体的内在满足感和幸福感,还能通过增进社会组织内部的信任,不仅有助于提高微型金融机构的财务绩效,还能间接促进非正规金融的发展。二是希望。希望作为一种积极的心理状态,能够驱动个体为实现目标而努力,缺乏希望可能会导致投资不足和长期福利的下降。微型金融通过提供贷款和社会交互机会,不仅能够放松外部经济约束,还能缓解个体内心的心理约束,促使客户形成积极向上的心态,从而提高微型金融的业绩。三是信任。微型金融机构通过增进彼此间的信任,为相对贫困群体提供信贷服务,同时也促进了相对贫困群体内部和外部的信任建设,有助于微型金融行业的发展。四是微型金融还有助于提升人力资本。通过参与微型金融活动,客户能够改善其健康、教育和金融素养,这些都有助于增强穷人的文化素质和社会资本。

(三)微型金融与民族文化协同发展的机制是社会比较和社会互动

微型金融作为一种制度创新,其基本制度逻辑是,让所有有金融需求的农户都能以可负担的成本获得金融服务。一旦农户注意到普惠金融的这一逻辑,就可能激活自己作为"微型金融客户"的身份而参与微型金融业务。此时,个体就有可能在与其相似的或不相似的个体所形成的社会关系网络中,在目标的引领下,通过谈判、交流等社会比较和社会互动机制,形成包括各类组织和制度工作在内的微型金融实践和身份,并通过文化演化的过程被选择和保留。

(四)民族文化通过影响微型金融财务和社会绩效影响微型金融可持续发展

微型金融的财务绩效与社会绩效存在权衡关系,民族文化通过影响微型金融财务绩效和社会绩效而影响微型金融的可持续发展。在市场竞争日趋激烈的背景下,微型金融机构在面临自身生存压力与股东收益回报要求下,如果没有相关的政策的指导,极易变更自身服务群体以期获得更高的收益,即发生"使命漂移"现象。而民族文化可以通过身份识别、信任形成和信息传递等机制降低微型金融成本,帮助微型金融机构更好地平衡财务绩效和社会绩效的关系。但是,不同的文化维度对微型金融机构双重绩效取舍的影响不同。高权力距离的文化环境能缓解社会绩效的覆盖深度与财务绩效之间的权衡关系;高个人主义、阳刚气质和不确定回避的文化氛围能缓解社会绩效的覆盖广度与财务绩效之间的权衡取舍关系。因此微型金融在进行产品设计、社会绩效目标选择以及制度模式借鉴时应当把民族文化作为一个重要因素加以考量。

二、微型金融与民族文化需要协同发展且已具备协同发展条件,资源禀赋、双重目标和文化价值取向是协同发展的重要动力

(一)金融供给持续优化,但家庭金融参与状况仍有待改善

从宏观层面看,大型商业银行和农村金融机构是西部地区金融服务的供给主体,且金融供给持续优化,西部地区微型金融与民族文化协同发展已具备基本条件。具体表现为:西部地区以银行业经营网点数和银行业从业人员数为表征的金融服务可得性稳步增长、以每万平方千米拥有

的银行业金融机构营业网点数和每万人拥有的银行业金融机构营业网点从业人员数为表征的金融服务便利性明显改善,以及以每万人本外币各项存款余额、每万人本外币各项贷款余额和农业保险赔付支出/财产保险赔付支出比率为表征的金融服务使用效应性快速提升。不过,分地区来看,西部地区金融服务可得性、金融服务便利性和金融服务使用效应性呈现不均衡态势。

从微观层面看,家庭金融参与不足且金融素养有待提升,还需要更多措施促进西部地区家庭金融参与。具体表现为:家庭储蓄以活期为主且整体金额较小,超半数开通了第三方账户但互联网理财占比低,以上两个特征反映西部地区家庭有一定的金融参与意识,但家庭尚不富裕,制约了家庭参与深度。同时,西部地区家庭融资偏好仍以非正规融资为主,信贷参与程度较低、金融排斥仍然明显,而且个人金融知识仍然较低,整体金融素养亟待提升,表明在新的发展阶段,西部地区需要通过与民族文化协同发展来进一步增强农户金融素养,提升家庭正规融资偏好,促进农户信贷参与。

(二)民族文化整体积极向上,但创新发展仍面临多重因素制约

西部地区仍然高度重视优秀传统文化的传承,民族文化整体积极向上,为微型金融与民族文化协同发展提供了可能。对宁夏、西藏的调研数据表明,尽管随着城市化和市场化进程,使得一些民俗文化活动消失了,西部地区仍然高度重视民族传统节日、习俗的传承,以"家"和"家乡"为核心的乡土人情仍旧浓厚;欠债还钱的传统信用意识根深蒂固;对名贵的奢侈品没有强烈偏好,坚守朴素、勤俭、节约的物质消费观;而且,"男主外,女主内"的家庭观念正在逐渐瓦解,男女平等意识更加深入人心。此外,尽管随着市场经济的发展,居民对借贷行为的羞耻感在不断消解,但

仍有两成多的居民对借贷行为感到羞耻。

西部地区的文化创新发展仍面临多重因素制约。一是虽然居民收入不断增长，但相对贫困仍然较为严重，城乡收入之间，特别是与全国平均水平相比，仍然存在较大差距。二是尽管居民对未来的信心不断增强，但部分群体对未来的信心仍然不足，缺乏内生动力，制约了居民收入的进一步提升。三是金融支持民族文化产业取得一定成效，但文化产业的特性，使得其在发展中面临的融资渠道有限、缺乏抵押担保物质和缺乏专业金融服务人才等问题导致的融资约束。

（三）丰富的资源禀赋、微型金融的双重目标，以及中国特色金融文化价值取向推动微型金融与民族文化协同发展

西部地区丰富的资源禀赋吸引微型金融与民族文化协同发展。西部地区丰富的资源禀赋和独特的人文精神，使得民族文化产业发展具有广阔的发展前景，由此形成民族文化产业是微型金融与民族文化协同发展的基础引力。以西部地区文化旅游产业为例，西部地区拥有丰富的自然生态旅游资源、独特的民族风情旅游资源、悠久的历史文化旅游资源、潜力巨大的红色旅游资源，以及独具特色的特产旅游资源。通过金融支持，西部地区丰富的文化资源禀赋能通过多种方式实现价值增值，进而促进当地经济发展。

西部地区微型金融的双重目标驱动微型金融与民族文化协同发展。一方面，财务绩效目标驱动微型金融关注民族文化发展。银行员工信用不当和客户信用不当都显著提升了银行不良贷款，严重制约了微型金融的发展。因此，微型金融在发展业务过程中，可以着力促进信用文化建设。另一方面，社会绩效目标又驱动微型金融充分利用民族文化来获得发展。比如，利用西部地区较强的集体文化发展普惠金融、利用绿色文化发展绿色金融、利用清廉文化发展清廉金融等。

中国特色金融文化价值取向推动微型金融与民族文化协同发展。首先,微型金融与民族文化的协同发展是中国式现代化发展的时代要求。微型金融助力民族文化相关产业,形成文化产业链条,帮助西部地区居民脱贫致富,充分契合全体人民共同富裕的时代要求。微型金融作为一种创新的金融工具,在巩固人民群众物质基础的同时,更加注重民族文化的发展和传承,使得西部地区物质文明和精神文明相得益彰。其次,微型金融与民族文化的协同发展有利于筑牢中华民族文化共同体意识。通过充分尊重和挖掘民族文化的独特价值,并将这种文化精髓与金融服务紧密结合,创造出一种既具有文化底蕴又适应经济发展需求的金融产品或服务,这种融合不仅有助于西部地区的经济发展,同时也能够增强西部地区居民对中华文化的认同感和归属感,进一步促进民族团结和社会和谐。

三、民族文化可通过影响信贷参与、小额保险投保、微型金融经济效应和贷款偿还率等路径影响微型金融发展

民族文化影响微型金融的学理分析表明,民族文化通过影响个体的心理和行为决策进而影响到微型金融的发展。

(一)民族文化通过影响信贷参与影响微型金融发展

文化心理确实会影响农户信贷参与意愿,且不同维度的文化心理对农户信贷参与意愿影响不同。具体而言,民俗文化心理和传统信用意识对农户信贷参与意愿有显著正向影响,这意味着如果农户具有较强的信用观念和价值观,会更倾向于参与信贷活动;如果农户对借贷感到羞耻,就会降低其参与信贷的意愿;炫耀性心理对农户信贷参与意愿的影响不显著,说明农户的炫耀欲望对信贷参与意愿没有显著影响。文化心理对信贷参与意愿的影响能一定程度上解释金融活动中农户的"自我排斥"。

因此,金融机构在设计金融产品和服务时,需要充分考虑农户的文化心理因素,以提高他们参与金融活动的意愿。

(二)民族文化通过影响小额保险购买影响微型金融发展

民族文化影响小额保险购买,且不同维度民族文化对小额保险购买的影响不同。其中,道德观念有助于促进小额保险的购买,而风险态度和封建迷信则在一定上程度上阻碍了对小额保险的购买。同时,有投保经历的家庭和闲置资金充足的家庭倾向通过购买小额保险来抵御风险。因此,保险公司可以通过针对不同的民族文化维度,采取相应的策略和措施,来利用民族文化增强民众对小额保险的认知和意愿,推动小额保险市场的健康发展。比如,保险公司可以通过宣传和教育活动强调保险观念和保险的社会责任,提高民众对小额保险的信任和认可度;保险公司还可以通过提供详细的案例,帮助民众更好地理解和应对风险,从而改善他们对小额保险的态度。

(三)地方文化能通过影响微型金融经济效应和贷款偿还率而影响微型金融的发展

反映文化认同的社会制裁和社会关系都能通过影响微型金融经济效应和贷款偿还率而影响微型金融发展。其中,运用社会制裁和社会关系都有助于提升微型金融经济效应,并且社会关系对微型金融经济效应的影响远大于社会制裁对微型金融经济效应的影响。同时,虽然社会制裁、社会关系和微型金融经济效应都能显著正向影响贷款偿还率,但社会关系对贷款偿还率的影响最大,其次是微型金融经济效应,社会制裁对贷款偿还率的影响最小且社会制裁对贷款偿还率的直接影响为负。此外,社会制裁、社会关系对微型金融经济效应及贷款偿还率的影响存在差异。贷款方式分类中,对联保贷款的影响更为显著;是否是信用户分类中,对信用户影响更为显著。因此,通过加强社会关系网络、加强文化认同教育、完善监管机制和优化贷款服务，可以更好发挥地方文化对微型金融发展的促进作用。

四、微型金融通过影响农户希望和家庭收入影响地区文化创新发展

（一）普惠金融参与能影响农户希望

普惠金融参与影响农户希望的机理在于：一是通过"弱势偏向性"吸引农户的注意力，激发农户的身份认同并积极参与，从而缓解农户面临的外部资金约束，提升其渴望水平；二是通过"普惠性"和"可持续性"，帮助农户融入到金融互联网生态圈，激发农户的途径思维；三是通过"共享性"，帮助农户在实践中融入乡村治理，增强动力思维。普惠金融参与影响农户希望的机制是社会比较和社会互动。普惠金融参与有助于激发农户的身份认同并扩大其社会网络，从而使农户有可能在与其相似的或不相似的个体所形成的社会关系网络中，在目标的引领下，通过社会比较和社会互动而增强希望水平。具体表现为：参与普惠金融业务类型越多，农户希望提升越多；普惠金融参与主要通过社会比较和社会互动影响农户希望；相对于低收入家庭和男性，普惠金融参与对高收入家庭和女性希望影响更大；贷款能显著提升农户希望，但存款、保险和理财对农户希望的影响不显著或不稳定。因此，要积极推动更多有需要的农户参与普惠金融业务、适度拓展金融服务边界，主动帮农户搭建社会网络和社交平台。

（二）信贷参与能通过影响农户希望进而影响农户家庭收入

信贷参与影响农户收入的机理在于：一方面，信贷参与有助于农户增加资本投资和提高投资产出效率，从而提高农户收入，再通过农户收入的增加进而形成"储蓄增加——资本形成增加——生产率增加——收入增

加"的良性循环。另一方面,信贷参与还可以通过三个途径提高农户的希望水平:通过社会比较机制拓展农户的"渴望窗口"、通过缓解农户面临的信贷约束进而增强农户的途径思维,以及通过提高农户的自我效能感提升其动力思维。而希望本身,则可以通过影响投资和就业两条路径影响农户收入。实证结果也表明:信贷参与和希望水平均能显著提升农户收入;信贷参与对农户希望水平具有显著的促进作用,且对内控型人格农户、社交频率更高的农户以及曾经是建档立卡贫困户的农户,信贷参与对希望水平的影响更大。信贷参与对希望的影响能在一定程度上解释农户参与信贷的混杂效应。因此,要提高农户收入,既需要通过金融产品和服务创新等方式推动更多有金融需求的农户积极参与信贷,又需要通过树立榜样等多种途径激发农户希望水平。

五、微型金融能通过创造信任与民族文化协同发展

微型金融发展实践表明,微型金融能创造信任,但信任又能通过影响融资偏好影响微型金融发展。信任是表征微观文化的一个维度,因此,微型金融与信任的相互关系表明微型金融需要与民族文化协同发展。

(一)微型金融能创造信任且民族文化影响微型金融创造信任

微型金融能通过适应本地环境、权衡好自身发展与对贫困群体关怀之间的关系以及适度提供非金融服务等方式建立机构信任;并通过制定好的管理制度和激励机制、确定适当的贷款小组规模、加强对信贷员技能和服务水平培训等方式建立人际信任。具体而言,微型金融能在其客户之间、金融机构与客户之间建立信任。同时,领先型微型金融机构的实践还证实,不富裕群体(或相对贫困群体)是值得信任的。

微型金融机构建立信任受到民族文化的影响。微型金融主要通过计

算机制、预测机制、意图机制、能力机制和转移机制等五种机制来建立信任。然而,虽然信任可以通过多种方式形成,但微型金融机构在其经营过程中能否建立信任,是其身处的社会因素和文化情景共同作用的结果。其中,非正式借贷关系可以创造信任并在信任形成过程中起着中介作用;非正式金融组织则在信任建立过程中发挥着社交平台的作用;权力距离通过影响微型金融客户的机会主义倾向及行为可预测性而影响信任的形成;不确定性通过规则的遵循影响金融机构创造信任;集体主义或个人主义则通过价值观和信仰影响信任的创造;而男性特质或女性特质则通过影响客户之间的团结、合作、机会主义等行为而影响信任的形成。

(二)数字普惠金融可以建立信任,但受金融机构可信任度影响

数字普惠金融是打通乡村振兴金融服务最后一公里的有力武器。客户或潜在客户因为相信或期望数字金融供应方会自觉履行其义务而愿意接受数字金融服务,信任就可以建立。

数字普惠金融可通过减少客户对安全和隐私泄露的担忧、减少客户或潜在客户与数字金融供应方之间的情感隔阂、降低客户的感知风险、降低客户与数字金融供应方的信息不对称等渠道建立信任。但要建立信任,必须值得信赖。数字金融供应方的可信任度是影响数字普惠金融供应方能否建立信任的重要因素。具体来说,数字普惠金融供应方为客户提供及时准确的信息,信守承诺,不利用漏洞并保护客户隐私;采用适当的技术保障措施以保护客户免受隐私和财务损失侵害的专业知识和经验的信念;对客户福利的关注超出以自我为中心的利润动机,以及与客户在行为和目标上感知到共同的价值观是助力数字普惠金融建立信任的重要因素。

数字普惠金融供应方亿联银行的发展实践表明:数字化理念能强化

数字金融供应方的能力,缜密的反欺诈系统能促养诚信习惯,精细化战略能彰显仁慈,而行之有效的宣传则熔铸共同价值观。

（三）信任通过影响家庭融资渠道偏好而影响微型金融发展

信任是经济交易的道德基石,对家庭融资渠道的选择产生了深远的影响。其中,自信与对他人信任的提高,都有利于提升家庭正规融资偏好;但不同维度的信任对家庭融资渠道偏好的影响不同。具体而言,制度信任水平越高,家庭越偏好正规融资渠道;人际信任水平越高,家庭越偏好非正规融资渠道;并且,信任对融资渠道偏好的影响在城乡家庭中存在异质性。表现为:自信、制度信任能显著提升农村家庭正规融资渠道偏好,而人际信任能显著提升家庭非正规融资渠道偏好。两个田野案例表明,随着时间的推移和微型金融效应的显现,客户、信贷员和金融机构之间的信任不断增加,再加上金融科技发展,使得金融机构能够以相对低的成本为越来越多的长尾客服服务,从而对微型金融的经营绩效产生重要影响,也会激发微型金融机构积极服务三农的热情。

六、微型金融与民族文化协同发展存在多重路径

民族文化不仅承载着民族精神,也体现了当地经济的潜力;微型金融作为资本供给和需求的桥梁,带来金融活力的同时,还可以激发和利用民族文化的潜力,成为推动民族文化创新发展的动力源泉。因此,微型金融与民族文化协同发展有助于打破西部地区资本不足和内生动力不足的双重困境。

（一）微型金融可以通过助力产业发展、提升居民收入、改善乡村治理等方式与民族文化协同发展

产业发展与民族文化相互影响并彼此塑造,因而微型金融可以通过促进产业发展而与民族文化协同发展。中国农业银行的点对点帮扶,促

进了当地特色农业、电商、非物质文化遗产和旅游等产业的发展，也促进了电商和传统手工艺的现代化转型，既提高了当地居民的就业与收入，也为民族文化保护和创新发展提供了新的思路和实践范例。

物质财富增加会激发对精神财富的需求，因而微型金融可以通过提高个体收入而与民族文化协同发展。农行秀山支行通过推出"秀兴通"等创新金融服务平台和产品，有效提高了金融服务的可及性和多样性，增强了当地居民的收入水平，有效巩固并拓展脱贫成果，进而形成居民收入提升——更有意愿参与民族文化活动——民族文化价值提升——吸引更多游客和投资并带动相关产业发展——居民收入再提升的良性循环。

改善乡村治理可为民族文化的发展创造更好的条件和空间，而民族文化的凝聚力和认同感也有助于改善乡村治理，因而微型金融可通过改善乡村治理与民族文化协同发展。农行秀山县支行通过建立各类基金和智慧医疗平台等措施保障医教民生，提升人居环境，有效提高了社区成员的生活质量，促进了社区成员之间的合作与信任，为民族文化的传承与发展创造了良好条件。

（二）微型金融可以通过践行金融文化与民族文化协同发展

鄂温克蒙商村镇银行作为一家小型农村金融机构，在面临村镇银行整体发展形势严峻的背景下，成功经受住了母公司包商村镇银行被接管的风波，并呈现出稳健发展态势，这与其高度重视金融文化建设息息相关。由其发展经验可以总结微型金融与民族文化协同发展的基本路径。

微型金融可以通过信用体系建设与民族文化协同发展。鄂温克蒙商村镇银行通过呼和温都尔整村授信模式、永丰嘎查联保模式和"吉日格勒"帮扶计划等创新措施，有效降低了借款人的逆向选择和违约成本，提高了农牧民对现代信用的认识和重视程度。同时，这些措施也帮助银行降低了信用风险，并促进了乡村治理环境的改善和乡村文明程度的提高。

通过这些实际行动,鄂温克蒙商银行树立了"马背银行"扎根牧区、服务牧区的形象。

微型金融可以通过企业文化建设与民族文化协同发展。鄂温克蒙商村镇银行通过银行形象文化建设、行为和制度文化建设以及精神文化建设,为银行发展打下了扎实的基础。银行将金融、民族和草原三因素有机融合,通过各种方式展示银行的经营使命和社会责任担当,传播草原民族文化。银行注重员工行为文化、领导行为文化和制度文化的建设,激发员工的献身情怀,确保企业文化能够引导银行的日常运营。银行还积极培育草原企业精神,创新推出符合当地牧民需求的金融服务模式,促进牧业繁荣,引导牧民致富。通过这些文化建设措施,鄂温克蒙商村镇银行取得了明显的财务绩效和社会绩效。

微型金融可以通过践行宗旨使命与民族文化协同发展。鄂温克蒙商村镇银行坚守服务农牧业、农牧民和农牧区经济发展的宗旨,为地区农牧业注入生机和活力。银行通过放弃传统的抵押品要求,推出"牛羊在—贷款安"贷款项目,为牧民提供低息、长期限的贷款支持,促进了企业和地区经济的发展。银行还设立基层服务站,扩展银行服务范围,增强牧民对银行的信任。银行秉承"办牧民信赖的好银行"的理念,通过普惠金融模式和金融知识宣传,提升农牧民的金融素养,提升农牧民对银行的信赖和信任。这些举措为农牧民提供了更好的金融服务,推动了地区经济的繁荣,也促进了微型金融与草原文化的协同发展。

(三)微型金融可以通过融入民族文化而与民族文化协同发展

微型金融可以通过将民族文化融入经营理念而与民族文化协同发展。中和农信致力于在经营中兼顾财务绩效和社会绩效,通过高效的管理和风险控制提高盈利能力,同时为弱势群体提供金融服务并通过非金融服务赋能他们。同时,中和农信在运营过程中积极考量文化因素的影响,根据各地区民族文化的特征进行本土化调整,尊重和认同每个民族和信仰下的文化特征。并且,中和农信践行低碳实践,引入 ESG 框架并推动农村绿色、低碳产业发展,助力农村人居环境改善,实现经济发展与生态保护的协同。

微型金融可以通过将民族文化融入经营模式而与民族文化协同发展。中和农信通过创新贷款模式、还款模式和风险管控模式,实现财务绩效,并通过金融和非金融服务赋能弱势群体,实现社会绩效。同时,中和农信充分考虑我国民族文化特点,通过家族和宗族关系建立联保小组,降低道德风险。此外,中和农信注重低碳绿色发展,推动农村绿色产业和环境保护,并将环境风险纳入授信准入标准。通过这些方式,中和农信实现了微型金融与民族文化的协同发展,为农村地区提供可持续的金融服务。

第二节　促进西部地区微型金融与民族文化协同发展的政策建议

西部地区现代化建设是中国式现代化的重要内容。但资本匮乏和文化贫困制约了西部地区发展,而促进微型金融和民族文化发展是加快西部地区发展的重要方略。但商业化经营与政策性目标之间的矛盾抑制了西部地区微型金融发展的内生动力,民族文化滞后于经济发展又降低了微型金融效应;而且,民族文化还面临发展主体和发展动力不足的难题。

2023 年 10 月 30 日至 31 日,中央金融工作会议指出,要深刻把握金融工作的政治性和人民性,以金融高质量发展服务中国式现代化。基于前面的研究结论和建设中国特色金融文化,本节提出如下对策建议,以期能为相关政策完善和行业发展提供参考借鉴。

一、加强各级党组织在金融工作中的领导地位

提升西部地区微型金融与民族文化的协同发展,首先是需要推动更多金融资本服务西部地区,以此促进西部地区经济发展。而金融天生具有逐利性,西部地区又相对更为贫困,因此,要保障金融服务西部地区、服务相对贫困群体,必须加强各级党组织在金融工作中的领导地位,以强化金融的政治性和人民性。具体来说:

(一)以人民为中心

"以人民为中心"是中国特色金融发展之路与西方金融逻辑的本质区别。习近平总书记强调,必须坚持发展为了人民、发展依靠人民、发展成果由人民共享。而促进西部地区微型金融发展是关系到西部地区的重要举措,也是地方金融服务"六稳""六保"的重要战略任务。从金融机构来讲,要强化社会责任意识,坚持以人民为中心的发展思想,坚持银行是党的银行、国家的银行、人民的银行的定位,强化责任担当,始终把服务国家战略需要作为首要任务,充分发挥积极性、主动性和创造性,做出更有效的制度安排,推动微型金融更好服务地区经济发展。同时,要紧紧围绕金融机构党风廉政建设安排,结合重点工作,查防并举,加强信贷办理、服务收费等重点领域管理,有效防范关键环节廉洁风险,确保各项政策措施落到实处。

(二)推动党建与业务融合互促

积极实施普惠金融战略的"党建+"平台。加强县域支行基层党组织建设,完善基层党组织清单式管理和党员积分制管理等机制。如设立乡村振兴党员"示范岗""责任区"和先锋队、突击队、志愿服务队,发挥广大党员在乡村振兴金融服务中的先锋模范作用。实施"金融人才驻县帮镇扶村富民行动",选派优秀干部到地方政府挂职副县长、副乡长、驻村第

一书记等,推动金融人才投身乡村振兴一线。持续抓好服务"三农"作风建设,建立为基层解难题、办实事常态化机制。

具体而言,可以通过"党建+"形式促进党建与业务更好融合。如开展"党建+培训",试点由县域支行入村入户开展农户贷款政策宣传及培训等工作。不仅可以加大对客户的基础金融知识的宣传和普及,让客户不再因不懂金融知识而蒙受不必要的损失。同时,通过对客户经理的案例警示教育、对行内规章制度的培训等,也能大大增强客户经理的自我约束,进一步强化客户经历的"我的合规我负责,他人的合规我有责"的合规意识。此外,还可以推广一批党建和业务融合典型来树立榜样。如对在金融服务"三农"、金融服务乡村振兴等过程中涌现出的优秀党组织和优秀党员,加大表彰力度。

二、加强西部地区普惠金融政策宣传

根据制度逻辑视角,只有个体注意并认同普惠金融理念,才有可能激活自身作为普惠金融客户的身份,从而参与普惠金融业务。虽然自2013年正式将发展普惠金融纳入国家战略,普惠金融理念得到广泛传播,但社会对普惠金融仍然存在普遍误解。如何正确理解普惠金融政策,具有重要现实意义。

(一)积极宣传普惠金融政策

普惠金融注重覆盖群体的"普"和服务价格的"惠",本质上是具有包容共享性、弱势偏向性、服务便利性和风险可控性的金融服务。普惠金融的目标是降低成本和门槛,使更多人能够以与其信用相匹配(合理)的价格获得高质量的金融服务。因此,在普惠金融政策的宣传上:首先要突出"包容共享性",强调全民平等享受现代金融服务的金融公平理念,在宣传方向上注重对弱势群体的倾斜,向小微企业、农民、老年人等群体拓展;

其次要体现"服务便利性"，在宣传过程中要突出业务逻辑清晰、流程便捷，业务标准清晰、公开透明，业务定价清晰、保本微利的产品定位；最后要坚持"风险可控性"，在宣传上要突出普惠金融政策同财政转移支付及公益资助等帮扶措施的区别，不能过于偏重公益性而忽略金融的本质，坚持商业可持续，同时，普惠金融不只是关注贷款，还包括储蓄、保险、支付和投资等其他金融服务。而且，普惠金融仍需遵循严格的风险管理和信贷政策，确保风险处于可控范围内。要通过选派金融驻村干部、开展"乡村振兴金融明白人"培训等方式，加强对县、乡、村干部开展普惠金融相关知识的专门培训，提高各级干部的金融意识。同时，通过网络、电视、报纸等媒介以及制作宣传册，做好普惠金融政策的宣传，使广大群众真正理解并接受普惠金融。

（二）让群众正确理解普惠金融和金融扶贫关系

西部地区作为曾经金融扶贫攻坚的主战场，金融扶贫在民众心中具有根深蒂固的影响。然而，虽然普惠金融和金融扶贫都是旨在通过提供金融服务来促进经济增长和社会福祉，但两者的服务对象、侧重点和实施范围都有所不同。普惠金融服务是为所有可能无法获得传统金融服务的群体，目的在于普及金融服务，提高金融可获得性，以此促进经济的包容性增长；而金融扶贫更专注于贫困人口和地区，目的在于通过金融服务帮助人们脱贫。并且，普惠金融考虑的是整体金融生态系统的建设和改善，而金融扶贫则是作为扶贫工作的一个组成部分，与其他扶贫措施如产业扶贫、教育扶贫等并行。尤其需要强调的是，金融扶贫作为自上而下的一种政治运动，在实际执行过程中，往往通过扶贫贴息等方式降低客户成本，使得客户忽视了金融机构的经营成本。但普惠金融是商业活动的一部分，需要实现财务绩效和社会绩效，甚至环境绩效的均衡。

（三）倡导金融健康理念

金融健康是有效检验普惠金融成败的最根本标准。从理论角度来看，长期的金融行为会直接影响金融消费者的金融健康，金融健康实际上是金融行为的一种良性结果。目前，各类金融机构进入农村金融市场争夺重点客户，容易造成过度授信和多头授信，诱发客户行为失真及贷后违约等信用风险。数字金融的快速发展背景下，由于线上业务扩张主要依赖工商、税务、征信等数据源，数据完整性、可用性不足，存在较大安全漏洞，也可能造成农户多头举债、杠杆率畸形提升。因此，要结合金融知识下乡、金融健康科普等活动，积极开展金融知识宣传，让广大群众具备计算利息、利率等数据的基本能力，以及选择合意信贷产品的能力。同时，要不断增强对广大群体的金融消费者权益保护宣传。从强化服务细节、规范服务行为着手，不断推进金融消费者权益保护工作，切实保护消费者"财产安全权、知情权、自主选择权、公平交易权、受教育权、信息安全权"等八项权利，增强贫困群体消费者权益保护的意识和能力，推动普惠金融高质量发展。

三、完善金融服务体系

（一）建立多层次、广覆盖、功能互补的金融机构体系

不同类型的金融机构的比较优势并不相同，如新型农村金融机构，由于其机构扎根乡土，具有较为明显的地理优势，而且经营规模一般较小，组织架构和管理制度相对简单，服务"三农"的流程更为便捷和高效。因此，完善西部地区微型金融服务体系，一要突出发挥商业金融主力军作用。农业银行、邮储银行、农业发展银行、农村信用社作为农村金融体系的主要组成部分，应立足各自职能定位，分工合作、有序竞争，共同为西部地区发展提供全方位高质量金融服务。对投资期限长、回报率低、政府提

供贴息或担保的政策性业务,鼓励商业银行积极介入,探索政策性业务商业化运作模式,提高政策性业务运作效率效益。二是要鼓励大型商业银行建立服务乡村振兴内设机构,打造乡村振兴金融服务特色支行或网点,扩大增量持续支持农业产业融合发展。要通过金融机构利差补贴和特殊费用补贴等财政政策引导各类金融机构明确定位,主动下沉经营重心,加大对基层营业网点的政策倾斜力度,强化服务相对贫困群体的宗旨和意识。三是综合运用结构性货币政策工具和税收优惠等手段,提高金融机构服务西部地区的自觉性主动性。如引导小型和新型农村金融机构切实遵循"支农支小"的初衷,发展县乡富民特色产业,助力农业农村绿色发展。积极推动符合条件的农村商业银行或农村合作银行发起设立村镇银行,贷款公司和农村资金互助社等新型农村金融机构。

(二)大力促进农村数字金融发展

聚焦数字乡村建设,强化银政合作,大力推广农户贷款线上化、乡村治理数字化的优势,助力涉农场景服务客户数提升。具体来说:

一是要围绕西部地区特色产业,大力推广智慧乡村综合服务平台。要积极构建涉农产业金融场景闭环,提供数据监测、生产监督、质量追溯、资金管理、电子商务、金融支持等综合性服务,帮助打通延展产业链资金流、信息流。比如,基于农业生产经营和生活消费数据,为农户、小微企业、产业链上下游关联客户提供线上信用贷款;依托产业链核心主体为上下游关联小微企业、农户提供供应链金融服务。

二是大力支持乡村数字化治理。积极推进信用体系建设,对被评为乡风文明信用用户的农户提供利率优惠的"乡风文明贷"等特色产品,促进形成诚实守信社会风气。大力支持农民专业合作社和农村"三资"管理平台建设、乡村自动化办公平台、涉农资金补贴系统等系列场景,不断优化乡镇和村级政务平台功能,推动农民组织化和农村集体资产管理制度化、规范化。学习借鉴中国农业银行西藏分行独具特色的掌上银行推动智慧党建、智慧医院等金融科技业务落地,助力"智慧乡村"建设。

三是大力支持农村基本公共服务和信息服务。围绕县域医院、学校、养老、文旅等公共服务主体,利用智慧医院、智慧学校、智慧旅游等场景平台,在提升相关主体信息化经营管理水平的同时,提供线上缴费、挂号报销、支付结算等综合金融服务,助力县域文教卫生事业信息化水平。围绕村级财政拨款、乡村医疗、社保、涉农补贴、教育培训、养老助残等线上需求,提供账户、线上新农合和新农保发放、在线医疗咨询、在线教育培训等,助力城乡公共服务均等化,让农民少跑路、让数据多运行。

四是大力支持智慧绿色生态乡村建设。围绕农村人居环境整治、农村绿色发展、乡村信息基础设施升级、乡村居民消费升级、县域城乡融合发展等领域,积极开展新农村建设数字化贷款、林权抵押数字贷款、乡村基建和乡村新基建数字化贷款、绿色数字金融贷款,充分利用网络直播带货、线上咨询等形式移植金融服务到乡村建设。如可以通过建立专项资金,支持村容村貌提升、污水垃圾治理及安全饮水等工程。

(三)持续加强县域支行能力建设

县域支行是"三农"和县域业务经营的基本单元,县域支行能力的强弱,直接决定着服务"三农"和乡村振兴的能力的质效。西部地区金融服务面临的最大难题就是县域金融服务薄弱,因此,要在加强县域支行能力建设的基础上,持续强化县域支行分类指导和管理。要强化金融支持政策向地方法人金融机构倾斜,引导建立更多银行、保险等县域地方法人机构。要针对县域支行的不同类型(如重点发展行、提升发展行、稳健发展行,等等),进一步加大差异化政策支持,推动不同类型县域支行走特色化差异化发展道路。可以通过资源配置、考核激励、业务授权、产品创新、人员管理等途径,探索穿透式管理的有效路径,缩短决策链条,提升差异化授权和精细化管理能力。同时,还要鼓励支行进一步下沉经营重心。要依托县域网点开展线上线下综合营销,加大流动金融服务力度。可以通过选择一批县域网点,赋予农户贷款等部分资产业务经营权限,重点承担小微企业拓展、农户信息建档等业务并予以相应业务授权,盘活网点资源,积极打造一批服务"三农"示范标杆网点,充分发挥基层网点在提升县域竞争力中的作用。

(四)持续加强人才队伍建设

一是要加强对客户经理的学习指导。采取"点对点"穿透指导方式,针对具体业务、重点产品,开展支行和网点业务培训,指导客户经理学习新产品、新业务,推动小微从业人员"精业务、懂产品、善营销"。二是要结合"三农"和县域数字化转型,加大科技背景"三农"产品经理配备,开展"三农"产品经理业务、技术岗位交流学习,为乡村振兴产品创新推广提供专业支持,实现"三农"和县域业务融合发展。

四、创新金融产品和服务模式

(一)根植地区资源禀赋和文化特色

资源禀赋的差异决定了群众的生计策略不同。因此,微型金融机构应该紧紧围绕西部地区群众的真实需要来创新金融产品和服务,以更好地满足他们的真实需求,增加他们对微型金融产品服务的信任和接纳。因此,要结合西部地区的文化特色和资源优势,设计与之相关的金融产品。鼓励各西部地区突出地域民族特色,根据民族习惯、民族特色产业及民族特色产品,有重点地推出区域性创新金融产品。例如,宁夏微型金融机构可以根据市场需求,大力发展"滩羊贷""枸杞贷""苗木贷"等特色农业产业融资产品,并在总结上述经验的基础上,进一步推出硒砂瓜贷、黄牛贷等新的信贷产品;而藏族地区微型金融机构可以借鉴农业银行甘肃分行通过藏族饰品质押的方式解决甘南藏族自治州农牧户贷款难的问题,进一步加大藏族饰品的质押范围。还有其他西部地区,也应围绕地方特色农业产业发展,大力开展茶叶贷、烟叶贷、水果贷、畜禽贷等产品创新,形成一特色产业一专属产品。

(二)支持民族特色产业发展

通过为传统手工艺、土特产品等民族产业提供资金支持,促进民族特色产业的发展。完善金融支持乡村重点产业政策,鼓励金融机构依托供应链核心企业开发个性化、特色化供应链金融产品和服务,坚持"一村一品""一产一策",支持农业产业基地和农业产业链建设,推动西藏青稞、青海牦牛等27个农业特色产业集群发展。积极推进农业产业融合金融服务试点工作,通过"美丽乡村贷"等信贷产品加大对景区提质升级、特色村寨、生态康养等领域的信贷支持。重点支持"三品一标",采用组合担保、综合授信、地理标志商标质押等信贷方式,支持中宁枸杞、波密天麻等130个乡村特色产品,助力提升农产品区域公用品牌影响力。同时,积极搭建政银企合作平台,鼓励金融机构加强对新型农业产业的支持。创新乡村振兴专属信贷产品,试点推出乡村振兴专属存款、理财、支付等特色产品和服务。

(三)支持乡村振兴主体成长

大力推广"银行+公司(基地/合作社)+农户"等服务模式,支持农户与市场建立紧密利益联结机制,帮助农户融入农业现代化。利用"政银担""政银保担企(社)"等融资模式和"保险+期货"等风险分担模式,持续加大对新型农业经营主体支持。大力开展头雁工程,吸引更多优秀人才返乡创业。借鉴西藏、贵州等省份制定实施"筑巢引凤""雁归兴贵"战略,将有意愿、有潜能的大学生、返乡农民工以及自主创业农民纳入创业贴息担保贷款支持范围,尽力实现"应贷尽贷"。设立财政杠杆基金,支持金融机构加大对新型农业经营主体的金融支持。

五、强化文化价值引领

以社会主义核心价值观为指引,走中国特色金融发展道路,在金融系统大力弘扬中华优秀传统文化,坚持法治和德治相结合,积极培育中国特色金融文化。

(一)锻造坚实的金融文化

一是构筑道德风险防范机制。针对民族自治区多语言、多文化的特点,金融机构应开发多语种服务平台,确保风险预警信息和金融知识普及可以覆盖所有民族群体。同时,结合当地习俗和生活方式,设计符合实际的风险管理制度,如在轮岗休假制度中考虑到民族节日和活动,以提高员工的参与度和制度的有效性。创新建立"一二三道防线"和"离岗代职"制度。对预警机构"一把手"施行短期强制休假,从其他法人行调配优秀代职人员,协同联动深挖风险隐患,从而加厚机构管控风险点和薄弱环节。

二是打造具有民族特色的金融企业文化。在坚持法治和德治相结合,积极培育中国特色金融文化的基础上,西部地区金融机构应尊重并融入民族自治区的文化传统和价值观念。例如,可以结合藏族的互助合作精神、维吾尔族的好客友善、蒙古族的勇敢坚毅、壮族的热情开朗和回族的诚实守信等民族特质,建立与民族自治区文化相协调的金融企业文化。通过组织民族节庆活动、支持地方特色经济发展等措施,增强金融机构与当地社区的联系,提升金融服务的社会认同感和文化亲和力。

(二)积极拓展金融服务边界

扩大普惠金融服务边界的关键是降低普惠金融产品的平均成本。因此,要探索和推广移动支付、网络银行等现代数字金融技术在西部地区的应用,降低普惠金融的获客成本、风控成本和交易成本。具体而言:首先,以服务平台搭建场景金融、培育客户,为西部地区农户提供更生活化的金融服务,拓宽获客渠道,着力提升农户的金融素养和数字素养,开发潜在客户,通过数字平台的网络效应降低获客成本;其次,以信息平台进行信用评级、信息采集,打通多方信息数据库,为弱势群体信用评级提供更准确、丰富的数据支持,并采集保险、联保等信息为弱势群体征信,实现金融机构风险转嫁、分摊,从而通过数据信息的非竞争性降低风控成本;最后,在线上展销平台上展示多样化的普惠金融产品,打破获取产品的时空限制和供给方垄断局面,简化服务流程,提高服务效率,降低弱势群体的信息搜寻成本和时空成本,从而通过数字技术的去中心化,降低交易成本。

(三)主动搭建社会网络平台

同群效应理论认为个体的市场决策也会受到周围同样地位人群的影响,可见,农户普惠金融参与决策也会受到周围农户决策的影响。因此,微型金融机构应融入当地民族文化,利用村集体、合作社、民族团体等组织,促进社区内部的信息交流和资源共享,鼓励形成基于互助和共生的金融服务模式,如建立村级小额信贷合作社或互助基金。一方面,在民族文化的引领下,金融服务透明度和可靠性的增强能增加当地居民对微型金融机构的信任、对普惠金融业务的接受,并通过社会规范机制在农户群体中形成群体认同观念,强化个体农户的参与意愿。另一方面,互助基金等社交平台的搭建能够通过信息传递机制影响农户行为决策,当农户观察到周围越来越多的人使用普惠金融产品后会进行模仿。此外,基于地缘和亲缘的农村社会网络也极大降低了农户的信息搜寻成本,加深农户对金融产品的理解和信赖。要不断完善金融服务,加大投入,进村入户,征求潜在客户的意见建议,详细了解潜在客户的金融服务需求,使金融产品和服务能更好地满足潜在客户的真实需求。要让潜在得到看得见、摸得着的实惠,让他们从心底里感受到政府及银行是真正为他们做好事、解难事、办实事的,从而建立对微型金融的信任和接纳。

六、尊重传统文化,构建自下而上的金融反馈机制

传统文化不仅是一种思维方式和生活方式的体现,也是人们在日常生活中所遵循的行为准则和规范,对地方经济活动,包括金融发展都有着重要的影响。因此,尊重西部地区传统文化,构建自下而上的金融反馈机制,以使金融产品和服务更好满足群众的真实需求。具体来说:

(一)充分发挥文化心理对微型金融发展的重要作用

可以通过挖掘和利用民族文化的积极因素,增强农村金融市场的信用体系和服务供给的适应性。一是要充分挖掘具有积极意义且适应时代变化的民族文化活动,开发与民族文化相契合的金融产品和服务。比如利用地方文化中的团体互助传统,推广基于共同文化认同的相互保险模式。二是制定灵活的信贷政策和更具人文特征的营销政策。要充分尊重农户的文化心理和行为,重视其文化诉求和金融诉求,发挥文化心理对农户的积极效应,通过满足人们在物质上、心理上和情感上的需求来满足农户信贷需求。可以通过地方政府和金融机构的合作,共同开展文化与金融结合的活动,如民族节日金融服务体验活动,以文化活动为契机推广金融知识和产品。三是建立农户与金融机构之间的有效沟通机制。金融机构要建立自下而上的金融服务反馈机制,通过了解农户的真实需求,及时调整服务策略,以更好地满足农户的文化心理和金融需求。

(二)充分重视地方文化的影响,适度运用机构制裁和社会制裁措施

微型金融机构要根据不良贷款产生的原因,分类处置:对于因自然灾

害、农产品价格波动等客观原因造成无法正常还款、但生产经营正常或基本正常而只是暂时不能偿还贷款的,在风险可控的情况下,通过办理续贷、展期业务,帮助贫困群体渡过生产经营难关,并收回全部所有贷款;对于因真实原因而实在无力偿还贷款的,要积极协调政府有关部门,通过启动风险补偿措施按约定比例分摊损失;而对于恶意拖欠、态度恶劣、拒不还贷的,则要及时启动追偿程序,通过公布失信黑名单等措施,适度运用机构制裁和社会制裁、必要时联合扶贫办协调公检法等力量依法来收回贷款,保证机构的正常经营。

七、加强对微型金融与民族文化协同发展的统筹协调管理

(一)加强金融数字基础设施建设

政府要加大对信息通信技术的投资,加快推进数字金融基础设施建设。要积极支持内蒙古和宁夏启动建设国家算力枢纽节点,补齐西部地区乡村数字建设短板。推动银行、征信、工商、税务、社保、企业以及网商平台之间合作,建设集农村合作经济组织和中小企业资信状况、用水用电等信息以及农牧民家庭土地确权、种养殖情况、农业补贴等信息于一体的信用信息共享平台。强化地方金融工作领导小组对数字金融工作的领导,推进信用信息共享平台实现金融大数据的安全采集、综合利用和可信共享,促进乡村金融数字化转型。

(二)全面深化信用体系建设

首先要完善基础征信体系。要积极推动建立多元化征信体系。要鼓励多元化的征信机构的建设,鼓励更多拥有电商交易数据、线下支付数据、金融资产数据优势的征信机构进入征信体系,在扩充金融信用信息基础数据库的基础上,推动多元化征信数据和多元化征信产品创新。

其次要完善农村信用信息体系。一是要推进系统建设,实现当地农户、农民和农业经营主体信用信息在各金融机构的互联互通互享,搭建以"数据库+网络"为核心的信用信息服务平台,推进"信用户""信用村""信用乡镇"创建,不断提高信用体系在当地经济生活中的渗透率,营造守信光荣的社会风气。二是遵循因地制宜、动态管理原则。要根据不同地区的人文环境和经济发展状况,采取将信用宣传与少数民族宗教文化相结合的方式,增强信用宣传效果。对于信用评价结果未达到相关标准的,通过一定途径和方式帮助农户实行增信计划,不断增强其信用,最终达到信用评级标准。三是完善信用服务,完善信用奖励和惩戒机制。主要采取正向激励措施进行正向激励,比如,对积极参与信用体系建设的金融机构给予更高不良贷款率的容忍度;对信用记录良好的农户或被评为优秀信用村的农户给予一定的贷款利率优惠奖励。鼓励和调动广大群众参与信用建设的积极性,营造诚实、自律、守信、互信的社会信用环境,不断改善农村金融生态环境。

(三)强化金融服务乡村振兴的政策支持

推动各级政府主导成立金融服务乡村振兴联合委员会,探索开展金融服务乡村振兴工作新模式。建立完善金融服务西部地区乡村振兴的激励机制和考核评估机制,加强信贷、产业、财税、投资政策的协调配合,提升金融服务乡村振兴质效。积极搭建政银企合作平台,鼓励金融机构加强对新型农业产业的支持。鼓励金融机构依托供应链核心企业开发个性化、特色化供应链金融产品和服务,推动乡村产业集群化发展。充分发挥政府协调引导作用,推动银行、工商、税务、社保、农资平台等各类信息同步联动,严控信贷风险。落实以奖代补等激励政策,鼓励保险公司开展"银保农互动""保险+担保"等联动模式创新,完善农业信贷风险市场分担机制。要按照"内部挖掘、基层采集、场景积累、外部引进"的思路,全面开展农户信息建档工程,大力推进涉农数据库建设,加快形成支撑贷款投放的"三农"数据资产。

(四)完善金融支持民族文化的专项政策

完善金融支持民族文化专项政策,首先要解决民族文化"轻资产"特性所带来的融资困境。一是要完善支持西部地区文化产业发展专项政策,同时在执行层面推动细则出台。应在文化金融的基础设施方面推出专门政策,尤其应积极推动文化产业信用体系、文化产业无形资产评估体系的建设,鼓励文化金融领域基础设施的创新活动,鼓励征信服务业开展文化企业征信业务。要根据西部地区文化企业的资产特点,鼓励创新纯信用信贷,充分发挥无形资产在信贷中的作用。二是完善文化金融基础设施。文化产业信用管理是最重要的金融基础设施。要借助金融科技,推动完善公共服务性质的文化企业信用信息基础数据库、金融机构的文化企业信用管理和文化消费信用管理体系、社会信用机构(征信和评级)的文化企业信用服务体系等,从而在提高金融服务效率和金融服务覆盖面的同时,最大程度防范金融风险。三是积极推动建立专业性社会组织,充分发挥社会组织的作用。协会、商会、联合会等社会组织是文化产业管理的最佳行为主体,应充分发挥社会组织在文化金融基础设施建设方面的作用。积极推动以政府主导的信用体系建设模式应向行业组织与市场共同建设的模式转变。

参 考 文 献

一、中文文献

[1][英]爱德华·泰勒:《原始文化》,连树声译,广西师范大学出版社 2005 年版。

[2]艾云、向静林:《从经济金融化到社会金融化——社会学金融化研究的兴起与展望》,《国际社会科学杂志》2021 年第 1 期。

[3]白云龙:《基于经济权力结构视角的包容性增长研究》,南开大学出版社 2015 年版。

[4]蔡昉:《探路中国式现代化建设金融方略》,中信出版社 2024 年版。

[5]柴时军:《信任视角下的家庭融资渠道偏好研究》,《经济与管理研究》2019 年第 11 期。

[6]陈光、王娟、王征兵:《收入渴望、非农就业与脱贫户收入——以陕西省周至县为例》,《西北农林科技大学学报(社会科学版)》2022 年第 2 期。

[7]陈氚:《超越嵌入性范式:金融社会学的起源、发展和新议题》,《社会》2011 年第 5 期。

[8]陈氚:《理解民间金融的视角转换:从经济学反思到金融社会学》,《福建论坛(人文社会科学版)》2014 年第 4 期。

[9]陈强:《计量经济学及 STATA 应用》,高等教育出版社 2015 年版。

[10]陈庆德、郑宇、潘春梅:《民族文化产业论纲》,人民出版社 2014 年版。

[11]陈熹、张立刚:《激发内生秩序:数字普惠金融嵌入乡村治理的路径优化》,《江西社会科学》2021 年第 10 期。

[12]陈颐:《儒家文化、社会信任与普惠金融》,《财贸经济》2017 年第 4 期。

[13]陈颐:《普惠金融的文化语境——来自 CGSS 的经验数据》,《金融经济学研究》2017 年第 2 期。

[14]陈银娥、王毓槐:《微型金融与贫困农民收入增长——基于社会资本视角的实证分析》,《福建论坛》2012 年第 2 期。

[15]程士强:《制度移植何以失败?——以陆村小额信贷组织移植"格莱珉"模式为例》,《社会学研究》2018 年第 4 期。

[16]程士强:《金融社会学的中国传统——对费孝通农村金融研究的阐释与重构》,《华中农业大学学报(社会科学版)》2011 年第 5 期。

[17]迟鑫昊:《宗族文化对社会发展的作用》,《度假旅游》2019 年第 3 期。

[18]邓晓军、吴淑嘉、邹静:《数字经济、空间溢出与农民收入增长》,《财经论丛》2023 年 9 月。

[19]丁博、赵纯凯、奚君羊:《宗教信仰对家庭金融排斥的影响研究——来自 CHFS2013 的经验证据》,《社会学评论》2021 年第 1 期。

[20]丁从明、吴羽佳、秦姝媛等:《社会信任与公共政策的实施效率——基于农村居民新农保参与的微观证据》,《中国农村经济》2019 年第 5 期。

[21]董诗涵:《社会信任与个人贷款供给行为》,《金融论坛》2022 年第 6 期。

[22]豆宏健:《从信任人格、信任关系到信任文化——信任:发展与和谐的社会资本》,《陇东学院学报》2015 年第 3 期。

[23]杜朝运、詹应斌:《儒家文化与家庭风险资产配置——基于 CGSS 数据的实证研究》,《吉林大学社会科学学报》2019 年第 6 期。

[24]段超:《中华优秀传统文化传承体系研究》,中国社会科学出版社 2022 年版。

[25]方杰、温忠麟、梁东梅等:《基于多元回归的调节效应分析》,《心理科学》2015 年第 3 期。

[26]冯巍:《新疆少数民族保险需求特征研究》,《现代经济信息》2015 年第 3 期。

[27]弗兰克·道宾主编:《经济社会学》,冯秋石等译,上海人民出版社 2008 年版。

[28]费孝通:《江村经济》,上海人民出版社 2006 年版。

[29]高明、艾美彤、贾若:《家庭金融参与中的信任重建——来自农村社会养老保险的证据》,《经济研究》2021 年第 8 期。

[30]高天宇:《消费文化的变迁与重构——从黜奢崇俭到协同消费》,《佳木斯大学社会科学学报》2020年第2期。

[31]巩艳红:《文化差异与普惠金融发展》,知识产权出版社2018年版。

[32]郭峰、王靖一、王芳等:《测度中国数字普惠金融发展:指数编制与空间特征》,《经济学(季刊)》2020年第4期。

[33]郭梅亮:《传统文化习俗下的农村消费性金融需求分析》,《中国经济问题》2011年第1期。

[34]郭昱琅、张攀:《消费者迷信研究综述与展望》,《外国经济与管理》2016年第10期。

[35]何浩、蔡秋杰:《传统文化与寿险需求》,《中国金融》2009年第11期。

[36]何晓夏、刘妍杉:《金融排斥评价指标体系与农村金融普惠机制的建构》,《经济社会体制比较》2014年第3期。

[37]何东霞、何一鸣:《文化与制度耦合:一个文献综述》,《学术研究》2006年第10期。

[38]胡荣、莫思凡:《中国式现代化进程中农村居民的社会比较与风险感知》,《中央民族大学学报(哲学社会科学版)》2023年第2期。

[39]江艇:《因果推断经验研究中的中介效应与调节效应》,《中国工业经济》2022年第5期。

[40]焦瑾璞:《微型金融学》,中国金融出版社2013年版。

[41]金巍、杨涛:《文化金融学》,北京师范大学出版社2021年版。

[42][美]克拉克·赫尔:《行为的原理:行为理论导论》,司马兰、姜颖昳译,中国传媒大学出版社2016年版。

[43]孔婷、王永:《农村地区金融信用体系建设短板分析与建议——以新疆为例》,《金融发展评论》2020年第2期。

[44]李佳、谢芸芸、田发:《消费示范效应下消费信贷对消费行为区域差异性影响研究》,《消费经济》2018年第6期。

[45]李建军、彭俞超、马思超:《普惠金融与中国经济发展:多维度内涵与实证分析》,《经济研究》2020年第4期。

[46]李树、邓睿、陈刚:《文化经济学的理论维度与实践进路》,《经济研究》2020年第1期。

［47］李树、邓睿、陈刚:《文化经济学的理论维度与实践进路——第五届文化与经济论坛综述》,《经济研究》2020年第1期。

［48］李树杰、唐红娟:《微型金融与女性赋权研究概述》,《妇女研究论丛》2010年第5期。

［49］李雅宁、张峰、罗欣等:《微型金融机构类型特征会影响其财务绩效和社会绩效吗——基于"一带一路"国家微型金融机构的数据》,《经济问题》2018年第12期。

［50］李渊、刘西川:《金融知识对家庭信贷行为的影响——基于CHFS数据的实证研究》,《武汉金融》2020年第5期。

［51］林超、李辉婕、林晓等:《传统文化对农民参加城乡居民基本养老保险的意愿影响——基于江西省新建县939位农民的实证分析》,《经贸实践》2018年第2期。

［52］刘长喜、桂勇、于沁:《金融化与国家能力——一个社会学的分析框架》,《社会学研究》2020年第5期。

［53］刘达:《新发展阶段商业化微型金融机构可持续发展能力研究——以小额贷款公司为例》,《西南大学学报(社会科学版)》2021年第6期。

［54］刘冬文、苗哲瑜、周月书:《数字化"金融+产业"模式:农业社会化服务创新的机理与案例分析》,《农业经济问题》2023年第9期。

［55］刘桂平:《中国普惠金融典型案例》,中国金融出版社2021年版。

［56］刘国强:《我国消费者金融素养现状研究——基于2017年消费者金融素养问卷调查》,《金融研究》2018年第3期。

［57］刘婧玮、罗天勇:《民族风俗对中国西部少数民族地区金融发展的影响》,《现代商业》2017年第31期。

［58］刘孟超、黄希庭:《希望:心理学的研究述评》,《心理科学进展》2013年第3期。

［59］刘七军:《金融扶贫与民族地区小康社会建设——基于宁夏"盐池模式"的个案调查》,《北方民族大学学报(哲学社会科学版)》2017年第6期。

［60］刘威、黄晓琪:《经济政策不确定性、地区文化与保险需求》,《金融研究》2019年第9期。

［61］罗伯特·伍德沃斯:《动力心理学》,高申春、高冰莲译,中国人民大学出版社2017年版。

[62]罗楚亮、梁晓慧:《农村低收入群体的收入增长与共同富裕》,《金融经济学研究》2022年第1期。

[63]罗静静、陈东平:《工具性社会资本对农户借贷融资的影响——基于江苏南通市紫菜种植户的调研》,《财会月刊》2015年第33期。

[64]罗媛月、张会萍、肖人瑞:《易地扶贫搬迁对移民收入质量的影响研究——基于宁夏947个搬迁移民的调研数据》,《干旱区资源与环境》2022年第36期。

[65]雒焕国、马永霞、张海钟:《当代中国学者民俗与迷信心理研究成果综述与评价》,《社会心理科学》2012年第12期。

[66][德]马克斯·韦伯:《经济与社会》,阎克文译,上海人民出版社2019年版。

[67][美]马斯洛:《动机与人格》,许金声、程朝翔译,华夏出版社1987年版。

[68]马振涛:《保险扶贫:内在机理、工具构成及价值属性》,《西南金融》2018年第10期。

[69][法]帕特里夏·H.桑顿、[加]威廉·奥卡西奥、[加]龙思博:《制度逻辑:制度如何塑造人和组织》,汪少卿等译,浙江大学出版社2020年版。

[70]朴松美:《基于儒家文化思想促进新形势下的保险业发展》,《产业与科技论坛》2019年第8期。

[71]钱雪松、袁峥嵘:《数字普惠金融、居民生活压力与幸福感》,《经济经纬》2022年第1期。

[72]秦其文:《农民心理资本与其收入相关性的实证研究》,《中国集体经济》2021年第18期。

[73]秦其文:《农民心理资本影响其收入和贫富差距的理论机制研究》,《经济研究导刊》2020年第35期。

[74]权衡:《收入分配经济学》,上海人民出版社2017年版。

[75]《辞海》,上海辞书出版社1979年版。

[76]施玮、吴赢:《特色文化+乡村振兴:模式、方法与个案》,厦门大学出版社2021年版。

[77]宋启林:《信任三论》,《天津社会科学》2003年第6期。

[78]宋文豪、黄祖辉、叶春辉:《数字金融使用对农村家庭生计策略选择的影响——来自中国农村家庭追踪调查的证据》,《中国农村经济》2023年第6期。

[79]宋晓玲:《数字普惠金融缩小城乡收入差距的实证检验》,《财经科学》2017

年第 6 期。

[80]孙瑞婷、熊学萍:《风险态度对养老规划的影响研究——来自湖北农村居民的问卷调查》,《西北人口》2019 年第 4 期。

[81]孙永苑、杜在超、张林等:《关系、正规与非正规信贷》,《经济学(季刊)》2016 年第 2 期。

[82]田晖、宋清、韦志文:《国家文化与金融发展:基于跨国面板数据的实证研究》,《经济经纬》2020 年第 4 期。

[83]汪凤炎、郑红:《中国文化心理学(增订本)》,暨南大学出版社 2013 年版。

[84]王爱萍、胡海峰、张昭:《金融发展对收入贫困的影响及作用机制再检验》,《农业技术经济》2020 年第 3 期。

[85]王国伟:《经济社会学视野中的金融行为研究》,《学术研究》2011 年第 10 期。

[86]王宏燕、马继洲:《乡土文化影响下县域金融机构发展行为选择——以临夏州为例》,《甘肃金融》2019 年第 9 期。

[87]王建康、王宁锴:《县域经济的包容性增长》,陕西人民出版社 2012 年版。

[88]王曙光:《中国农村》,北京大学出版社 2017 年版。

[89]王曙光:《微型金融发展与深度贫困地区减贫机制创新》,《人民论坛·学术前沿》2018 年第 8 期。

[90]王小华、马小珂、何茜:《数字金融使用促进农村消费内需动力全面释放了吗?》,《中国农村经济》2022 年第 11 期。

[91]王晓毅、梁昕、杨蓉蓉:《从脱贫攻坚到乡村振兴:内生动力的视角》,《学习与探索》2023 年第 1 期。

[92]王轶红:《炫耀性消费:一种不容忽视的民族文化心理》,《边疆经济与文化》2018 年第 10 期。

[93]王作功:《普惠金融助力民族地区脱贫与发展》,中国社会科学出版社 2022 年版。

[94]温涛:《农村金融扶贫:逻辑、实践与机制创新》,《社会科学战线》2019 年第 2 期。

[95]温涛、刘达、王小华:《"双重底线"视角下微型金融机构经营效率的国际比较研究》,《中国软科学》2017 年第 4 期。

［96］武力超、陈玉春:《所有权对微型金融机构财务绩效和覆盖面的影响》,《南京审计大学学报》2017年第2期。

［97］吴卫星、吴锟、王琎:《金融素养与家庭负债——基于中国居民家庭微观调查数据的分析》,《经济研究》2018年第1期。

［98］向静林、邱泽奇、张翔:《风险分担规则何以不确定——地方金融治理的社会学分析》,《社会学研究》2019年第3期。

［99］邢成举、李小云:《相对贫困与新时代贫困治理机制的构建》,《改革》2019年第12期。

［100］邢大伟、管志豪:《社会资本、金融素养与农户借贷行为——基于CHFS2015年数据的实证》,《农村金融研究》2021年第1期。

［101］向静林、邱泽奇、张翔:《风险分担规则何以不确定——地方金融治理的社会学分析》,《社会学研究》2019年第3期。

［102］熊艾伦、王子娟、张勇等:《性别异质性与企业决策:文化视角下的对比研究》,《管理世界》2018年第6期。

［103］熊芳:《贫困地区农村微型金融与社会资本良性互动的创新机制研究》,人民出版社2020年版。

［104］熊芳:《商业化演进下微型金融机构使命漂移影响因素实证分析》,《西南民族大学学报(人文社会科学版)》2017年第2期。

［105］熊芳、宝雪:《微型金融与民族文化研究进展》,《金融经济》2022年第7期。

［106］熊芳、宝雪:《社会资本对微型金融经济效应和贷款偿还率的影响——基于978户农户的调查分析》,《中南民族大学学报(人文社会科学版)》2020年第11期。

［107］熊芳、陈子科、简兵:《信任与家庭融资渠道偏好研究》,《征信》2022年第8期。

［108］熊芳、陈子科:《微型金融创造信任的机制及民族文化的影响》,《金融经济》2021年第5期。

［109］熊芳、梁伟:《文化心理对农户信贷参与意愿的影响研究——基于西藏和宁夏578户农户的调研数据》,《边疆经济与文化》2022年第8期。

［110］熊芳、刘倩:《道德经济视角下社会关系交换与微型金融发展——基于Grameen和SKS的比较研究》,《中南民族大学学报(人文社会科学版)》2019年第1期。

[111]徐静:《少数民族农村地区民间融资问题研究——基于西南少数民族的民间融资现状》,《贵州民族研究》2015年第10期。

[112]徐云松:《宗教信仰、民族传统与金融发展——基于中国西部地区的研究视角》,《重庆工商大学学报(社会科学版)》2015年第3期。

[113]徐璋勇、杨贺:《农户信贷行为倾向及其影响因素分析——基于西部11省(区)1664户农户的调查》,《中国软科学》2014年第3期。

[114]薛刚:《深度贫困脱贫地区巩固脱贫成果与乡村振兴内生动力问题及对策》,《西南民族大学学报(人文社会科学版)》2022年第11期。

[115]颜新文、杜玲玲、今哲:《让清廉成为共同富裕示范区的鲜明底色——浙江深入推进清廉浙江建设综述》,《今日浙江》2021年第18期。

[116]杨典、欧阳璇宇:《社会学视角下的金融研究:发展脉络与主要议题》,《金融评论》2021年第4期。

[117]杨建新:《中国少数民族通论》,民族出版社2009年版。

[118]杨海燕:《涉农金融机构"使命漂移"与偿还率激励的局限:基于委托—代理框架》,《西南民族大学学报(人文社科版)》2019年第5期。

[119]杨明婉、张乐柱:《农户正规信贷交易费用约束识别及其影响因素——基于广东省477份农户调研数据》,《农业经济与管理》2020年第4期。

[120]姚景照、潘伟刚、秦启文:《关于诚信的理论思考》,《西南大学学报(社会科学版)》2010年第4期。

[121]尹志超、张诚:《信仰与中国家庭金融市场参与——基于CHFS数据的实证研究》,《财经理论与实践》2019年第3期。

[122]尤亮、霍学喜:《渴望:概念、形成机理与展望》,《外国经济与管理》2020年第1期。

[123]于广涛、富萍萍、曲庆等:《中国人的人生价值观:测量工具修订与理论建构》,《南开管理评论》2016年第6期。

[124]乐君杰、叶晗:《农民信仰宗教是价值需求还是工具需求?——基于CHIPs数据的实证检验》,《管理世界》2012年第11期。

[125]曾康霖:《试论文化、宗教与金融事业发展》,《征信》2014年第7期。

[126]张博、范辰辰:《宗族文化与微型金融机构发展:以小额贷款公司为例》,《经济评论》2019年第6期。

［127］张婕、付晓:《乡村振兴背景下农户心理资本与脱贫动力实证研究》,《山东农业工程学院学报》2021年第10期。

［128］张雷、顾天竹:《子女增加会减少父母对商业保险的需求吗? ——基于中国综合社会调查的实证分析》,《南方金融》2020年第5期。

［129］张龙耀、李超伟、王睿:《金融知识与农户数字金融行为响应——来自四省农户调查的微观证据》,《中国农村经济》2021年第5期。

［130］张正平:《中国农村金融组织结构优化研究》,中国金融出版社2017年版。

［131］张正平、陈杨、陈欣等:《资本结构影响微型金融机构的社会绩效吗? ——基于MIX非平衡面板数据的实证检验》,《金融教育研究》2021年第5期。

［132］张作祥:《宗教信仰与农民创业绩效研究——基于云南省创业农民的实证研究》,《当代经济》2019年第6期。

［133］赵向阳、李海、孙川:《中国区域文化地图:"大一统"抑或"多元化"?》,《管理世界》2015年第2期。

［134］赵岩青、王玮:《以信任机制推进小额信贷》,《银行家》2007年第12期。

［135］赵云鹏:《金融支持脱贫地区防返贫的实践与思考——基于重庆秀山县的调研》,《农银学刊》2022年第1期。

［136］赵周华、李雅琪、云霞:《民族自治地区普惠金融发展水平及其减贫效应——基于五大民族自治区的实证分析》,《金融理论与教学》2020年第6期。

［137］中国大百科全书总编辑委员会:《中国大百科全书·民族》,中国大百科全书出版社1986年版。

［138］周广肃、谢绚丽、李力行:《信任对家庭创业决策的影响及机制探讨》,《管理世界》2015年第12期。

［139］周浪、孙秋云:《"因病信教":中国农民的宗教心理及其发展》,《文化纵横》2017年第4期。

［140］周明栋:《农户信用贷款治理机制与履约特征研究——基于信用村建设案例分析》,《征信》2018年第12期。

二、外文文献

［141］Abdulai A, Tewari D Chevrony, "Trade-off between outreach and sustainability of microfinance institutions: evidence from sub-Saharan Africa", *Enterprise Development &*

Microfinance, Vol.28(3), 2016.

[142] A.Carcia et al., "Does microcredit increase aspirational hope? evidence from a group lending scheme in Sierra Leone", *World Development*, Vol.128, 2020.

[143] A.Dowla, "In credit we trust: Building social capital by Grameen Bank in Bangladesh", *The Journal of Socio-Economics*, Vol.35(1), 2006.

[144] A.Foster et al., "Identity, Trust and Altruism: an Experiment on Preferences and Microfinance Lending", *European Economic Review*, Vol.120(9), 2019.

[145] Agbola F W, Acupan A, Mahmood A, "Does microfinance reduce poverty? New evidence from Northeastern Mindanao", *the Philippines*, *Journal of Rural Studies*, Vol.50 (50), 2017.

[146] A.Haldar, J.E.Stiglitz, "Group lending, joint liability, and social capital: insights from the Indian microfinance crisis", *Politics & Society*, Vol.44, 2016.

[147] Allen, T., "Optimal(partial) group liability in microfinance lending", *Journal of Development Economics*, Vol.121, 2016.

[148] Andy C.W.Chui, Chuck C.Y.Kwok., "Cultural practices and life insurance consumption: An international analysis using GLOBE scores", *Journal of Multinational Financial Management*, Vol19(4), 2009.

[149] Apostolakis, G. vanDijk, G. Drakos, P., "Microinsurance performance − a systematic narrative literature review", *Corporate Government − The International Journal of Business in Society*, Vol.15(1), 2015.

[150] Awaworyi Churchill S., "Microfinance financial sustainability and outreach: is there a trade−off?", *Empirical Economics*, Vol.59(3), 2020.

[151] Baland, J.M., Gangadharan, L., Maitra, P., and Somanathan, R., "Repayment and exclusion in a microfinance experiment", *Journal of Economic Behavior and Organization*, Vol.137(1), 2017.

[152] Banász Z, Csepregi A, "Microfinance Institutions Influenced by National Culture: An Evidence Based on Investigating 35 Countries", *Managerial Strategies for Business Sustainability During Turbulent Times*, IGI Global, 2018.

[153] Berguiga I, Said Y B, Adair P, "The social and financial performance of microfinance institutions in the Middle East and North Africa region: do Islamic institutions outper-

form conventional institutions?", *Journal of International Development*, Vol.32(7), 2020.

[154] Basley, T., and Coate.S, "Group lending, repayment incentives and social collateral", *Journal of Development Economics*, Vol.46(1), 1995.

[155] Batista C, Seither J, "Aspirations, expectations, identities: behavioral constraints of micro-entrepreneurs", *Universidade Nova de Lisboa*, *Faculdade de Economia*, NOVAFRICA, 2019.

[156] Berge L I O, Garcia Pires A J, "Measuring spillover effects from an entrepreneurship programmer: Evidence from a field experiment in Tanzania", *The Journal of Development Studies*, Vol.57(10), 2021.

[157] Bernard T, Dercon S, Orkin K, "The future in mind: Aspirations and forward-looking behavior in rural Ethiopia", *Centre for Economic Policy Research*, Vol. 10224, 2014.

[158] Bhuiya, Mohammad Monzur Morshed et al., "Impact of microfinance on household income and consumption in Bangladesh: empirical evidence from a quasi-experimental survey", *Journal of Developing Areas*, Vol.50(3), 2016.

[159] Burke P J, Stets J E, "Trust and commitment through self-verification", *Social psychology quarterly*, 1999.

[160] Caserta M, Monteleone S, Reito F, "The trade-off between profitability and outreach in microfinance", *Economic Modelling*, Vol.72, 2018.

[161] Cecchi F, Garcia A, Lensink R, et al., "Aspirational hope, dairy farming practices, and milk production: Evidence from a randomized controlled trial in Bolivia", *World Development*, Vol.160, 2022.

[162] Cervantes M, Lemus D, Montalvo R, "Implementing Innovative Financial Models in Different Cultures: A Comparative Analysis of China and Mexico", *Cross Cultural & Strategic Management*, Vol.24(3), 2017.

[163] C.Gabriela, "Performance of Microfinance Institutions in Europe: Does Social Capital Matter?", *Socio-Economic Planning Sciences*, Vol.68(11), 2019.

[164] Chui, Kwok, "National culture and life insurance consumption", *Journal of International Business Studies*, Vol.39(1), 2008.

[165] Churchill, S.A., "Microfinance and Ethnic Diversity. Economic Record", Vol.93

（300），2017.

［166］Czura，K.，"a Pay，peek，punish? Repayment，information acquit in a microcredit lab－in－the－field experiment"，*Journal of Development Economics*，Vol.117（8），2015.

［167］D.Throsby，*Economics and Culture*，UK：Press Syndicate of University of Cambridge，2001.

［168］Dercon S，Singh A，"From nutrition to aspirations and self－efficacy：Gender bias over time among children in four countries"，*World Development*，Vol.45，2013.

［169］Despallier B，Guerin I，Mersland R，"Focus on women in microfinance institutions"，*The Journal of Development Studies*，Vol.49（5），2013.

［170］Doney，P.& Cannon，J.& Mullen，M.，"Understanding the influence of national culture on the development of trust"，*Academy of Management Review*，Vol.23，1998.

［171］Donou－Adonsou F，Sylwester K，"Growth effect of banks and microfinance：Evidence from developing countries"，*The Quarterly Review of Economics and Finance*，Vol.64，2017.

［172］D.Panda，"Trust，social capital，and intermediation roles in microfinance and microenterprise development"，*Voluntas：International Journal of Voluntary and Nonprofit Organizations*，Vol.27（3），2016.

［173］D.Throsby，*Economics and Culture*，UK：Press Syndicate of University of Cambridge，2001.

［174］Dube A，Kamath R，"Microfinance group processes and crises：responses to economic and psychological threats"，*Journal of Development Studies*，Vol.55，2019.

［175］Durlau S N，"Ioannides Y M. Social interactions"，*Annu. Rev. Econ*，Vol.2（1），2010.

［176］E. Bonacich，"A Theory of Middleman Minorities"，*American Sociological Review*，Vol.38（5），1973.

［177］E.Duflo，"Hope as Capability"，Tanner Lectures on Human Values and the Design of the Fight against Poverty，Cambridge，MA：Mahindra Humanities Center，Harvard University，2012.

［178］E.H.Schein，"Organizational Culture and Leadership"，Jossey－Bass：San Francisco,1992.

[179]Firdaus N,"The Relationship between Culture and Social Capital with the Sustainability of Microfinance", *International of Research Journal of Business Studies*, Vol.13 (2),2020.

[180]Festinger L,"A theory of social comparison processes", *Human relations*, Vol.7 (2),1954.

[181] Gabriela C, Krauss A, Ondiej Dvoulety, "Performance of Microfinance Institutions in Europe:Does Social Capital Matter?", *Socio - Economic Planning Sciences*, Vol.68(11),2019.

[182]Garcia A, Lensink R, Voors M, "Does microcredit increase aspirational hope? Evidence from a group lending scheme in Sierra Leone", *World Development*, Vol. 128 (2),2020.

[183]Gaganis C, Hasan I, Papadimitri P, et al., "National culture and risk - taking: Evidence from the insurance industry", *Journal of Business Research*, Vol.97,2019.

[184]Giné, X., and D.Karlan, "Group versus individual liability:Short and long term evidence from Philippine microcredit lending groups", *Developmental Economic*, Vol. 107 (1),2014.

[185]Golesorkhia et al., "The effect of languages on the financial performance of microfinance banks:Evidence from cross-border activities in 74 countries," *Journal of World Business*, Vol.54,2019.

[186]Goodman R, "Borrowing money, exchanging relations:making microfinance fit into local lives in Kumaon,India.World Development", Vol.93,2017.

[187]Griffin,Denis,and B.W.Husted, "Social sanctions or social relations? Microfinance in Mexico", *Journal of Business Research*, Vol.68(12),2015.

[188]G.Tabellini, "Culture and Institutions:Economic Development in the Regions of Euope", *Journal of the European Economic Association*, Vol.8(4),2010.

[189] Gurrentz, B. T., " A Brotherhood of Believers: Religious Identity and Boundary-Work in a Christian Fraternity", *Sociology of Religion*, Vol.75(1),2014.

[190]Gyapong E, Gyimah D, Ahmed A, "Religiosity,borrower gender and loan losses in microfinance institutions:a global evidence", *Review of Quantitative Finance and Account-*

ing,Vol.57(2),2021.

[191]Ha V D,"The relationship between the social performance and operational sustainability of Vietnam´s formal microfinance institutions",*International Journal of Business and Emerging Markets*,Vol.14(1),2021.

[192] Hadi, Nabawiyah Abdul, and A. Kamaluddin, "Repayment Rates, and the Creation of Capital among the Clients of Microfinance",*Procedia Economics and Finance*, Vol.4(31),2015.

[193]Haldar A,Stiglitz J E,"Group lending,joint liability,and social capital:insights from the Indian microfinance crisis",*Politics & Society*,Vol.44,2016.

[194] Hardin, R., "Trust and Trustworthiness", Russell Sage Foundation, New York,2002.

[195]Hofstede,G.,"*Culture's consequences*",Beverly Hills,CA:Sage.1980.

[196]Hofstede G,Hofstede G J,Minkov M,"Cultures and organizations:Software of the mind",*McGraw-Hill USA*,1991.

[197]House et al.,"Culture,Leadership,and Organizations",*The Globe Study of 62 Societies*,United Kingdom:Sage Publications,2004.

[198]Huq B I A,Azad M A K,Masum A K M,et al.,"Examining the trade-off between social outreach and financial efficiency:evidence from micro-finance institutions in South Asia",*Global Business Review*,Vol.18(3),2017.

[199]Jackson,Laurel,and L.Young,"When business networks'kill'social networks: A case study in Bangladesh",*Industrial Marketing Management*,Vol.58(1),2017.

[200]Jensen R,"Do labor market opportunities affect young women's work and family decisions? Experimental evidence from India",*The Quarterly Journal of Economics*,Vol. 127(2),2012.

[201]Jiang D,Lim S S,"Trust and household debt",*Review of Finance*,Vol. (2),2018.

[202]Josie I,Foster A.,Putterman L,"Identity,Trust and Altruism:an Experiment on Preferences and Microfinance Lending",*European Economic Review*,Vol.120(9),2019.

[203]Kanagaretnam K,Lim C Y,Lobo G J,"Effects of National Culture on Earnings Quality of Banks",*Journal of International Business Studies*,Vol.42(6),2011.

[204] K. Burzynska, O. Berggren, "The Impact of Social Beliefs on Microfinance Performance: Social Beliefs and Microfinance Performance", *Journal of International Development*, Vol.27(7), 2015.

[205] Keskar, M.Y., Pandey, N., "Internet banking: A review(2002-2016)", *Internet Commer*, Vol.17, 2018.

[206] K. Fogel et al., "Institutional Impact on the Outreach and Profitability of Microfinance Organizations," *In Handbook of Research on Innovation and Entrepreneurship*, Cheltenham, United Kingdom: Edward Elgar Publishing, 2011.

[207] Khalequzzaman M, Ab Rahman A, Kamsin A, "An aspirational hope of a Sharīah-based microfinance model to alleviate extreme poverty", *International Journal of Islamic and Middle Eastern Finance and Management*, Vol.16, 2023.

[208] K. Klein, S.W. Kozlowski, "Multilevel Theory, Research and Methods in Organizations", *Jossey-Bass: San Francisco*, Vol.47, 2000.

[209] K. Macours, R. Vakis, "Changing households' investment behaviour through social interactions with local leaders: Evidence from a randomised transfer programme", *Economic Journal*, Vol.124(576), 2014.

[210] Lacalle Calderon M, Larrú J M, Garrido S R, et al., "Microfinance and income inequality: New macrolevel evidence", *Review of Development Economics*, Vol.23(2), 2019.

[211] Littler, D. and Melanthiou, D., "Consumer perceptions of risk and uncertainty and the implications for behavior towards innovative retail services: the case of internet banking", *Journal of Retailing and Consumer Services*, Vol.13, 2006.

[212] L. Postelnicu, N. Hermes, "Microfinance Performance and Informal Institutions: A Cross-country Analysis", *Solvay Brussels School Economics & Management*, 2015.

[213] Luhmann N., *Trust and power*, John Wiley & Sons Press, 1979.

[214] Lybbert, Travis, and Bruce Wydick, "Hope and Poverty in Development Economics: Emerging lnsights and Frontiers", CEGA Working Paper Series No. WPS-211. Center for Effective Global Action. University of California, Berkeley. Text. https://doi.org/10.26085/C3BS3F, 2022.

[215] Macours K, Vakis R, "Sustaining Impacts When Transfers End. Women Leaders, Aspirations, and Investments in Children", *University of Chicago Press*, 2019.

附　　录

1.您的性别____;年龄____岁;民族____。

2.您的最高学历是(　　)。

A.小学及以下　B.初中　C.高中或中专　D.本科或大专　E.硕士及以上

3.您家户主的最高学历是(　　)。

A.小学及以下　B.初中　C.高中或中专　D.本科或大专　E.硕士及以上

4.您家办理过以下哪些金融业务(　　)。

A.存款　B.贷款　C.汇款　D.转账　E.商业保险

F.理财产品　G.股票　H.其他(请说明:)　I.以上都没有

5.您家主要收入来源是(　　)。

A.务工　B.个体户　C.农/林/牧/渔业　D.其他(请具体说明:_____)

6.您家有____人,其中,有劳动力____人(15—65岁人口);2019年家庭总收入大约是____元。

7. 您认为存钱可以帮助家庭财富积累(　　)。

(1)非常不重要　　(2)比较不重要　　(3)不重要　　(4)不确定

(5)比较重要　　(6)重要　　(7)非常重要

8. 您认为购买保险可以帮助家庭规避风险(　　)。

(1)非常不同意　　(2)比较不同意　　(3)不同意　　(4)不确定

(5)比较同意　　(6)同意　　(7)非常同意

9. 您认为向银行借贷可以改善家庭状况(　　)。

(1)非常不同意　　(2)比较不同意　　(3)不同意　　(4)不确定

(5)比较同意　　(6)同意　　(7)非常同意

10. 您认为购买股票、理财等金融产品可以帮助家庭财富积累(　　)。

(1)非常不重要　　(2)比较不重要　　(3)不重要　　(4)不确定

(5)比较重要　　(6)重要　　(7)非常重要

11. 您认为借钱是件丢脸的事情(　　)。

(1)非常不同意　　(2)比较不同意　　(3)不同意　　(4)不确定

(5)比较同意　　(6)同意　　(7)非常同意

12. 您担心借钱后没有能力及时偿还(　　)。

(1)非常不同意　　(2)比较不同意　　(3)不同意　　(4)不确定

(5)比较同意　　(6)同意　　(7)非常同意

13. 欠债还钱天经地义(　　)。

(1)非常不同意　　(2)比较不同意　　(3)不同意　　(4)不确定

(5)比较同意　　(6)同意　　(7)非常同意

14. 如果需要,您家会向银行申请贷款(　　)。

(1)非常不同意　　(2)比较不同意　　(3)不同意　　(4)不确定

(5)比较同意　　(6)同意　　(7)非常同意

15. 如果需要,您家会购买保险(　　)。

(1)非常不同意　　(2)比较不同意　　(3)不同意　　(4)不确定

(5)比较同意　(6)同意　(7)非常同意

16. 如果有余钱,您家会购买股票、理财等金融产品(　)。

(1)非常不同意　(2)比较不同意　(3)不同意　(4)不确定

(5)比较同意　(6)同意　(7)非常同意

17. 现在人与人之间的信任水平是(　)。

(1)非常不信任　(2)比较不信任　(3)不信任　(4)不确定

(5)比较信任　(6)信任　(7)非常信任

18. 您对您亲戚、朋友、邻居(　)。

(1)非常不信任　(2)比较不信任　(3)不信任　(4)不确定

(5)比较信任　(6)信任　(7)非常信任

19. 您对本村村干部(　)。

(1)非常不信任　(2)比较不信任　(3)不信任　(4)不确定

(5)比较信任　(6)信任　(7)非常信任

20. 您羡慕那些拥有昂贵的房子、汽车和衣服的人(　)。

(1)非常不同意　(2)比较不同意　(3)不同意　(4)不确定

(5)比较同意　(6)同意　(7)非常同意

21. 您喜欢有很多名牌的衣物、包、鞋子等奢侈品(　)。

(1)非常不同意　(2)比较不同意　(3)不同意　(4)不确定

(5)比较同意　(6)同意　(7)非常同意

22. 您认为生命中,最重要的成就包括获得名贵物品、金钱等(　)。

(1)非常不同意　(2)比较不同意　(3)不同意　(4)不确定

(5)比较同意　(6)同意　(7)非常同意

23. 购物能带给您很多快乐(　)。

(1)非常不同意　(2)比较不同意　(3)不同意　(4)不确定

(5)比较同意　(6)同意　(7)非常同意

24. 您因无力购买礼物送给家人而烦恼(　)。

（1）非常不同意　（2）比较不同意　（3）不同意　（4）不确定

（5）比较同意　（6）同意　（7）非常同意

25. 总的来说,男人应以事业为重,女人应以家庭为重（　）。

（1）非常不同意　（2）比较不同意　（3）不同意　（4）不确定

（5）比较同意　（6）同意　（7）非常同意

26. 总的来说,男性综合能力天生比女性强（　）。

（1）非常不同意　（2）比较不同意　（3）不同意　（4）不确定

（5）比较同意　（6）同意　（7）非常同意

27. 总的来说,夫妻应该平摊家务（　）。

（1）非常不同意　（2）比较不同意　（3）不同意　（4）不确定

（5）比较同意　（6）同意　（7）非常同意

28. 总的来说,女性对社会发展的贡献越来越大（　）。

（1）非常不同意　（2）比较不同意　（3）不同意　（4）不确定

（5）比较同意　（6）同意　（7）非常同意

29. 您家对本民族传统节日（　）。

（1）非常不同意　（2）比较不同意　（3）不同意　（4）不确定

（5）比较同意　（6）同意　（7）非常同意

30. 您所在村庄对本民族传统节日（　）。

（1）非常不重视　（2）比较不重视　（3）不重视　（4）不确定

（5）比较重视　（6）重视　（7）非常重视

31. 您所在村庄对婚丧嫁娶等习俗（　）。

（1）非常不重视　（2）比较不重视　（3）不重视　（4）不确定

（5）比较重视　（6）重视　（7）非常重视

32. 您家对亲戚朋友之间的人情往来（　）。

（1）非常不重视　（2）比较不重视　（3）不重视　（4）不确定

（5）比较重视　（6）重视　（7）非常重视

33. 您家对其他村民之间的人情往来（　）。

（1）非常不重视　（2）比较不重视　（3）不重视　（4）不确定

（5）比较重视　（6）重视　（7）非常重视

34. 您认为有信仰的人更幸福（　）。

（1）非常不同意　（2）比较不同意　（3）不同意　（4）不确定

（5）比较同意　（6）同意　（7）非常同意

附录二：西部地区民族文化与小额保险发展调查问卷

第一部分：个人基本信息

1. 您的性别；____ 年龄 ____ 岁；民族 ____。

2. 您的最高学历是（　）。

（1）小学及以下　（2）初中　（3）高中或中专　（4）大专及以上

3. 下列小额保险中（可多选），

您听说过的有（　），您购买过的有（　），您打算购买的有（　）。

（1）农业保险；　（2）健康保险；　（3）定期寿险；

（4）意外伤害保险；　（5）小额信贷保险；　（6）农村合作医疗保险；

（7）农村养老保险；　（8）以上都没有

4. 您家有 ____ 人；劳动力有 ____ 人。

5. 您家庭的主要收入来源是（　）。（单选）

（1）务工　（2）个体户　（3）农/林/牧/渔业

（4）务工+务农　（5）其他（请具体说明：_____）

6. 您家庭人均年收入为（　）。

（1）5000 元及以下　（2）5000—10000 元

(3)15000—20000 元　　(4)20000 元及以上

7.您了解小额保险的渠道有(　　)(可多选)。

(1)营销员推荐；　(2)熟人介绍；　(3)村组织宣传；

(4)保险公司宣传；　(5)网络平台(微信、微博等)；

(6)报纸、杂志；　(7)电视广告；　(8)以上都没有

8.您家平均每年缴纳保险费为(　　)。

(1)500 元及以下　　(2)500—1000 元　　(3)1000—1500 元　　(4)1500
元及以上

9.您现在是否持有小额保险单(　　)。

(1)有　　(2)没有

10.您的家庭闲置资金(　　)。

(1)有　　(2)没有

第二部分:民族文化

1.您认为养儿能防老(　　)。

(1)非常不同意　　(2)不同意　　(3)比较不同意　　(4)不清楚

(5)比较同意　　(6)同意　　(7)非常同意

2.您认为多子能多福(　　)。

(1)非常不同意　　(2)不同意　　(3)比较不同意　　(4)不清楚

(5)比较同意　　(6)同意　　(7)非常同意

3.您认为社会上的大多数陌生人是值得信任的(　　)。

(1)非常不同意　　(2)不同意　　(3)比较不同意　　(4)不清楚

(5)比较同意　　(6)同意　　(7)非常同意

4.您认为目前在中国营业的保险公司是值得信任的(　　)。

(1)非常不同意　　(2)不同意　　(3)比较不同意　　(4)不清楚

(5)比较同意　　(6)同意　　(7)非常同意

5. 您不会过分追求自己没有的东西,认为人应该知足常乐(　　)。

(1)非常不同意　(2)不同意　(3)比较不同意　(4)不清楚

(5)比较同意　(6)同意　(7)非常同意

6. 您是一个传统的人,认为应该按照传统方式做事(　　)。

(1)非常不同意　(2)不同意　(3)比较不同意　(4)不清楚

(5)比较同意　(6)同意　(7)非常同意

7. 您喜欢做自己感兴趣的事情,有好奇心,对各种事情都敢于尝试
(　　)。

(1)非常不同意　(2)不同意　(3)比较不同意　(4)不清楚

(5)比较同意　(6)同意　(7)非常同意

8. 您喜欢冒险,总是寻找有挑战的事情(　　)。

(1)非常不同意　(2)不同意　(3)比较不同意　(4)不清楚

(5)比较同意　(6)同意　(7)非常同意

9. 您愿意投资股票、基金、期货等金融产品(　　)。

(1)非常不同意　(2)不同意　(3)比较不同意　(4)不清楚

(5)比较同意　(6)同意　(7)非常同意

10. 您认为只要自己小心,就能避免很多意外风险的发生(　　)。

(1)非常不同意　(2)不同意　(3)比较不同意　(4)不清楚

(5)比较同意　(6)同意　(7)非常同意

11. 您认为遭受损失以后,会有很多亲朋好友帮助自己(　　)。

(1)非常不同意　(2)不同意　(3)比较不同意　(4)不清楚

(5)比较同意　(6)同意　(7)非常同意

12. 您认为只有"自己人"关系的人才有义务帮忙(　　)。

(1)非常不同意　(2)不同意　(3)比较不同意　(4)不清楚

(5)比较同意　(6)同意　(7)非常同意

13. 您认为村民普遍遵守家族家规或乡规民约(　　)。

（1）非常不同意　（2）不同意　（3）比较不同意　（4）不清楚

（5）比较同意　（6）同意　（7）非常同意

14.您会用家族家规准则教育子女（　　）。

（1）非常不同意　（2）不同意　（3）比较不同意　（4）不清楚

（5）比较同意　（6）同意　（7）非常同意

15.您目前是否愿意购买小额保险（　　）。

（1）是　（2）否

附录三：西部地区地方文化影响微型金融效应、
贷款偿还率的调查问卷

第一部分　农户基本情况

1.您的年龄____岁;民族____;性别____。

2.您家户主____岁;民族____;性别____。

3.您的最高学历是____;您家庭成员中的最高学历____。

A.小学及以下　B.初中　C.高中或中专　D.大专及以上

4.您的婚姻状况____;子女数量____;家庭成员总人数____。

5.您家从事的职业（　　）

A.农业　B.个体工商户

C.打工　D.其他（请具体说明）

6.您家人有收入来源____;在家务农人____;外出打工（经商）人____;务农（经商）的年限____年。

7.您对您最亲近的亲属的信任程度是（　　）;您对您最亲近的朋友的信任程度是（　　）;您对您最亲近的邻居的信任程度是（　　）。

A.不信任　B.一般　C.信任　D.非常信任

8. 当您的亲戚和朋友遇到困难时,您是否会尽力给予帮助? ( )

A. 不会　B. 可能会　C. 尽量帮助　D. 一定会

9. 您获得过联保贷款吗? ( )

A. 获得过　B. 知道联保贷款,但不想申请或者没申请

C. 不知道联保贷款　D. 其他一些原因

10. 您是否积极参与联保小组组织的活动( ),是否积极参与村级活动( )。

A. 每次都参加　B. 经常参加　C. 偶尔参加　D. 基本不参加

11. 您第一次申请贷款的时间为:( )。

A. 2004 年以前　B. 2005—2010 年　C. 2011—2015 年　D. 2016 年

12. 您第一次贷款获得金额:( )。

A. 0. 5 万元及以下;B. 0. 5 万—1 万元;　C. 1 万—2 万元;

D. 2 万—3 万元;　E. 3 万元及以上

13. 自您第一次申请贷款,您共申请过( )次贷款,共获得( )贷款。

A. 1 次;　B. 2 次;　C. 3 次;　D. 4 次;　E. 5 次及以上

14. 您申请贷款的用途( )。

A. 购买化肥、农药和种子等;B. 开展种林和养殖业等;C. 教育投资

D. 做生意周转资金;E. 房屋修建;F. 临时性支出(如婚嫁丧娶);

G. 其他

15. 您认为贷款对您的影响主要表现在:( )。

A. 没有带来多少收入还背负了债务;　B. 没什么很明显的影响;

C. 增强了家庭的资本,未来收入水平;　D. 提高了家庭生活质量

16. 您的还款情况一般是:( )。

A. 按时归还;　B. 稍微拖欠一段时间;

C. 能拖就拖;　D. 实在没能力偿还

第二部分　社会惩罚对微型金融的影响

注:以下所有问题答案选项均相同。

非常不同意	不同意	比较不同意	一般	比较同意	同意	非常同意
1	2	3	4	5	6	7

1. 本村村民对违反公德良俗的村民会进行严厉的批评和指责( )。

2. 本村村民有能力而不偿还贷款,以后就得不到邻里的信任( )。

3. 本村村民有能力而不偿还贷款,其所在贷款小组的其他成员会对其进行批评并将其排除在贷款小组之外( )。

4. 本村村民有能力而不偿还贷款,其他村民就会对其进行批评和指责( )。

5. 本村村民有能力而不偿还贷款,以后就不可能再获得金融机构贷款( )。

6. 如果不能偿还贷款将面临严厉惩罚,只要有能力您肯定会按时偿还贷款( )。

7. 如果不能偿还贷款将面临严厉惩罚,您肯定不会将贷款资金挪作他用( )。

8. 如果其他村民不能偿还贷款会给您带来不好的影响,您会监督其他村民的贷款使用( )。

9. 如果其他村民不能偿还贷款会给您带来不好的影响,您愿意在能力范围内帮助其偿还贷款( )。

第三部分　社会关系对微型金融的影响

10. 您认为欠债还钱天经地义( )。

11. 您所在村庄对各民族的传统民俗都很重视( )。

12.您会为了保持与小组其他成员的友好关系而按时偿还贷款（　）。

13.您会为了保持与所在村庄村民的友好关系而按时偿还贷款（　）。

14.您会为了保持与村干部的友好关系而按时偿还贷款（　）。

15.您会为了保持与信贷员的友好关系而按时偿还贷款（　）。

16.您会为了保持与金融机构的友好关系而按时偿还贷款（　）。

17.本村获得贷款的村民都积极参与村级活动（　）。

18.本村获得贷款的村民之间都很团结（　）。

19.本村获得贷款的村民之间会相互交流生产销售等信息（　）。

20.本村获得贷款的村民之间会相互帮助（　）。

第四部分　微型金融效应

21.您家或本村村民获得贷款后,家庭收入增加了（　）。

22.您家或本村村民获得贷款后,家庭生活改善了（　）。

23.您家或本村村民获得贷款后,家庭变得富裕了（　）。

24.您家或本村村民获得贷款后,家庭收入来源变多了（　）。

25.您家或本村村民获得贷款后,家庭成员的生产经验更丰富了（　）。

26.您对协助金融机构办理贷款的村委会满意（　）。

27.您对负责本村业务的信贷员满意（　）。

28.您对您能获得的金融产品和服务满意（　）。

29.您对为本地提供服务的金融机构满意（　）。

附录四：西部地区微型金融、农户希望和家庭收入 调查问卷

1. 调查员姓名：_____

2. 调查村名：_____

3. 被调查者顺序号（本调查员所调查的第几个）（首先必须确定一个主要的被调查者，最好是户主或户主配偶，如果是其他人则需要非常了解本家庭的情况，最好有户主在一边帮助回答有关家庭的情况）：_____

_____。

4. 您的出生年份：_____

5. 您的性别：（　）

（1）男；（2）女

6. 您的民族：（　）

（1）汉族；（2）回族；（3）维吾尔族；（4）蒙古族；（5）壮族；（6）藏族；

（7）其他少数民族

7. 您的受教育程度：（　）

（1）文盲；（2）小学（或基本能识字）；（3）初中；

（4）高中或中专、技校；（5）大专及以上

8. 您的健康状况：（　）

（1）很好；（2）好；（3）一般；（4）不好；（5）很不好

9. 被调查者与户主的关系是：（　）

（1）户主本人；（2）户主配偶；（3）其他人

10. 您家户主的出生年份：_____

11. 您家户主的性别：（　）

（1）男；（2）女

12. 您家户主的民族:(　)

(1)汉族;(2)回族;(3)维吾尔族;(4)蒙古族;(5)壮族;(6)藏族;

(7)其他少数民族

13. 您家户主的受教育程度:(　)

(1)文盲;(2)小学(或基本能识字);(3)初中;

(4)高中或中专、技校;(5)大专及以上

14. 您家户主的健康状况:(　)

(1)很好;(2)好;(3)一般;(4)不好;(5)很不好

15. 您家里有几口人(常年在一起过日子的,已经分家的父母、子女不算,子女已经分家后常在一起吃饭的孙子女也不算):＿＿＿

16. 其中,劳动力有几个人(16—65 岁的人):＿＿＿

17. 其中,有几个人在经常性地干活劳动(能赚钱的,不管年龄大小)

＿＿＿

18. 其中,有几个人常年外出打工或学习?　＿＿＿

19. 您家主要的收入来源:(　)

(1)自家务农,包括种植养殖业;(2)务工;(3)个体经营,开店办厂

20. 您家是否是移民户:(　)

0. 不是;1. 是

21. 如果是移民的话,那么全家移民到当前住址的时间是哪一年:

＿＿＿

22. 是否是或曾经是建档立卡贫困户(那种上级给建立过贫困档案的):(　)

0. 不是;1. 是

23. 您家参加村里的各项集体活动(集体劳动、会议、文艺活动、聚餐等)的情况是:(　)

(1)从不;(2)几乎不;(3)较少;(4)经常;(5)每次都参加

24.您家与亲戚来往的情况是:( )

(1)从不;(2)几乎不;(3)较少;(4)经常;(5)非常多

25.您家与本村其他村民来往的情况是:( )

(1)从不;(2)几乎不;(3)较少;(4)经常;(5)非常多

26.您家生活水平与您亲戚家相比:( )

(1)从不;(2)几乎不;(3)较少;(4)经常;(5)非常多

27.您家生活水平与本村富裕家庭相比:( )

(1)很多;(2)差些;(3)差不多;(4)好些;(5)好很多

28.您家的生活水平与本村平均水平相比:( )

(1)很多;(2)差些;(3)差不多;(4)好些;(5)好很多

29.您家里现在有以下哪些消费资产(多选):( )

(1)上网手机;(2)彩色电视机;(3)电脑;(4)摩托车/电瓶车;

(5)热水器;(6)家用汽车;(7)微波炉;(8)照相机;(9)冰箱;

(10)净水器;(11)空调;(12)洗衣机;(13)抽油烟机;

(14)高档乐器;(15)组合音响;(16)卫星接收器;(17)其他

30.您家里拥有的农用机具(多选):( )

(1)收割机;(2)拖拉机;(3)脱粒机;(4)机引农具;

(5)抽水机;(6)加工机械;(7)其他

31.家庭饮用水:( )

(1)村里统一安装的自来水;(2)自己打井抽取到水罐或水池中形成的自来水;(3)自家的井水随时使用随时抽水或自提;(4)外面或别人家里打水;(5)主要靠水窖吃水(不管是否存在上面几项,只要每年还必须使用水窖,就填此项)

32.您家每年用在衣食住行等消费上的费用大概是多少万元(精确到小数点后一位数;外出的只要是家庭成员也都估算在内):____

33.您家办理过以下哪些金融业务:( )

（1）银行存款；（2）商业保险；（3）政策性保险；

（4）证券投资（股票、基金、债券）；（5）理财产品；

（6）家庭成员或亲戚朋友给的汇款；（7）从银行等金融机构获得贷款；

（8）从亲戚朋友那里借钱；

（9）从非亲戚朋友或地方上的私人中介机构借钱（有较高利息的）

34. 您参加有关金融知识培训的情况是：（　　）

（1）很少；（2）少；（3）不确定；（4）多；（5）很多

35. 您认为从银行等金融机构贷款难易程度的是：（　　）

（1）很难；（2）难；（3）不确定；（4）容易；（5）很容易

36. 您对银行等金融机构信贷员服务质量的评价：（　　）

（1）非常不满意；（2）不满意；（3）不确定；（4）满意；（5）非常满意

37. 您对银行等金融机构整体服务水平的评价：（　　）

（1）非常不满意；（2）不满意；（3）不确定；（4）满意；（5）非常满意

38. 您家从银行等金融机构贷款，从您独立立户成家以来一共有多少次？（没有的一定要填0）：____

39. 您家从银行等金融机构贷款，最近一次是在____年

40. 您家最近一次从银行等金融机构贷款的金额是：（　　）

（1）3万元及以下；（2）3万—5万元；（3）5万—10万元；（4）10万—20万元；（5）20万元以上

41. 您家最近一次从银行等金融机构贷款的用途是：（可多选）（　　）

（1）个体户投资；（2）农林牧渔业投资；（3）修建房屋；（4）婚丧嫁娶；

（5）教育支出；（6）医疗支出；（7）日常消费支出；（8）其他支出

42. 您家最近一次从银行等金融机构贷款，对您家的影响是：（　　）

（1）造成了很大负担；（2）无帮助；（3）不确定；

（4）有帮助；（5）有很大帮助

43. 您家最近一次从亲戚朋友那借钱的用途是:(可多选)( )

(1)个体户投资;(2)农林牧渔业投资;(3)修建房屋;(4)婚丧嫁娶;

(5)教育支出;(6)医疗支出;(7)日常消费支出;(8)其他支出

44. 您家最近一次从亲戚朋友那借钱,对您家的影响是:( )

(1)造成了很大负担;(2)无帮助;(3)不确定;

(4)有帮助;(5)有很大帮助

45. 您家从非亲戚朋友或地方上的私人中介机构借钱,从您独立立户成家以来一共有多少次?(没有的一定要填0)____

46. 您家从非亲戚朋友或地方上的私人中介机构借钱,最近一次是在哪年____

47. 您家最近一次从非亲戚朋友或地方上的私人中介机构借钱,金额是多少:( )

(1)3万元及以下;(2)3万—5万元;(3)5万—10万元;

(4)10万—20万元;(5)20万元以上

48. 您家最近一次从地方上的私人中介机构借钱,用途是:(可多选)( )

(1)个体户投资;(2)农林牧渔业投资;(3)修建房屋;(4)婚丧嫁娶;

(5)教育支出;(6)医疗支出;(7)日常消费支出;(8)其他支出

49. 您家最近一次从非亲戚朋友或地方上的私人中介机构借钱,对您家的影响是:( )

(1)造成了很大负担;(2)无帮助;(3)不确定;

(4)有帮助;(5)有很大帮助

50. 您对目前生活的评价是:( )

(1)非常不满意;(2)不满意;(3)不确定;(4)满意;(5)非常满意

51. 您目前的生活与您想过的生活相比:( )

(1)实现了想过的生活;(2)部分实现想过的生活;

(3)存在较小差距;(4)存在较大差距;(5)存在很大差距

52. 您认为您未来的生活会:(　　)

(1)变得很差;(2)变差;(3)不确定;(4)变好;(5)变得很好

53. 您是否努力追求目标(　　)

(1)完全不努力;(2)不努力;(3)不确定;(4)努力;(5)非常努力

54. 大多数时候,您是否能实现自己设立的奋斗目标:(　　)

(1)完全不能;(2)不能;(3)不确定;(4)能;(5)一定能

55. 遇到困难的时候,您是否能找到办法解决:(　　)

(1)完全没有办法;(2)基本没有办法;(3)不确定;

(4)可找到解决办法;(5)可找到很多解决办法

56. 处理生活中比较重要的事情时,您是否能想到办法解决:(　　)

(1)完全没有办法;(2)基本没有办法;(3)不确定;

(4)可找到解决办法;(5)可找到很多解决办法

57. 对于成功,您觉得哪项更重要:(　　)

(1)付出艰苦努力;(2)机遇

58. 面对相同的问题,当其他人都没有办法的时候,您认为自己能否找到解决问题的办法:(　　)

(1)完全没有办法;(2)基本没有办法;(3)不确定;

(4)可找到解决办法;(5)可找到很多解决办法

59. 对于失败,您认为哪项是主要原因:(　　)

(1)很多失败是因为运气不好;(2)很多失败是因为人们犯了错误

后　记

　　2009年,借由获批国家社科基金青年项目"民族地区微型金融(MFIs)社会扶贫功能保障机制研究"的契机,作者开始系统研究微型金融。此后,又先后主持完成了国家社会科学基金"贫困民族地区社会资本与微型金融良性互动的创新机制研究"和"民族地区微型金融与民族文化协同发展的动力机制与实现路径研究"。本书即是由"民族地区微型金融与民族文化协同发展的动力机制与实现路径研究"结题成果完善形成。

　　回顾10多年的研究历程,颇有感触。当时,尽管微型金融理念已在全球范围内逐渐得到认可,但实践中,微型金融是否发生了使命漂移,特别是微型金融是否能坚持社会扶贫功能,学术界还存在广泛争议。彼时,我国也把增强农村金融服务能力作为促进农民持续增收的重要手段,在2009年中央一号文件中明确提出要"大力发展小额信贷和微型金融服务",但与国际趋势一致,我国金融机构对于是否能同时实现财务绩效和社会绩效也同样存在疑惑,因此,金融机构为"农户"或者"相对贫困群体"提供金融服务,普遍缺乏内生动力。直到2013年,我国正式提出把发展普惠金融作为国家重大发展战略,金融机构才开始重新审视,在金融支持脱贫攻坚成为既定政策选择时,应该如何调整自身经营策略,才能更好地平衡财务绩效和社会绩效的双重底线。同时,随着政策的推动和实践的逐步深入,微型金融的更多效应,特别是非经济效应得到渐次发掘,微型金融服务边界不断拓展,微型金融被认为不仅能够改善个人的经济福利,还被认为能够从心理、信任等多个层面改善个人的价值认同,从而带来社会文化的变迁。

在金融系统中大力发挥中华优秀传统文化的积极作用,积极培育中国特色金融文化是我国特色金融发展的必由之路;而且,微型金融是乡村振兴的重要主体,文化振兴又是乡村振兴中的核心内容,两者都是促进我国经济社会发展的重要动力。但由于历史文化和地理条件等因素限制,再加上商业化经营与政策性目标之间的矛盾抑制了西部地区微型金融发展的内生动力,金融服务西部地区的效应尚未充分发挥;金融支持西部地区乡村振兴和共同富裕仍然面临严峻考验。同时,西部地区文化发展也面临着发展主体和发展动力双不足的难题。既然民族文化可以通过影响和塑造个体的金融决策和金融行为进而影响金融发展,金融力量也可以通过重新塑造经济与社会结构变迁进而形塑民族文化的发展,那么,能否通过微型金融与民族文化协同发展来破解西部区发展困局?

本书试图通过建立微型金融与民族文化协同发展的理论框架,挖掘西部地区微型金融与民族文化协同发展的动力机制,验证和诊断西部地区微型金融与民族文化协同发展的基本路径和影响因素,总结提炼西部地区微型金融与民族文化协同发展的一般经验,并针对性提出促进西部地区微型金融与民族文化协同发展的对策建议,以期提升西部地区微型金融与民族文化协同发展效应,加快推动西部地区乡村振兴和共同富裕进程。

感谢中南民族大学经济学院、中南民族大学民族学与社会学院的出版资助和大力支持!感谢北方民族大学韩纪江教授,他帮我多次组织调研并提供研究方法指导。感谢中国农业银行宁夏分行王晓慧经理,她参加了我相关的所有课题并竭尽所能提供帮助。正是因为有她和我分享很多实务方面的经验,让我的研究更贴近现实。感谢湖北省社科院财贸研究所副所长李兵兵教授,他为人赤诚,不吝分享,和他讨论总能得到有益的启发。我的研究生周文定、陈子科、崔霄冲、宝雪和梁伟,他们始终坚定支持我,和我一起组织实施田野调研,整理数据并负责部分内容的初稿写作。感谢他们选择我并和我一起成长!本书还得到了人民出版社赵圣涛编辑的大力支持和帮助,赵老师严谨又专业,为本书高质量付梓付出了大量心血,在此一并感谢!

最后,要特别感谢我的家人。我的婆婆十几年如一日操持家务,没有半句怨言。我的先生刘志敏为人敦厚纯良,默默为我支起一片天空,让我能专心自己的工作。我的女儿刘心爱,调皮又懂事,总是认真地告诉我要做自己喜欢做的事,成为快乐而精致的人!还有我的父母,生活得简简单单,却总能让我感受到平凡的伟大!

由于微型金融与民族文化的协同发展是非常新颖的主题,再加上作者自身研究水平和研究能力限制,书中肯定还存在不足之处的地方。比如,没有涵括微型金融对企业家精神,特别是对民族企业家精神的培育,也没有涵括微型金融对女性赋权的影响。今后,作者当以此自励,继续深入探讨,期待未来能够有更加全面系统的成果呈现。

熊　芳

2024 年 8 月

责任编辑：赵圣涛

封面设计：胡欣欣

图书在版编目（CIP）数据

西部地区微型金融与民族文化协同发展研究 ／ 熊芳

著. -- 北京 ：人民出版社，2024.9. -- ISBN 978－7－01－

026869－9

Ⅰ．F832；G122

中国国家版本馆 CIP 数据核字第 2024R76B48 号

西部地区微型金融与民族文化协同发展研究

XIBU DIQU WEIXING JINRONG YU MINZU WENHUA XIETONG FAZHAN YANJIU

熊 芳 著

人 民 出 版 社 出版发行

（100706 北京市东城区隆福寺街 99 号）

中煤（北京）印务有限公司印刷 新华书店经销

2024 年 9 月第 1 版 2024 年 9 月北京第 1 次印刷

开本:710 毫米×1000 毫米 1/16 印张:21.75

字数:340 千字

ISBN 978－7－01－026869－9 定价:109.00 元

邮购地址 100706 北京市东城区隆福寺街 99 号

人民东方图书销售中心 电话（010)65250042 65289539